Peru:
da Oligarquia Econômica à Militar

Coleção Debates
Dirigida por J. Guinsburg

Conselho Editorial: Anatol Rosenfeld, Anita Novinsky, Aracy Amaral, Boris Schnaiderman, Celso Lafer, Gita K. Ghinzberg, Haroldo de Campos, Maria de Lourdes Santos Machado, Regina Schnaiderman, Rosa R. Krausz, Sábato Magaldi, Zulmira Ribeiro Tavares

Equipe de realização: Edson Souza Pinto, produção; Geraldo Gerson de Souza, revisão; Moysés Baumstein, capa e trabalhos técnicos.

Arnaldo Pedroso d'Horta

Peru:
da oligarquia
econômica à militar

Editôra Perspectiva   São Paulo

Direitos exclusivos da
EDITÔRA PERSPECTIVA S.A.
Av. Brig. Luís Antônio, 3.025
São Paulo
1971

*À memória
e com saudades
de Luiz Carlos Mesquita*

SUMÁRIO

Introdução 9

Primeira parte

PANORAMA POLÍTICO

1. A Direita prepara um golpe de esquerda .. 21
2. APRA: um veto sem remissão 33
3. Ação Popular: Reformismo e indigenismo .. 47
4. Busca de um modêlo de sociedade 59
5. Proposições da esquerda marxista 71
6. Os Trabalhadores em face dos militares 83

Segunda parte

A MILITARIZAÇÃO DO ESTADO

1. A Farda, nôvo símbolo do poder 97
2. Revolução na mentalidade castrense 113
3. Os civis que assessoram os militares 125
4. Para onde vão os militares? 137
5. As restrições contra a imprensa 149

Terceira parte

PANORAMA SÓCIO-ECONÔMICO

1. A Revolução, como ela se quer 167
2. A conjuntura econômico-financeira 179
3. A formação do clã oligárquico 195
4. Uma reforma agrária acelerada 209
5. Cobre: política coerente e irreal 229
6. Petróleo: um tema passional 245

Conclusão 259
Bibliografia 275

INTRODUÇÃO

Uma tentativa de apreciação do problema da América Latina como um todo seria, neste momento, de pouco sentido, pois estamos precisamente em meio a um processo de reacomodação das situações políticas e sociais de diversos dos países que a compõem, o que vai produzindo nessas estruturas abalos e alterações parecidos com aquêles que renitentes fenômenos sísmicos operam, a intervalos, na geografia física, humana e econômica da costa do Pacífico Sul.

Na verdade o mais indicado, em relação a esta conturbada região, é o exame da situação em cada país, o que justamente constituiu o objetivo desta reportagem sôbre o Peru, realizada nos meses de abril e maio de 1970, para *O Estado de S. Paulo* e o *Jornal da Tarde*.

Trabalho assemelhável tivemos a oportunidade de fazer, em 1963, sôbre o México, e que foi igualmente reunido em livro (*México: uma revolução insolúvel*, Editôra Saga, Rio de Janeiro, 1965). Estudos menos extensos realizamos sôbre a situação do Chile (em 1964 e 1968), da Argentina (1968) e do Uruguai (1967). Também em 1970 estivemos na Colômbia, por ocasião da crise que se seguiu às últimas eleições lá realizadas. Do Paraguai temos apenas uma visão paisagística, em viagem que não foi de trabalho.

Haveria uma possibilidade de relacionar o que foi observado nessa meia dúzia de países, somando-se, a mais, o conhecimento direto da situação no Brasil? Curiosamente, e sem embargo da evidência de que em períodos cíclicos se processa em numerosos países latino-americanos um reajustamento de estruturas políticas e sociais, simultâneo no tempo, e aparentemente de natureza contagiante, como numa epidemia — a impressão que nos permanece no espírito, como dominante, é a das características específicas de cada um dêles, a sua personalidade, aquilo que o distingue e não o que poderia identificá-lo com os vizinhos.

Evidentemente, podemos procurar traços comuns: a alta porcentagem de analfabetismo, por exemplo, que entretanto não encontraremos no Uruguai nem no Chile; ou a freqüência dos golpes de Estado militares, o que de outro lado também não se aplica aos mesmos Chile e Uruguai, nem à Colômbia, nem ao México; ou a dependência em relação a um único produto de exportação, o que porém é cada dia menos verdade para o México e o Brasil.

Assim também em relação a tantos outros elementos característicos da situação atual em países estagnados ou nos primeiros estágios do desenvolvimento — explosão demográfica, inflação da moeda, vivacidade do movimento operário, terrorismo urbano, guerrilhas rurais, ditaduras, nacionalismo, antinorte-americanismo, atentados contra a liberdade de imprensa, esfarelamento partidário, e vários outros itens, verificaremos que, se podemos localizá-los em alguns países latino-americanos, não são encontráveis em outros, que de seu lado apresentam traços inexistentes em alguns dos precedentes. Não há, assim, um metro único, aplicável a tôdas as situações, que nos habilite a tirar, em seguida, conclusões genèricamente válidas.

Poderíamos ser tentados a dizer que a única coisa generalizável é a permanência da instabilidade — mas ainda aqui estaríamos forçando a mão, pois o regime mexicano, por exemplo, com ser um admirável modêlo de hipocrisia política, um engôdo que os mexicanos se pregam a si mesmos, é, entretanto, de uma estabilidade exemplar — e isso apenas mediante o recurso, a largos intervalos, de fulminantes medidas de violência governamental, que quando se desfecham não se detêm diante de nenhuma consideração. E a debilíssima estrutura dêsse país positivamente inviável, que é o Uruguai, vem resistindo milagrosamente aos impactos de uma violência desmedida como a dos Tupamaros, que entretanto não alcançou a demolir sua democracia pràticamente inerme. E o mesmo Chile, que está partindo para a aventura da presidência Allende, como quem parte para uma viagem sem destino conhecido, ainda assim manteve um comportamento absolutamente original e equilibrado, nos entendimentos com que se procurou assegurar a sobrevivência das liberdades individuais e coletivas sob um govêrno liderado por partido tão extremista como é o Partido Socialista do Chile — em relação ao qual, não menos originalmente, o Partido Comunista local representa freqüentemente uma fôrça moderadora. E ainda a Colômbia, onde a violência é uma tradição arraigada, tendo chegado ao delírio no episódio que passou à História com o nome de sua capital — o *bogotazzo* — é de seu lado outro país em que os militares não têm o hábito nem cedem à tentação de apoderar-se das posições que nas sociedades civilizadas cabem necessàriamente a civis; subsiste, ali, em meio às crises que o sacodem, o imaginoso acôrdo firmado entre os dois únicos partidos que contam e que durante largo período haviam sido adversários inconciliáveis — e mediante o qual o país foi dividido como quem divide os encargos de um condomínio, comprometendo-se as duas agremiações a respeitar a regra segundo a qual a um presidente conservador segue-se obrigatòriamente um presidente liberal, e assim sucessivamente, enquanto que todo o aparelho político, judiciário e administrativo é eqüitativamente repartido entre os membros dos dois referidos partidos.

Assim é: cada vez que nos detemos em face de um dêstes países, ou que nêle procuramos verificar como se situa um determinado problema, vamos ser impressionados pela diversidade das situações, a variedade dos modelos, a novidade das concepções e a resistência, no tempo, de estruturas à primeira vista inservíveis.

O nativo e o colonizador

Um traço que pode ser apontado como comum a diversos países latino-americanos de cultura espanhola é a sobrevivência do problema do índio, no sentido de que êste nem foi eliminado através do tempo e à medida que se processava a ocupação do território pelo colonizador — como aconteceu e continua a acontecer no Brasil — nem chegou a integrar-se na civilização do conquistador, fundindo-se os dois padrões culturais. Nêles o índio permaneceu como um quisto, não absorvido nem extirpado.

Os brasileiros somos muito sensíveis às acusações de genocídio que contra nós, por vêzes, fazem jornalistas e cientistas europeus, e efetivamente seria uma impropriedade, neste caso, falar-se na ocorrência de atos cometidos com a intenção específica de destruir, no todo ou em parte, um grupo nacional étnico, como deliberadamente o nazismo fêz com os judeus na Alemanha. Isso não nos deve impedir de constatar que nestes 470 anos de vida do Brasil, a população indígena, calculada, ao tempo da descoberta, em cêrca de dois milhões de indivíduos pertencentes a inumeráveis tribos, está hoje reduzida a cêrca de cem mil pessoas — ao passo que aquêle punhado de degredados aqui deixados inicialmente, e aos quais se somaram os escravos e os imigrantes, somos, hoje, 95 milhões de habitantes.

Mas, se não há uma política oficial encaminhada ao extermínio da nossa população indígena, como efetivamente não há, tem havido o maior descaso na defesa, que as nossas mal-amadas Constituições sempre inseriram em seus textos, da integridade dos grupos indígenas, no respeito à posse de suas terras, na sua preservação de contágio pelas moléstias dos brancos, as quais os dizimam. À medida que vamos ocupando as terras dêste país, vamos empurrando os índios sempre para um espaço mais reduzido e distante, tomando-lhes seu terreno vital, destruindo o meio físico de que dependem para viver, degradando-os culturalmente. Aliás, a assembléia geral das Nações Unidas, que aprovou a convenção sôbre os crimes de genocídio, deixou de fora o que poderia ser considerado o genocídio cultural — isto é, atividades sistemàticamente orientadas no sentido de extinguir valores coletivos fundamentais, como seja uma língua. Agora, com a nova e desordenada penetração pela Amazônia, que vai resultar dessa mirabolante aventura da Transamazônica, aquêle processo secular vai passar a desenvolver-se a um ritmo ainda mais acelerado, com a inevitável destruição física e cultural das tribos que se encontram no caminho da estrada, traçada do ar e no ar, sem nenhum conhecimento efetivo dos territórios que ela vai cortar, desmatar, "civilizar".

Mas sinceramente não sabemos se é mais triste a situação dêsses últimos milhares de índios do Brasil, que remanescem nos pontos do território nacional ainda não atingidos pela ambição, a cupidez e a vanglória do homem branco, e que dentro de mais alguns decênios estarão inevitàvelmente extintos — ou a das grandes populações indígenas que sobraram no México, na Colômbia, no Peru, na Bolívia, no Paraguai, as quais, quando não são maioria, representam ponderáveis porcentagens da população global, e que entretanto permanecem culturalmente estagnadas na idade do descobrimento, mentalmente insuscetíveis de dar o salto que as inseriria na civilização industrial.

É um espetáculo de tristeza e melancolia o que oferecem êsses índios em suas roupas típicas ou apenas cobertos de alguns andrajos, que encontramos mendigando nas cidades, vagabundeando pelas estradas, trocando nas feiras os produtos de seu artesanato ou da sua pobre lavoura de subsistência, amontoados em vilarejos perdidos em longínquos vales e montanhas, sujos, analfabetos, doentes, freqüentemente sem terra, nada percebendo do mundo político em que estão situados, sem perspectivas nem aspirações válidas, sombras que perpassam sem deixar marca.

E entretanto, e paradoxalmente, o índio é, nesses lugares, um mito cantado em prosa e verso, e o orgulho nacionalista tem sempre uma forte coloração indianista.

É obrigatória, em todos os casos, a referência à importância das civilizações existentes ao tempo da conquista, e maias, e incas, e astecas, e aimaras, e tantos e tantos outros são nomes que estão sempre na bôca dos oradores, na crônica dos jornais, exaltados até o endeusamento.

Otávio Paz, no México, — entre alguns poucos outros escritores — tratou magistralmente êsse tema, dissecando-o de forma impiedosa, mostrando o drama do mundo dúplice que é o dessas nações, que até hoje não encontraram o cimento capaz de unir os estratos espanhol e índio, fundindo-os numa cultura única: continuam, pelo tempo afora, puxados contraditòriamente para lados opostos, o espírito estraçalhado entre o sentimento de orgulho em face da herança lendária e a humilhação do descendente da índia violentamente possuída pelo conquistador, para quem ela era apenas o instrumento de satisfação de um instinto. Os filhos dêsse dilema até hoje não conseguiram resolvê-lo em suas consciências, e por isso os grandes núcleos de índios que sobraram não miscigenados permanecem como uma herança de dor, como uma acusação viva — que se procura esconder sob a ênfase literária, mas que na verdade não parece possível enxertar na sociedade atual. Sob a mesma luz o tema foi analisado, no Peru, pelo historiador Augusto Salazar Bondy.

Pobreza e riqueza

Um traço sem dúvida comum a todos os países centro e sul-americanos é a aspiração ao desenvolvimento, determinada pela também comum, embora desigual, situação de subdesenvolvimento, que pode ser expressa pelas taxas das rendas *per capita,* oscilantes, exemplificativamente, entre os níveis de 162 dólares anuais na Bolívia, 313 no Brasil, 724 na Argentina, 900 na Venezuela.

Mas, se a aspiração àquela meta é geral, não se pode certamente dizer o mesmo a respeito da possibilidade de alcançá-la. Um país como o Uruguai, com uma população de 2,5 milhões de habitantes, instalados numa área de 16,5 milhões de hectares de terra, 88,6% dos quais são representados por pastagens, e que deve sustentar uma carga não-produtiva constituída de

700.000 aposentados e funcionários públicos, não pode pretender alçar-se à independência econômica, apenas fundado em seus rebanhos de gado. Um país como o Chile, espremido entre o mar e a montanha, tendo embora um mar muito rico e boas jazidas de cobre, também não pode, sòzinho, construir uma economia do tipo da que caracteriza os países altamente industrializados. Nem isso pode ser pretendido pela Bolívia, sem embargo de seu petróleo e demais minerais. E será necessário repetir o mesmo a respeito do Paraguai, da Guatemala, das Guianas?

O caminho do desenvolvimento, na América Latina, teria que ser processado mediante uma estrada que conduzisse a uma ampla e profunda integração dos países que a compõem. A Associação Latino-Americana de Livre Comércio, ALALC, e o Pacto Andino, firmado entre os países percorridos por esta cadeia de montanhas, são dois esboços do que deveria ser tentado, mas até agora permanecem muito tímidos, mais formais que reais, e vêem-se a todo o momento ameaçados mesmo no pouco que conseguiram entreabrir como perspectiva. Em casa de pobre é fácil que reine a desarmonia, e por isso o estreito caminho da rivalidade, do ciúme, de uma competição que a nada conduz, continua a ser muito mais transitado que a avenida do inter-relacionamento. E entretanto, pode-se dizer que com exceção do Brasil e do México, mais dificilmente da Argentina, os demais países latino-americanos não têm a possibilidade de alcançar uma efetiva situação de desenvolvimento, enquanto não se associarem estreitamente com os vizinhos, com êles condividindo as tarefas a serem levadas a cabo em comum, para proveito comum.

O que se verifica é que na maioria dos casos êstes países continuam preferentemente de olhos postos no além-mar, de onde vieram os conquistadores, ao invés de voltá-los para o interior desta enorme geografia. Os esforços no sentido do desenvolvimento do comércio exterior, da captação de capitais, da associação com emprêsas multinacionais, da permuta de técnica e de cultura, orientam-se na direção da Europa, da América do Norte e até do Extremo Oriente, com desprêzo do interamericanismo latino. E o mesmo ocorre com a diplomacia pròpriamente dita, que não funciona em têrmos latino-americanos senão nas sessões dêsse inócuo e desbotado carimbo que é a OEA, ela mesma instalada em território norte-americano. É uma insignificância o que todos nós fazemos em têrmos de aproximação com os irmãos de origem e cultura.

A situação de instabilidade política, que com tanta freqüência interrompe nossa normalidade constitucional, e o crescimento do sentimento nacionalista em têrmos econômicos, traduzindo-se por uma predisposição antinorte-americana em tantos países da América do Sul, está provocando, ademais, uma retração dos capitais que de Wall Street buscavam esta região, o que vai dificultar ainda mais e tornar mais longo o percurso da distância que pode levar ao ambicionado desenvolvimento.

Segundo dados do Departamento do Comércio dos Estados Unidos, os investimentos norte-americanos no mundo montarão, em 1970, a 12,5 mil milhões de dólares, prevendo-se que alcancem, em 1971, 14,8 mil milhões de dólares — com um aumento de 16%. Enquanto êsses investimentos se expandem na Europa Ocidental, tendo aumentado de 20% em 1969 e de 30% em 1970, no que se refere à América Latina é difícil que, em 1970, o montante dessas aplicações atinja o nível de 1969, que foi de 1,9 mil milhões de dólares, pelo que a porcentagem aqui aplicada, que foi de 17,5% em 1969, deverá cair êste ano para 15,2%. No total, estima-se que há atualmente 70 mil milhões de dólares investidos na Europa, e apenas 12 mil milhões na América Latina — total êsse que, com a onda das nacionalizações, deverá cair ainda mais no futuro. Os latino-americanos tendem, assim, a tornar-se tanto mais desprovidos de recursos, quanto mais esbordoam o imperialismo. E será a independência, em têrmos de cada nação, compatível com a pobreza?

A segurança, a insegurança

Nosso comum complexo de inferioridade, que parece difícil de ser eliminado, gera simultâneamente uma corrida armamentista na qual se despendem enormes somas que deixam de ser aplicadas na educação, na saúde, na previdência e nos setores fundamentais da economia.

De acôrdo com informações do Instituto de Estudos Estratégicos, de Londres, o México, com 68.500 homens em armas, gasta com a sua defesa o equivalente a 909 milhões de cruzeiros; a Colômbia, com 64.000 homens, gasta 513 milhões de cruzeiros; o Chile, com 61.000 homens, 751 milhões de cruzeiros; o Peru, com 54.650 soldados, 698 milhões de cruzeiros. O orçamento de Cuba, cujos efetivos militares são de 109.500 homens, monta a 1 bilhão e 305 milhões de cruzeiros. Na Argentina, que tem 137.000 homens em armas, o orçamento de defesa é de 2 bilhões e 230 milhões de cruzeiros. Quanto ao Brasil, suas fôrças armadas constituem-se de 194.350 homens, e seu orçamento de defesa é de 2 bilhões e 602 milhões de cruzeiros.

A busca da segurança militar junta-se à presença da insegurança econômica. Eis alguns dados fornecidos recentemente pela Comissão Econômica para a América Latina, CEPAL, com sede no Chile:

estimando-se que em 1980 a população dos países latino-americanos será de 379 milhões de habitantes, e calculando-se o crescimento econômico anual na otimista base de 6%, o deficit de poupança interna para o financiamento dos investimentos necessitados será de 7.200 milhões de dólares por ano; êsse deficit teria que ser coberto pelo financiamento externo, que, como já se viu, não supera a marca dos 2.000 milhões;

se a atual tendência ao endividamento nacional continuar, o deficit regional da balança de pagamentos será de 6.600 milhões de dólares em 1980;

com o crescimento populacional processando-se à razão de 3% ao ano, e o crescimento da ocupação à razão de 2,5%, o atual nível de desemprêgo, que é de 10% da população ativa, chegará em breve a 14% da mesma; isso, quando 40% da mão-de-obra regional já se acha subocupada;

a participação da América Latina nas exportações globais mundiais, no período de 1960/1968, assinalou uma taxa de crescimento anual de 4,6%, contra 6,7% dos Estados Unidos, 7,9% da África, 9,2% do Oriente Médio e 15,6% do Japão;

ao mesmo tempo que a região latino-americana decai de importância econômica no mercado mundial, aumenta sua dependência financeira, e conseqüentemente política: os juros, amortizações, remessas de lucros e outras retribuições ao capital estrangeiro representam mais de 35% do valor das exportações de bens e serviços.

Êstes dados são apenas ilustrativos, e prolongá--los, desacompanhados de estudos capazes de conduzir a uma modificação da situação que êles indicam, seria apenas um exercício de autoflagelação, o que não é de nosso feitio; ao passo que o exame daquelas medidas sairia fora dos quadros desta nota, meramente introdutória à apresentação do panorama geral em que, no momento, se situa o Peru, que é o objeto específico do presente trabalho.

A. P. d'H.

Primeira parte

PANORAMA POLÍTICO

1 — A DIREITA PREPARA UM GOLPE DE ESQUERDA

Os militares que depõem governos regularmente constituídos para pela fôrça se instalarem em seu lugar, gostam de apresentar-se, nesta nossa América Latina, como condutores de uma Revolução ou de um Movimento Revolucionário — sempre com maiúsculas, para incutir respeitabilidade — e têm horror a que se qualifiquem êsses golpes de mão, de "golpes", simplesmente.

Curiosamente, a revolução em curso no Peru, e que sem nenhum disfarce se apresenta como sendo um "Govêrno Revolucionário das Fôrças Armadas" — não vacila em intitular de *golpe* o ato inaugural do nôvo

General-de-divisão Manuel A. Odria, quando presidente do Peru.

sistema, pelo qual, a 3 de outubro de 1968, foi deposto o govêrno do presidente eleito, Fernando Belaunde Terry, quando faltava menos de um ano para a realização das novas eleições, em que seria escolhido o seu sucessor. Reconhece-se, assim, que houve um golpe — "o golpe de 3 de outubro", como é chamado — e só em conseqüência dêle é que teve início o presente processo revolucionário, que no momento ninguém, em sã consciência, pode prever exatamente até onde irá, e no que, efetivamente, dará.

Mas, para compreender como se chegou ao golpe, é preciso retroceder um pouco na crônica dos eventos políticos peruanos dêste último meio século, para um rápido apanhado dos fatos que se foram encadeando até darem na presente fase, que sem dúvida vai modificar radicalmente, de alto a baixo, a estrutura política, econômica e social do país.

Democracia e ditadura

Nas duas primeiras décadas do século o Peru viveu sob um regime presidencial equivalente ao que dominou no Brasil até 1930: governos quadrienais de tipo oligárquico, mas com um relativo respeito às liberdades públicas e bastante regularidade institucional, mantendo-se o exército neutro em face da política.

Em 1919 implanta-se a ditadura civil de Leguia, que durará até 1930. Seu govêrno destaca-se por numerosas medidas em virtude das quais a oligarquia perde grande soma de seu poder político, mas conserva todo o poderio econômico.

Caindo Leguia em 1930, em virtude da crise que abalou o mundo inteiro, como conseqüência do craque da Bôlsa de Nova Iorque, impõe-se a figura de Sanchez Cerro, militar pitoresco, aloucado, tipo representativo do índio peruano (1930-1933). É também a oportunidade em que surge a Aliança Popular Revolucionária Americana, a APRA, em tôrno de cuja atuação iria, desde aí e até hoje, passar a girar a vida política do país. Nas eleições que então se realizam, Sanchez Cerro é declarado vencedor sôbre Haya de la Torre, mas a Apra alega que houve fraude. É necessário fixar a posição das fôrças que então se defrontam, para entender os desdobramentos posteriores. Sanchez Cerro, conservador, é apoiado pela oligarquia, e tem prestígio entre o campesinato e o chamado "proletariado-vagabundo", sendo também respaldado pelo mais tradicional e importante jornal do país, *El Comercio*.

Levante e massacre

Sendo presidente o General Sanchez Cerro, os apristas, inconformados com o resultado eleitoral, sublevam-se em Trujillo, terra natal de Haya de la Torre, que entrementes fôra prêso. A revolução civil, comandada por Bufalo Barreto, encadeou-se com uma revolta camponesa ocorrida em Paijan, e sucede que os civis, assaltando com êxito o quartel local, derrotam os militares e apoderam-se da Prefeitura, na qual Haya de la Torre é empossado.

Tropas governamentais são enviadas contra a cidade, que é bombardeada pela aviação. Mas os revolucionários, entrincheirados, são vitoriosos nos primeiros embates, e os prisioneiros que fazem, em número de cêrca de cinqüenta, são por êles liquidados. É a noite de 7 de julho de 1932. (Isso criaria, daí para o futuro, uma incompatibilidade total e definitiva entre os militares e Haya de la Torre.) A luta prosseguiu ainda por algum tempo, sofrendo Trujillo novos bombardeios e assaltos das tropas governamentais, que acabam vencendo. Os rebeldes fogem, não sem que alguns dêles, aprisionados, sejam por sua vez chacinados na localidade vizinha de ChanChan.

Dois outros fatos dramáticos da época: Sanchez Cerro é assassinado e um membro da família Miró Quesada — proprietária do jornal *El Comercio* — é igualmente assassinado por um membro da Apra. São novos ódios que se conjugam, para fomentar alianças políticas que de outro modo seriam incompreensíveis.

O ex-presidente do Peru, Bustamante Ribero, quando exilado em Buenos Aires, depois de deposto pela revolução de novembro de 1948.

Jornais e partidos

Segue-se o período da ditadura militar de Benevides (1933-1939).

Apesar de ver-se proscrita da vida política, "vetada" pelo Exército, a Apra continuará por um longo tempo como a única organização capaz de atrair as massas populares. *El Comercio,* para combatê-la, passa a prestigiar um programa de reformas econômico-sociais mais radical que o da Apra, alentando correntes socialistas e vendo mesmo algumas vêzes com simpatia certas proposições dos comunistas. Como que por uma necessidade de compensação, a Apra começa a perder o seu primitivo radicalismo, aproximando-se de posições mais conservadoras.

Surge no cenário político e jornalístico do Peru a figura de Pedro Beltrán, que se tornaria o líder incontestre da direita. Até então *El Comercio* era o único jornal importante do país, vindo muito depois dêle *La Prensa* e *Cronica*. Pedro Beltrán transforma *La Prensa* num jornal nôvo, moderno, para o qual recruta jornalistas jovens aos quais paga salários até então inabituais, e seu diário ganha grande importância na vida política e econômica do Peru. Como conseqüência daquela mesma gangorra, Beltrán e Haya de la Torre começam a aproximar-se. Assim transcorre o primeiro govêrno Prado (1939-1945), govêrno forte, bem pouco democrático, e que para agradar aos militares mantém a Apra fora da lei. A situação da Apra vai piorar ainda mais a partir de 1948, quando o então chefe do Estado-Maior do Exército, General Manuel Odria, assume o Executivo, para nêle manter-se, em regime discricionário, — eleito como candidato único, pois os opositores são presos — até julho de 1956. É um período de intensa perseguição ao aprismo, e aparentemente Odria e Haya tornam-se figuras irreconciliáveis.

Aprismo e populismo

Êsse panorama mantém-se, com pequenas variantes, até 1956, quando, em função da candidatura do arquiteto Fernando Belaunde Terry às eleições presidenciais, surge o partido Ação Popular, que vai disputar terreno à Apra, que para ela perde porções da classe

O presidente deposto do Peru, arquiteto Belaunde Terry, durante uma manifestação promovida pelo seu partido, Ação Popular.

média alta e de profissionais liberais. Simultâneamente, a Apra, judiada por mais de vinte anos de ostracismo, procura acomodação com os meios "respeitáveis", que possam garantir-lhe a volta ao cenário político.

Assim é que de 1956 a 1962, período do segundo govêrno Prado, caracterìsticamente conservador, a Apra dá-lhe o seu apoio, o que serve para mais descolorir seu antigo radicalismo. No Parlamento, a Frente Parlamentar, que é a legenda dos deputados apristas, sela a união dêstes com os pradistas — MDP — e com a União Nacional Odriista, partido do ex-ditador.

Golpe contra Haya

Não há nenhuma dúvida de que Haya de la Torre obteve efetivamente o primeiro lugar nas eleições verificadas em 1962, nas quais Belaunde Terry se colocou em segundo lugar e o General Odria em terceiro. Entretanto, dez dias antes de terminado o período presidencial de Prado, as Fôrças Armadas, alegando que houvera fraude em benefício do chefe aprista, dão um golpe, e empossam uma Junta Militar que fica incumbida de convocar novas eleições.

Nas novas eleições de 1963, presididas pela Junta, Belaunde Terry é eleito como candidato da Ação Popular, apoiado pela Democracia Cristã e os comunistas. Foi êste o govêrno que estava prestes a esgotar-se constitucionalmente, quando ocorreu o golpe de 3 de outubro de 1968, que instalou no poder o atual Govêrno Revolucionário das Fôrças Armadas.

O Govêrno Belaunde

O ambiente político, nos anos de 1966 a 1968, distinguia-se, no terreno parlamentar, pela atuação obstrucionista da maioria constituída pelos parlamentares da Apra e da Uno (Haya e Odria), que dificultavam a aprovação da maioria das proposições do executivo, inclusive algumas de nítido caráter reformista, como os projetos de reforma agrária, de reforma das emprêsas, de nacionalização do banco central, de estímulos à industrialização, e algumas leis políticas. O govêrno Belaunde, de seu lado, destacava-se por um espírito de acelerado desenvolvimentismo, que por tôda a parte realizava espetaculares obras públicas (o aeroporto de Lima, por exemplo, pode, sem demérito, ser confrontado com os de Roma e Paris), o que tudo iria obrigar, em breve, a uma forte desvalorização da moeda. Foi nesse govêrno que se encaminhou a expropriação da International Petroleum Corporation, IPC, cujos débitos fiscais foram então estimados em 144 milhões de dólares, enquanto todo o complexo da emprêsa era avaliado em apenas 54 milhões; mas a Câmara bloqueou o projeto.

No partido governamental, Ação Popular, ocorreu uma cisão da ala esquerda, chefiada por Edgardo Seoane, ao mesmo tempo que o Partido Cristão, até então aliado da AP, rompe em 1967 essa aliança. As eleições municipais realizadas nesse mesmo ano confirmam o prestígio do prefeito de Lima, Luís Bedoya, que automàticamente se coloca como candidato às eleições presidenciais de 1969; Bedoya, de seu lado, cinde o PDC, formando o seu Partido Popular Cristão; na área a que pertence, entretanto, êle deverá competir com as candidaturas concorrentes de Edgardo Seoane, da AP dissi-

O Sr. Abreu Sodré, governador de S. Paulo, quando em visita feita ao presidente Belaunde Terry, em Lima. (Foto "Estado".)

dente, e de Cornejo Chaves, do PDC, também virtuais postulantes à cadeira presidencial. Essas dissidências fazem com que se reponha como uma quase certeza a possibilidade da vitória de uma nova candidatura Haya de la Torre naquele pleito, o que viria a ser confirmado pelas eleições suplementares realizadas em Lima no mesmo ano e que dão uma estrondosa vitória ao candidato aprista Enrique Chirinos Soto. A cidade de Lima representa 35% do eleitorado peruano, e de seus 689.00 eleitores, Chirinos obtém 289.000 votos, contra 211.000 dados a seu concorrente mais forte. É a primeira vez que a Apra vence em Lima, e isso aumenta o alarma nos círculos militares.

Final do govêrno

Em face dos rumôres de golpe que começam a correr, o presidente Belaunde procura manobrar polìticamente. Edgardo Seoane, ex-primeiro-ministro da ala esquerda da AP, é substituído no gabinete pelo independente Raul Ferrero, e isso é considerado um aceno oficial à direita. Manuel Ulloa, relacionado com interêsses norte-americanos e diretor dos jornais *Expreso* e *Extra* (que mais tarde serão expropriados pelo regime militar), é nomeado ministro da Fazenda. A Apra, de seu lado, temerosa antes as perspectivas do golpe militar, cessa o combate ao govêrno. Mas as medidas de natureza econômica tomadas para enfrentar a situação econômica deteriorada desagradam a direita, que, liderada por Pedro Beltrán, também passa a incentivar o clima golpista. Como a perspectiva da vitória de Haya nas eleições de 1969 assusta tanto aos círculos militares como a *El Comercio*, vê-se, a certa altura de 1968, que todos êsses grupos divergentes estão igualmente interessados em uma intervenção que nenhum dêles admitia pudesse assumir caráter esquerdista. Inclusive os grandes industriais açucareiros, cujas propriedades foram expropriadas pelo atual govêrno, supunham que o golpe iria favorecê-los.

O público não mostrou maior reação em face da perspectiva e da realização do golpe por causa do desencanto com o poder civil, conseqüência do apontado desentendimento entre o Executivo e o Legislativo, que de um lado entravava a execução das reformas cuja necessidade era proclamada, e, de outro, em uma competição suicida, conduzia a gastos públicos que o orçamento do país não podia agüentar.

O ex-presidente Manoel Prado, do Peru, condecorando o então presidente Jânio Quadros, em Brasília, antes de receber dêste a Ordem Nacional do Mérito (1961). (Foto "Estado".)

A corrupção

Para facilitar ainda mais a abertura ao golpe, vieram a furo diversas denúncias de contrabando envolvendo altas figuras da administração. Depois do movimento militar muita gente foi prêsa sob acusações dessa natureza, outras pessoas foram deportadas, a polícia invadiu escritórios e residências para apreender documentos comprobatórios da fraude que se anunciava generalizada.

A atual oposição alega, entretanto, que depois de vinte meses de vigência do regime militar nem um só dos acusados foi objeto de qualquer condenação da Justiça. [1] Cita-se particularmente o caso do ex-deputado e ex-ministro da Fazenda, Sandro Mariátegui, contra o qual de início foram abertos dois processos: um foi em pouco arquivado, e no segundo êle foi absolvido. Pôsto em liberdade, foi-lhe iniciado um terceiro processo, no qual viu-se igualmente absolvido. Agora foi-lhe proposto um quarto processo. As acusações que lhe fazem são duas: a primeira, que, sendo êle ministro da Fazenda, um empréstimo obtido pelo govêrno, no valor de 40 milhões de dólares, teve aplicação diversa daquela a que estava destinado; a segunda, que o valor dêsse empréstimo foi convertido em soles à razão de 16,80 o dólar, sendo que dois meses depois o dólar subiu a 43,70 soles.

Os belaundistas também referem que o principal conduto do contrabando era representado, àquela altura, pelas cooperativas militares, das quais existia uma para cada Arma, e que importavam mercadorias do exterior isentas de direitos, ou pagando direitos insignificantes. Nelas abasteciam-se os militares e seus parentes, e a partir daí era impossível qualquer contrôle das autoridades fiscais. Ficou particularmente famoso o caso do

---

(1) Em 23/9/70 o Conselho Superior da Justiça Militar peruana condenou a 26 meses de prisão por contrabando e peculato o ex-ministro do Interior de Belaunde Terry, Juan Languasco, que em conseqüência foi prêso e levado para a penitenciária de Lurigancho. Durante a mesma sessão do tribunal foram condenados a 24 meses de prisão Guilherme de Filippi, funcionário do Ministério do Interior, e o general Manuel Corrales.

Em 10.01.71 a Justiça norte-americana determinou o atendimento do pedido de extradição de José Miguel Garcia Guillern, ex-diretor geral da Educação do Peru, acusado pelo seu govêrno de ter-se apropriado de cêrca de 3 milhões de dólares destinados a gratificações de professôres e a programas educativos pela televisão.

navio *El Callao*, da Marinha, que desde há muitos anos fazia viagens aos Estados Unidos e a outros países, voltando abarrotado de mercadorias com aquela destinação; e foi porque no govêrno de Belaunde êsse contrabando foi denunciado e apreendido, que se fêz uma grande grita em tôrno do caso.

Na voz do povo, entretanto, e nos depoimentos que ainda hoje podem ser colhidos por tôda parte, aquêle final de govêrno foi, mesmo, a culminância da desmoralização administrativa.

Antecedentes Eleitorais

Eleições Presidenciais de Junho de 1963 — Votações em Lima:

Belaunde (AP-PDC)   — 225.000 votos — 40%
Odria (UNO)   — 197.000 "
Haya (APRA)   — 149.000 "

(A evidência de que, juntas, UNO-APRA representavam a maioria, somando 51,2% dos votos, determinaria a formação, entre elas, de uma Coligação.)

Eleições municipais de dezembro de 1963 — votação em Lima:

Aliança AP-PDC   — 298.000 votos
Colig. APRA-UNO   — 267.000 votos

(O fenômeno repete-se em todo o país: o "pacto sem princípios" entre Haya e Odria afugenta parcelas do eleitorado de ambos, e a Coligação perde para a Aliança, ao contrário do que a simples aritmética eleitoral podia fazer supor. No país, a Aliança vence em 12 Departamentos e em Callao, e a Coligação em 11 Departamentos; a diferença total de votos é de cêrca de 30.000.)

Eleições municipais e complementares para deputado em 1966 — votação em Lima:

Jorge Grieve — APRO-UNO   — 40,86%
Luís Bedoya — AP-DC   — 50,02%
Benavides Corrêa, Esquerdas   — 2,20%

(Eleitorado no país: 2.316.168; em Lima, 786.235. Sôbre 1.850.000 votos válidos apurados, o resultado foi um virtual empate, ganhando a Aliança por uma diferença de 15.000 votos. A Aliança venceu em 75 províncias, a Coligação em 67, os Independentes em 6 e a Esquerda, com a FLN, em uma, Arequipa, onde teve 14.000 votos.)

Eleição suplementar para deputado no Departamento de Lima — novembro de 1967:

Enrique Chirinos Soto - APRA-UNO — 332.548 votos
Carlos Cueto - AP-PDC — 237.759 "
Carlos Malpica - Esquerdas — 106.563 "

(Abstenção de 12,2%. 10% de votos em branco. Pela primeira vez um candidato da Apra vence em Lima. As esquerdas, antes de se unirem em tôrno da candidatura Carlos Malpica, tinham apresentado os seguintes candidatos: Alfonso Benavides Corrêa, pela Ação Nacional Libertadora; Ezequiel Ramirez Novoa, pela Frente Nacionalista Independente; Genaro Carrero Checa, pela Frente de Libertação Nacional; José Luis Alvarado Bravo, pela Frente Independente de Ação Trabalhista; e Celso Sotomarino, pela União Popular Peruana.)

2 — APRA: UM VETO SEM REMISSÃO

A sede da Apra em Lima é constituída por dois corpos de edifícios — uma espécie de grande barracão colocado meio em diagonal em relação à rua, ao qual se segue um edifício de dois andares. À noite, o espetáculo que ali se oferece ao visitante é surpreendente, pois em qualquer período do ano, e mesmo depois do país encontrar-se há um ano e meio sob ditadura militar — uma multidão enxameante continua a transitar pelas dependências partidárias, numa azáfama que poucos partidos, em outros países, podem apresentar em épocas eleitorais.

É uma multidão viva e variada, com amplo predomínio da juventude, aquela que ali vai fazer a sua re-

APRISTA:

CUMPLE CON LOS TRES DEBERES DE TU GRAN PARTIDO:

El Deber Político
Conocer tus deberes y tus derechos cívicos como integrante de un estado democrático en el que el pueblo es el soberano. Lo cual te obliga a capacitarte, a superarte culturalmente, a elevar tu conciencia y tu sentido de responsabilidad ciudadana, como lo enseña la educadora disciplina del aprismo.

El Deber Sindical
Conocer tus deberes y derechos económicos y sociales como trabajador manual o intelectual, organizarte sindicalmente para tu defensa y progreso laboral, afiliarte al Movimiento Cooperativista que es "la riqueza de los pobres", contribuir así al engrandecimiento y desarrollo del país.

El Deber Cultural
Educarte y estudiar siempre, quiera que sea tu edad, con social o nivel cultural; coopera civilización del Perú cuya om negación es el alto porcenta analfabetismo que nos avergü recordar siempre el designio dador del aprismo que es un Partido-Escuela para la rede económico-social y espíritu nuestro pueblo. "Si sabes aprende; si sabes mucho, ens

CON ESTOS TRES DEBERES LOGRAREMOS LA GRAN TRANSFO MACION DEL PERU DENTRO DEL SISTEMA DE LA DEMOCRAC REPRESENTATIVA CUYO LEMA POPULAR ES:

"NI PAN SIN LIBERTAD, NI LIBERTAD SIN PAN"

Cartaz de propaganda aprista.

feição em amplos refeitórios, ou disputar uma vaga junto à longa fila de tabuleiros de xadrez, ou assistir a aulas, cursos e conferências que se realizam simultâneamente em outras tantas dependências; e que passa da sala de cinema para a biblioteca, à farmácia, o ambulatório, acotovelando-se pelos corredores. É um partido-escola-clube fundado há quarenta anos atrás, que nas eleições presidenciais disputadas em 1962 recolheu 700.000 votos, e que nas últimas eleições suplementares disputadas em Lima teve, sòmente na capital, 300.000 eleitores. Mas seus dirigentes dizem que para conhecer o número aproximado de apristas peruanos seria necessário multiplicar a primeira dessas cifras por 5, pois é grande em suas fileiras o número de menores e de analfabetos, que não votam.

A militância partidária é firme e cada membro paga uma quota mensal conforme as suas posses. Quando o Parlamento funcionava, cada parlamentar contribuía com 1.000 soles mensais. Periòdicamente realizam-se festas e quermesses em benefício do partido, que também conta com um banco de sangue, escolas de enfermagem, eletrotécnica, línguas e de preparação para a Universidade, além de manter um teatro. A atividade educacional é fundamental em sua prática corrente, e gratuita, e ademais da sede central da Avenida Ugarte os comitês de setor procuram comprar suas sedes próprias nos bairros da Capital, e o mesmo fazem as organizações do Interior.

O partido não mantém funcionários políticos remunerados, apenas alguns empregados para cuidar da sede. Os médicos filiados, em número de 2.000, dão algumas horas de seu horário para o aprismo, e assim fazem os advogados, os engenheiros, os técnicos das várias especialidades — todos ajudam, independentemente de remuneração.

A Apra foi o primeiro partido que levou à Câmara e ao Senado do Peru operários — choferes, mineiros, tecelões — e elevou um operário à condição de vice-presidente do Senado.

O mito vivo

Qualquer pessoa que vença o trança-trança de gente que se espalha pelas dependências da sede da Apra em Lima, chegando ao segundo andar do edifício da organização, verá — antes mesmo de ler a placa *Comandancia* colocada sôbre o batente de uma porta que se mantém aberta — a figura tão divulgada do velho chefe e fundador do aprismo, e sem nenhuma dificuldade terá acesso a êle.

Pois êle é acima de tudo o militante infatigável, que ali está tôdas as noites até tardes horas, a receber, incentivar, discutir e doutrinar a juventude que tradicionalmente busca o seu partido, e que se, com o tempo, em boa parte o deixa para tomar outros rumos, é logo substituída por novas ondas de moços e môças, que por igual irão divulgar, fora daquelas paredes, algo do que ali aprenderam. Haya de la Torre, hoje com 75 anos de idade, não arreda pé de seu pôsto, que vê como um apostolado: é a figura de um mito vivo e atuante, que não se cansa, não se abate ante as dificuldades tradicionalmente opostas à sua atuação, e segue em frente.

Encarna uma vocação política invencível, e por isso mesmo é com tôda a naturalidade que uma recordação política do Brasil marca o início da sua conversa com o repórter brasileiro: encontrava-se entre nós por ocasião do suicídio de Getúlio Vargas, tendo acompanhado os episódios que antecederam e sucederam imediatamente aquêle gesto dramático, e diz que então adquiriu a firme convicção, que hoje ainda reluta em aceitar esteja sendo desmentida, segundo a qual o brasileiro era um povo profundamente alegre e cordial, que jamais seria dominado por uma ditadura militar; espantam-no, ademais, as notícias divulgadas a respeito do "Esquadrão da Morte", de torturas e assassinatos de presos políticos. Mas é sôbre os antecedentes de seu movimento que êle vai querer falar, antes de referir-se à atual situação do Peru:

Surgimento da Apra

— A Apra foi, em seu início, em 1921, uma Universidade Popular, e quando em 1924 o govêrno peruano o desterrou para o México, fundou a Apra pròpriamente dita, baseando-a nos ensinamentos da reforma universitária argentina e na experiência da revolução me-

Aspecto da sede da Apra, em Lima. (Foto AE.)

xicana, que constituiu fato marcante na história da América Latina. Desde sua fundação, ficou bem claro que ela não se subordinava a nenhuma influência ideológica extracontinental.

— O programa lançado em 1931 foi na ocasião considerado de extrema-esquerda, embora sempre tenha acentuado que não se tratava de um partido de classe, mas de uma organização de frente única: afirmou, reiteradamente, ademais, que ela constituía um movimento visando à unidade continental. Em 1927, quando os comunistas o convidaram para o Congresso Antiimperialista que se reuniu em Bruxelas, e a que também acorreram liberais-democratas, socialistas, personalidades independentes, tendo na presidência de honra figuras como Henri Barbusse, Romain Rolland, a viúva de Sun Yat-sen, Vasconcelos, do México, e muitos outros, foi publicada, ao término da reunião, uma declaração na verdade de inspiração comunista, em que se reiterava o conceito de Lenine, segundo o qual o imperialismo representa "a última etapa do capitalismo".

Tese sôbre o imperialismo

— Na oportunidade a Apra apresentou uma objeção, na qual sustentava que o imperialismo podia constituir a última etapa do capitalismo nos países desenvolvidos, mas representava a primeira etapa dêle nos países subdesenvolvidos, pelo que era nestes inevitável. Fazia-se necessário, assim, lutar pela unidade continental, pela democracia e pela aplicação do capital estrangeiro sob contrôle do Estado. O imperialismo devia ser aceito enquanto podia ser benéfico. Reiterou que isso não podia ser realizado por um partido de classe, pois a América Latina é uma região em desenvolvimento também sob o ponto de vista social, de modo que nela as classes se encontram em trânsito, diferentemente do que ocorre na Europa. Sustentou a necessidade de uma política de caráter social, a ser iniciada pela implantação da reforma agrária; considerava necessário nacionalizar certas indústrias e acentuou que o problema do Peru era menos de terra que de água: a terra sobra, a água é que falta: por isso, a costa do Peru só pode ser cultivada em 4% de sua extensão, embora se trate de uma faixa

Haya de la Torre, em um comício, falando aos seus partidários, entre os quais predominam os jovens (1964).

de terra do tamanho do Japão, país de 100 milhões de pessoas.

Em virtude de seu programa o aprismo viu-se proscrito, e durante 25 anos o partido foi considerado ilegal, recusando-se-lhe o direito à vida pública. Essa situação perdurou até 1962, quando sua candidatura, finalmente vencedora nas eleições presidenciais, foi objeto de um "veto" militar.

Pão com liberdade

— O principal paradoxo da presente situação está em que tôda a base do programa aprista foi apropriado pela Junta Militar: ainda recentemente foi concluído um acôrdo a respeito da exploração do cobre de Cuajones, nos têrmos propugnados pelo programa aprista. Apesar disso, a Apra continua a ser considerada um partido de oposição, sòmente porque entende que tôdas as reformas podem ser realizadas dentro do sistema democrático e parlamentar, sem supressão das liberdades públicas e particulares. Mas há uma diferença entre o atual e os anteriores governos militares: a saber, que a Apra, embora combatida, não está hoje sendo perseguida. Mas continua mantida fora do diálogo político,

Victor Raul Haya de la Torre, líder da APRA, em campanha política (1962).

e embora êste tenha sido proposto ao govêrno, o govêrno o recusou.

— As mais recentes declarações oficiais são no sentido de que as Fôrças Armadas não constituem um partido político, nem pretendem organizar um partido. É de esperar, em conseqüência, que o desenlace do atual processo seja a volta às eleições: o povo quer eleições, pois tôdas as reformas anunciadas podem ser feitas dentro da Constituição: não há motivo para fundá-las na violência, ou no antijurisdicismo. Aristóteles dizia que a democracia não é sòmente o govêrno da maioria, mas da maioria mais pobre. O aprismo tem um lema: pão com liberdade; esta última é uma condição do homem, aquilo que o diferencia dos animais.

O partido

— Em fevereiro dêste ano realizou-se em Lima uma grande manifestação pública promovida pela Apra, que reuniu cêrca de 100.000 pessoas: na oportunidade repetiu a proposta de abertura de um diálogo com o govêrno, mas a resposta foi de nôvo negativa. De qualquer forma, continuam lutando por seu programa e pedindo liberdade. A necessidade da realização da justiça social não impede a manutenção de um regime de liberdade, e é exatamente nesse ponto que sempre se situou o desentendimento entre a Apra e os comunistas.

— Quando o Parlamento ainda funcionava, a Apra reivindicava a gratuidade do ensino em todos os graus. O atual govêrno, ao contrário, aboliu a gratuidade do ensino universitário, e o problema educacional continua não merecendo a atenção de que necessita; por isso, 50% da população peruana ainda é analfabeta. A Apra também reclama liberdade para os sindicatos, e que as cooperativas sejam livremente organizadas, sem interferência nem contrôle estatal. Ao mesmo tempo, pede eleições municipais e nacionais. O govêrno suprimiu as eleições municipais, reguladas por lei de iniciativa da Apra, e agora é o Ministério do Interior que, de Lima, nomeia os prefeitos em todo o país. A Apra prossegue funcionando como um partido em que a educação de seus membros é tarefa fundamental; constitui uma frente-única de trabalhadores manuais e intelectuais, e continua a ser combatida tanto pela extrema-direita como pelos comunistas.

— Sôbre o órgão partidário, *La Tribuna,* foi exercido verdadeiro cêrco econômico, pelo que está êle hoje reduzido a um tablóide de seis páginas. Começaram por fazer pressão sôbre os anunciantes, atemorizando-os. Numa segunda etapa, cobraram repentinamente e de uma só vez todos os impostos devidos pelo jornal, embora fôsse facultado o seu pagamento parcelado. Em conseqüência disso, penhoraram e afinal venderam o prédio-sede do jornal, pela sexta parte de seu valor real.

A 5ª coluna no govêrno

— Em lugar da expressão Hispano-América, ou mesmo América Latina, preconizou sempre a de Indo-

-América, tanto pelo fato de que os nossos descobridores nos consideraram como "as Índias Ocidentais", como porque o têrmo abarca, além dos espanhóis e dos demais latinos como os brasileiros, também populações como as do Haiti e das Guianas.

— O Rio de Janeiro devia ser a Capital jurídica do Continente, pois nessa cidade ocorreram fatos decisivos da história do interamericanismo, como o Tratado de 1947, que continua sendo fundamental para as relações entre as nações latino-americanas, necessitando apenas ser atualizado. Se êsse tratado tivesse sido devidamente respeitado quando surgiu o problema de São Domingos, êle hoje poderia constituir uma norma jurídica válida, inclusive para evitar as atuais ditaduras, que representam verdadeira agressão contra nossos regimes constitucionais. Seria preciso chegar hoje em dia a uma nova definição do que se entende por "agressão", de modo a abarcar essa série de violentações praticadas contra a democracia. Quando da realização da Conferência de Havana, o Brasil propôs a adoção de medidas de defesa contra a ação das quinta-colunas, inimigas da democracia. Teve, então, a oportunidade de escrever um comentário, no qual indagava *o que aconteceria quando essas quinta-colunas fôssem representadas pelos próprios governos?* (Reproduzido em seu livro *La Defensa Continental*, Editorial Imprenta Amauta S.A., 4ª edição, Lima, 1967, pág. 141.)

Resposta às críticas

É freqüente ouvir hoje em dia, no Peru, a afirmativa de que a Apra perdeu o seu caráter revolucionário inicial, para transformar-se num partido igual aos demais, que faz acôrdos, indiferentemente, com os piores inimigos da véspera, tudo sacrificando às conveniências eleitorais. Também se diz que o grande êrro de Haya de la Torre tem consistido em insistir na apresentação de sua candidatura à Presidência da República, apesar do irremovível veto militar oposto à mesma, quando êle poderia tranqüilamente eleger o presidente que quisesse, baseado apenas em sua fôrça moral, sempre que se limitasse a indicar um outro nome. Eis como o chefe do aprismo responde a essas acusações:

— Com tôda a campanha que se faz contra a Apra, ela nunca foi acusada de corrupta. Pessoalmente, o seu líder nunca foi deputado, nem senador, nem ministro, apenas candidatando-se à Presidência. De uma forma geral, como líder, não passa de um militante do partido, de vida modesta, que nada possui de seu e que quando viaja ao Exterior o faz a convite de universidades em que dá cursos e conferências; vive na casa de uma parenta, não freqüenta lugar nenhum a não ser a sede partidária, não participa de empreendimentos comerciais e o que ganha resulta da venda de seus artigos e livros.

— As acusações mencionadas partem do fato de que em 1963 os representantes apristas no Parlamento formaram uma Frente Parlamentar com odriistas e pradistas, a fim de assegurar a aprovação de determinadas leis. A Apra possuía maioria numérica, mas no Peru, para a aprovação de certos projetos de lei, requer-se maioria de dois terços de votos. Como do contrário os seus representantes permaneceriam pràticamente manietados, formaram a Frente Parlamentar e foi assim que obtiveram a aprovação de leis dispondo sôbre a realização de eleições municipais, a reforma agrária, a organização de cooperativas, a descentralização administrativa, a exploração de minérios (que agora serviu de base para a realização do contrato de Cuajones) e a exploração do petróleo — que em boa parte anulava a arbitragem de Brea e Pariñas, e na qual a Junta Militar se baseou para efetivar a expropriação.

— Se neste momento se realizassem eleições no Peru a Apra ganharia novamente, pois continua a representar o maior partido nacional. Por isso mesmo um dito popular assevera que o presente govêrno militar sòmente terminará "quando Haya de la Torre estiver velho demais para aspirar à Presidência".

Armando Villanueva

O aprismo tem sido uma escola política em que se formaram numerosas personalidades hoje em atividade em outros setores ou outras organizações do Peru. Ao lado de Haya de la Torre há sempre algumas figuras de líderes mais jovens, que sem chegar a competir com o presidente do partido asseguram a êste atualidade e combatividade.

Presentemente, a figura mais expressiva do movimento é o seu secretário-geral, Armando Villanueva del Campo, que mantém polêmica pública e aberta com as principais figuras da Junta Militar. Assim, como o General Barandiaran Pagador, ministro da Agricultura, declarasse que os militares *"estavam fazendo em dez meses o que líderes caducos não tinham feito em trinta anos"*, numa evidente referência à idade do chefe do aprismo, Armando Villanueva respondeu-lhe:

"Se os apristas não realizaram inteiramente o seu programa foi porque o Estado oligárquico e o militarismo vetaram e impediram a legítima ascensão do aprismo ao poder". E tomando como pretexto outras declarações do general Armado Artola, ministro do Interior, e pasando ao contra-ataque, acrescentou:

"Onde estavam há 30 anos, aquêles que agora nos increpam? Estavam defendendo os governos oligárquicos e enfrentando as fôrças populares da revolução".

A casta militar

Mas o secretário-geral do aprismo enfrenta temas ainda mais espinhentos, como o da *dupla remuneração percebida pelos militares aproveitados em cargos públicos*. Contestado nas afirmações que formulara a respeito, o sr. Armando Villanueva reiterou-as em manifesto impresso avulsamente, no qual cita o decreto de 25 de abril de 1969, mediante o qual é denominada de *remuneração por serviços excepcionais* "o pagamento percebido pelos oficiais das Fôrças Armadas e das Fôrças Auxiliares da ativa que sejam destacados ou colocados à disposição de repartições ou entidades civis do setor público nacional", sendo que "o montante dessa remuneração corresponde a um haver básico de seu grau, para aquêles que ocupem cargos executivos"; e chama a atenção para o fato de que essa dupla remuneração, reservada exclusivamente a militares, coexiste com o congelamento dos salários e dos vencimentos a que estão submetidos os operários, os funcionários públicos civis e os professôres.

O aprismo em Trujillo

Trujillo é a terra natal de Haya de la Torre, e a fôrça principal do aprismo situa-se na região compreendida entre essa cidade, capital do departamento de La Libertad, e Chiclayo, no vizinho departamento de Lambaieque. É aí que estão as grandes plantações de cana--de-açúcar e as principais usinas de beneficiamento do produto. Por isso mesmo, porque se tratava de uma fortaleza do aprismo, aí é que foi iniciada com maior ímpeto a aplicação da reforma agrária, mediante a expropriação dos complexos agro-industriais.

O secretário-geral da Apra em Trujillo é o sr. Luiz Reyes Pita, e eis como êle vê a situação em sua cidade e as atividades desenvolvidas pelos representantes do govêrno de Lima:

— As autoridades da reforma agrária estão trabalhando atualmente na organização das cooperativas dos operários e agricultores, às quais anunciam que será entregue a gestão das fazendas expropriadas. O Comitê Administrativo por elas instalado é integrado por um operário, um empregado e quatro representantes governamentais, que quando necessário convocam outros funcionários técnicos; os representantes oficiais são civis, mas o coordenador geral da fazenda é sempre um militar. A Apra critica a desigualdade dessa representação, que assegura o predomínio dos burocratas e faz com que na prática os trabalhadores tenham apenas passado do patrão particular para o Estado-patrão, de modo que a expressão da Lei de Reforma Agrária, segundo a qual a *terra é de quem a trabalha,* continua a ser uma ficção. A Apra reclama que essa promessa seja tornada realidade. De acôrdo com a legislação, os trabalhadores deverão indicar três nomes para o cargo de administrador, dentre os quais o govêrno escolherá um; isso, aliado ao permanente contrôle das cooperativas em formação, pela repartição burocrática de Lima, corresponde ao desejo oficial de destruir o poder dos sindicatos nas fazendas, que era onde se situava o núcleo da fôrça da Apra. Na constituição do capital das cooperativas o conjunto dos benefícios sociais de que gozavam os trabalhadores é estimado em 10%, enquanto que a parte do govêrno é valorizada em 90%. Outra crítica da Apra assinala que a expropriação atinge as terras de plantio e as usinas de beneficiamento do produto agrícola, mas não as fábricas que trabalham os subprodutos, as quais continuam a pertencer a seus antigos proprietários.

— A Junta Militar tem procurado por tôdas as formas destruir a fôrça aprista em Trujillo, mas até agora não o conseguiu: a Apra continua ganhando tôdas as eleições de delegados nas fazendas. Depois que, em fevereiro dêste ano, Haya discursou num comício em Laredo, fixando a posição da Apra em relação à reforma agrária, foi baixado um decreto segundo o qual tôda crítica à mesma é equiparada a sabotagem, e punida com prisão. Assim fica eliminado o direito dos trabalhadores opinarem sôbre o que mais de perto lhes interessa, devendo simplesmente obedecer às ordens dos funcionários que o govêrno vai colocando nas fazendas.

— A propaganda política contra a Apra, e de enaltecimento da figura do general Velasco em contraposição à de Haya de la Torre, é feita abertamente. Quando da última visita de Velasco a Trujillo foram mandadas da capital várias equipes de pichadores que borraram tôda a cidade com dísticos de louvor à Junta Militar, foi determinado que todos os funcionários públicos e escolares se concentrassem na Plaza de Armas, e aos camponeses foi prometido que nessa oportunidade lhes seriam entregues os títulos de propriedade das terras. Em contraposição, quando Haya quis falar aos trabalhadores da usina de Catavio — uma das maiores da região — a polícia alegou que não podia oferecer garantias de vida aos participantes da reunião, que, assim, teve que ser cancelada. Agentes policiais incumbiram-se de destruir a machadadas a tribuna que havia sido erigida na previsão do comício, e como se seguisse uma greve de protesto contra essas arbitrariedades, foram presos três líderes dos trabalhadores locais, que até hoje continuam detidos.

Mulheres índias em trajes típicos, na aldeia andina de Pisac, Peru. (Foto Pan American Worll Arways.)

3 — AÇÃO POPULAR: REFORMISMO E INDIGENISMO

O partido Ação Popular surgiu em 1956, por motivo do lançamento da candidatura a presidente da República de seu fundador, o arquiteto Fernando Belaunde Terry. A Belaunde se devem as teses doutrinárias básicas do movimento, expostas em livros. Também influíram na estruturação dessa ideologia os ensaios do filósofo Francisco Miró Quesada. A doutrina define-se como um reformismo social, pondo o principal acento em uma ação política centrada em obras públicas de caráter infra-estrutural e em reformas a serem introduzidas nos terrenos do crédito, da tributação, da legislação social e do planejamento. Especial importância é concedida à reforma agrária, mas dentro de uma concepção de cunho liberal: limitação do latifúndio, desenvolvimento das comunidades camponesas tradicionais mediante o cooperativismo, a assistência técnica e o crédito, defesa e estímulo dos pequenos e médios proprietários.

Para Belaunde (*La Conquista del Peru por los Peruanos*), "poucas nações no mundo têm o raro privilégio de contar em seu próprio solo com a fonte de inspiração de uma doutrina. O Peru é uma delas".

Essa autarquia ideológica decorreria da tradição indígena, razão pela qual Belaunde intermitentemente se refere ao legado da cultura incaica como pauta da cultura nacional, e contrapõe, à aplicação dos sistemas sócio-econômicos do Ocidente, a "tradição planificadora do Peru, a ação popular e a justiça agrária".

Francisco Miró Quesada (*La Ideologia de Acción Popular*) aplica êsses princípios "à familiaridade secular do camponês com o planejamento econômico, a cooperação popular até hoje praticada pelas comunidades indígenas e a sábia conservação do equilíbrio homem-terra alcançado pelos incas, e que devidamente aproveitados por uma política nacional garantem uma mudança revolucionária na sociedade peruana". Essa volta ao indígena é interpretada pelo mesmo autor como possibilitando a integração das duas partes secularmente opostas na história peruana a partir da conquista — o índio e o branco. Diz êle: "O índio é, agora, o homem que indica o caminho. O índio é o homem cuja situação concreta consistiu na negação de seu ser de homem, e que agora, por isso mesmo, é afirmado".

A nacionalidade dividida

Já assim não pensa Augusto Salazar Bondy (*Historia de las Ideas en el Peru*), para quem "a filosofia peruana não pôde até hoje falar a todos e ser ouvida por cada um, em sua própria linguagem, porque lhe faltou a unidade de uma só essência cultural". Assim, "a filosofia contemporânea traz o signo da negação do passado e a missão de contribuir para o aparecimento de uma ordem de cultura inteiramente nova".

Salazar Bondy é bastante contundente ao assinalar a permanência dessa divisão cultural insolucionada e

Índios peruanos sendo dedetizados por funcionários da Saúde Pública. (Foto AE.)

aparentemente insolúvel, que torna tão dramático todo enfoque do futuro do país:

"Estas limitações traduzem um defeito de origem. Até que ponto foi grave êsse defeito de origem, mostra-o claramente o fato de que ainda hoje, mais de quatro séculos depois da conquista, sofremos de um profundo problema de personalidade nacional. Nosso mundo espiritual continua padecendo do mal da falta de integração e de autenticidade, porque corresponde a uma nacionalidade que nasceu dividida e se malformou seguindo padrões estranhos, e além disso desigualmente aceitos e elaborados e teve que suportar a sucessiva ação desorganizadora de outras culturas e influências nacionais. Nossa existência social foi e continua sendo uma existência alienada, e isso significa que o verdadeiro sujeito da história, oprimido e relegado, cindido e mediatizado, ainda não se encontrou a si mesmo como comunidade viva e não conseguiu construir sua própria história".

A Ação Popular, que governou o Peru em aliança com o Partido Democrata Cristão, separou-se do mesmo já no final do govêrno Belaunde. Com a deposição dêste, completou-se a cisão que já se esboçava nas fileiras da organização, e hoje ela conta uma ala fiel a

Belaunde, representada por seu secretário-geral, José Maria de la Jara, uma outra mais radical, que se aproximou do govêrno militar e é encabeçada por Edgardo Seoane, e um grupo mais jovem e mais à esquerda, liderado por Mário Villarán.

Insegurança e desconfiança

José Maria de la Jara, deputado eleito em 1962, ex-secretário-geral do Conselho de Ministros, ex-presidente da Junta Nacional de Telecomunicações, articulista político, é o secretário-geral da Ação Popular de que é presidente — embora no exílio — Fernando Belaunde Terry, presidente da República deposto pelo golpe militar de 1968.

(A 11 de fevereiro de 1969, em seguida a uma denúncia que formulou, relativa a uma evasão de 17 milhões de dólares que a International Petroleum Corporation devia ter pago à Emprêsa Petrolífera Fiscal — José Maria de la Jara foi detido na sede do partido, às 21 horas, e às 23 horas era embarcado em um avião de carreira com destino ao Panamá. Contra essa medida interpôs recurso de *habeas corpus,* que a Justiça do país recebeu, declarando-o procedente; apesar disso, o govêrno comunicou às companhias de aviação que fazem escala em Lima que não lhe vendessem passagem, razão pela qual só regressou ao Peru depois que, passado mais de um ano, o govêrno levantou aquela interdição. Ao regressar, fêz questão de frisar que voltava para continuar na mesma linha de intransigente oposição, que era a sua quando foi deportado.)

Êste é o seu ponto de vista sôbre a atualidade política peruana:

— O partido Ação Popular assumiu uma atitude de oposição radical e democrática ao govêrno de fato, presidido pelo general reformado Juan Velasco Alvarado. Desde a data do golpe de Estado — 3 de outubro de 1968 — a AP vem lutando, e continuará a lutar no futuro, pela volta à constitucionalidade, pela imediata convocação de eleições gerais, como única maneira de assegurar que os peruanos vivam em um regime de ordem jurídica pré-estabelecida, e gozem das garantias que lhes concedem as leis da República. Essa oposição é exercida de forma infatigável e em têrmos estritamente democráticos, sem que as medidas intimidatórias e de represália, determinadas pelo govêrno, detenham a campanha pela consecução dêsses ideais democráticos.

— É indiscutível que em face de determinados decretos, como o do mal denominado Estatuto da Liberdade de Imprensa, ou o que pune qualquer crítica emitida em relação à reforma agrária, considerando-a uma sabotagem à mesma — não existem, neste momento, no Peru, as garantias que permitam a livre expressão das idéias ou a crítica da oposição aos atos praticados pelo govêrno de fato.

— O país defronta-se com um estado gravíssimo de recessão econômica. Esta crise não traduz uma afirmação gratuita da oposição, pois além de que todos os habitantes do Peru a comprovam diàriamente, os próprios integrantes da Junta de Govêrno, em reiterados discursos e declarações, reconheceram-na, ao mesmo tempo que lançavam desesperadas invectivas com a finalidade de incentivar uma política maciça de inversões. Infelizmente, as palavras proferidas pelos membros do govêrno não coincidem com os atos de govêrno que vêm sendo praticados; daí que prepondere um clima de insegurança e desconfiança, ao ponto de ser reconhecido por todos que o Peru está sofrendo uma paralisia econômica muito grave.

Recessão econômica

Em manifesto datado de 20 de março de 1970, a direção de Ação Popular, partindo da tese de que "a necessidade de uma transformação social e do progresso da nação não devem ser invocados como motivos para a deposição de um govêrno legìtimamente eleito, nem para justificar um prolongado afastamento das normas constitucionais", faz uma série de críticas à situação econômica do país.

Assevera que o fracasso econômico verificado em 1969 está sendo ocultado, mas que as cifras correspondentes são por si mesmas bastante eloqüentes; e reclama contra a parcimônia com que são divulgados os dados oficiais relativos à matéria e contra a falta de garantias para o exercício de uma atividade de crítica dos mesmos. O orçamento de 1970, que é o mais elevado dos últimos anos, reconhece a existência de um déficit de 649 milhões de soles, prevendo como ingressos mais de 6.900 milhões de soles relativos a empréstimos e operações do Tesouro, o que corresponde a mais de 17% do total da receita prevista. [1] O último relatório do Ministério de Economia e Finanças é apenas uma repetição do anterior, e o Plano Econômico de 1970 mal estava esboçado no mês de março. O manifesto assinala a modestíssima cifra indicativa do aumento do produto interno bruto, e a ocultação do fato de que em virtude do crescimento da população houve na realidade uma diminuição do produto *per capita*. Assevera que não existem incentivos para as inversões, "salvo para algumas poderosas empresas do estrangeiro", — como a Southern, para explorar o cobre de Cuajone, e a ITT, para fabricar e vender telefones e construir um hotel. Acentua a perda anual do valor da moeda, que no corrente ano é estimada em 8%

Mostra que o govêrno pretende obter dos empresários privados 80% dos investimentos necessários à ativação da economia. Entretanto, o setor agrícola está totalmente paralisado, com exceção do que se refere à reforma agrária, que é da exclusiva responsabilidade do govêrno. A indústria da pesca está à espera da lei que deverá reformá-la e regulamentá-la. As instituições de crédito igualmente continuam na expectativa de um decreto reformador anunciado pelo govêrno. Em idêntica situação encontra-se a indústria mineira. No que diz respeito ao petróleo, o Estado chamou a si o papel decisivo, inclusive no que interessa à regulamentação das exportações. A indústria manufatureira acha-se agoniada sob a perspectiva da chamada lei de "reforma das emprêsas". Também se anuncia que o Estado tomará a seu cargo as indústrias básicas — químicas, petroquímicas, siderúrgica e metalúrgica — mas não se vê que até o momento tenham sido consignados os investimentos correspondentes. E também a indústria da construção não recebeu os incentivos necessários à aceleração de suas atividades — conclui o manifesto da A. P.

(1) Em 12/11/70 o general Francisco Morales Bermudez, ministro da Economia e Finanças, declarou que de janeiro a 31 de outubro dêsse ano o orçamento peruano acusou um superavit de 298 milhões de soles, contra um deficit de 149 milhões de soles em 1969.

Reformar, mas de alto a baixo

Edgardo Seoane, engenheiro-agrônomo, presidente do Banco de Fomento Agropecuário, ex-vice-presidente da República, ex-presidente do Conselho de Ministros, ex-ministro das Relações Exteriores, ex-chefe do Departamento Nacional de Reforma Agrária, ex-embaixador no México, era também provável candidato à Presidência da República, por uma facção dissidente da Ação Popular, nas eleições que deviam ter lugar em junho de 1969.

(Quando ocorreu o golpe de 1968, a situação geral dos partidos era de crise. O mais tradicional e popular dêles, a Apra, perdera muito de sua antiga feição, aliando-se a inimigos tradicionais, como o partido de Odria. — Na Ação Popular, por motivo do problema do petróleo, ocorreu uma cisão, entre os que, liderados por Edgardo Seone, protestaram contra a Ata de Talara, denunciando-a e pedindo sua revogação, e aquêles que se agruparam em tôrno da pessoa do presidente Fernando Belaunde, apoiando-o; êste tomou a iniciativa de declarar extinta a Comissão Diretora do partido, oficializando a cisão.)

Eis como o líder daquela disidência vê a situação em seu país:

— As reformas que o govêrno militar revolucionário está executando correspondem a partes importantes do programa da Ação Popular, e por isso devem ser apoiadas. Sentem-se particularmente ligados à reforma agrária em curso; à expropriação e exploração pelo Estado das jazidas de petróleo de Pariña e do complexo industrial da refinaria da IPC; à reforma da administração pública e à orientação que está sendo dada à política de exploração dos recursos naturais perecíveis. Estimam indispensável que se defina uma política econômica concorde com essas reformas, editando-se paralelamente uma nova Lei de Bancos, que realize profunda reforma no sistema creditício, o qual deve ter caráter promocional, orientando-se no sentido que interessa ao desenvolvimento do país. Consideram que também deve ser efetivada a reforma das emprêsas, de modo a que os técnicos, empregados e operários tenham participação no lucro e na direção das emprêsas. Quanto aos problemas da habitação e da alimentação, entendem que os mesmos serão resolvidos quando, graças às reformas antes indicadas, o povo peruano alcance melhores rendimentos e mais alto nível educacional. Paralelamente, é necessário que o Estado impeça a especulação na venda de terrenos urbanos e nos materiais de construção, a fim de evitar a concentração de poder econômico na propriedade citadina. Julgam que a principal riqueza do país, que é hoje a pesca, não pode ser esquecida neste processo de reforma, devendo-se incentivar a formação de cooperativas de pescadores, bem como assegurar, através da reformulação da emprêsa, que todos os elementos humanos que participam da exploração dêsse bem comum participem igualmente de seus lucros.

A reforma agrária

— Estão completamente de acôrdo com o processo de reforma agrária e com a expropriação das grandes emprêsas açucareiras, que foram e são as emprêsas agrícolas de mais alto nível técnico. Foi justo começar a reforma pelas zonas mais adiantadas, onde havia pessoal e maquinaria capaz de assegurar o seu êxito; as zonas agrícolas marginais, no sentido de mais atrasadas, devem ser atingidas numa segunda etapa, quando inclusive receberão os reflexos dos êxitos obtidos nas primeiras. Os fatos estão demonstrando que essa orientação foi acertada, pois até o momento não se apresentou nenhuma dificuldade, nem social nem técnica, na condução das grandes fazendas açucareiras, que até mesmo melhoraram seu rendimento nos trabalhos de colheita da cana e refino do açúcar.

— O Banco de Fomento Agropecuário está financiando os agricultores beneficiados pela reforma, seja em forma individual, seja organizados em cooperativas, nas fazendas expropriadas na Serra e na Costa. Além disso, o Banco é fideicomissário dos bônus de reforma agrária. Trata-se de um banco totalmente estatal, tanto por seu capital como por sua diretoria.

Imprensa

— Na luta contra os grupos de poder econômico que dominaram o país, o processo revolucionário não pode deixar de considerar que todos os meios de difusão encontram-se a serviço da oligarquia peruana, já que seus proprietários procedem dêstes grupos. No caso concreto da expropriação de *Expreso* e *Extra*, apoiaram a cooperativização dos mesmos, que implicou na entrega da emprêsa aos jornalistas, empregados e operários que ali trabalhavam; mas é imprescindível que seja respeitada a liberdade de expressão dos órgãos da nova emprêsa assim constituída.

O processo revolucionário

— Interessa-lhes profundamente que o processo revolucionário cumpra seus objetivos, e que os benefícios decorrentes calem fundamente no povo do Peru; então será possível voltar ao regime constitucional e democrático, com a plena segurança de que não haverá um retôrno a tudo aquilo que foi liquidado pela revolução. É muito difícil prever um prazo para isso, mas certamente êle não será inferior a 7 ou 8 anos.

— Os comunistas nunca tiveram a menor importância no país, nem têm hoje. O que se diz a respeito da influência dêles sôbre o govêrno é totalmente falso: nos países subdesenvolvidos, tôdas as pessoas levemente divergentes são desde logo tachadas de comunistas; inclusive os padres.

Fortalecer o setor público

A Ação Popular, que no final do último govêrno cindiu-se entre os que permaneceram ao lado de Fernando Belaunde e os que acompanharam a cisão de Edgardo Seoane, voltou a cindir-se êste ano, com a expulsão, do seio da facção seoanista, do grupo formado em tôrno de Mario Villarán Rivera.

Mario Villarán Rivera, ideólogo do partido, fundador da Universidade Tupac Amaru, sustentou, na convenção partidária que consagrou a sua exclusão, uma tese sôbre "as bases históricas do nacionalismo revolucionário", considerada muito violenta, e capaz de provocar atritos com a Junta Militar.

Eis algumas reivindicações dessa tese: Estado que assegure democracia, bem-estar social e progresso nacional; só o conhecimento científico do desenvolvimento histórico do país permitirá a realização das grandes tarefas da revolução e da reconstrução. Liquidação da exploração das massas pelo capitalismo estrangeiro — problema nacional — pelos proprietários de terra e pelo capitalismo crioulo — problema social — e total erradicação das seqüelas negativas dessas duas formas de exploração humana — problema cultural.

A revolução é um processo coletivo que emerge de determinadas relações econômico-sociais e não visa a uma simples mudança de estruturas, mas à liquidação de tôda forma de exploração do homem pelo homem.

O capitalismo internacional apoderou-se de todos os recursos fundamentais do país, pelo que o capital nativo só pôde alcançar um desenvolvimento relativo. Assim se produziu a antinomia entre a emprêsa estrangeira poderosa e o Estado nacional fraco; em tais condições não é possível industrializar o país nem desenvolver a democracia no seio da sociedade. É preciso fortalecer o setor público, ou a economia de Estado, na medida necessária ao desenvolvimento nacional e social.

O trabalho é a fôrça criadora da sociedade.

Mulheres peruanas em uma missa, em Lima, Peru.

Função da cultura

Nas escolas, ensina-se que o país é um importante produtor de matérias-primas, mas não se diz a quem beneficia essa produção; exalta-se a livre emprêsa, a livre concorrência e a imprensa livre, mas oculta-se tôda a opressão e miséria popular que se escondem sob essas fórmulas enganosas. A função da cultura deve ser, ao contrário, esclarecer a natureza essencial dos fenômenos; só assim a cultura deixa de ser um instrumento de colonização mental.

O poder estrangeiro que oprime o povo peruano, oprime também outros povos. Em conseqüência, todos êsses povos têm uma tarefa comum frente a um inimigo comum, e devem apoiar-se mùtuamente.

As relações internacionais devem orientar-se pelos princípios de soberania, bem-estar do povo e paz. O Estado deve exercer uma função diretora e controladora no terreno do comércio externo. Os países da América Latina devem encarar dois problemas: o da dependência e o da desarticulação.

Liberdade para todos

No Peru, sòmente uma minoria goza dos benefícios da abundância, da cultura e da participação no govêrno. As grandes maiorias sofrem misérias, não têm acesso à cultura nem participam efetivamente no govêrno. Para essas grandes massas não há, portanto, liberdade, mas sem liberdade o homem não pode realizar-se. A liberdade é um requisito da condição humana, mas que tem sido negada às maiorias trabalhadoras. A conquista da liberdade não deve, pois, constituir um monopólio, mas sim transformar-se, pela primeira vez na história do povo peruano, em um bem supremo de todos.

Armando Villanueva, secretário- geral da APRA.

Enrique Chirinos Soto, que como candidato da coligação APRA-UNO foi o vencedor, em Lima, das últimas eleições realizadas no país, em novembro de 1967, para escolha de um deputado em eleições suplementares.

O democrata-cristão Rafael Cubas Vinatea, que quando deputado presidiu a Comissão de Reforma Agrária da Câmara. O projeto então elaborado continha a maioria das determinações constantes da Lei de Reforma Agrária posta em vigor pelo atual govêrno militar.

4 — BUSCA DE UM MODÊLO DE SOCIEDADE

O MDP, Movimento Democrático Peruano, ex--Movimento Democrático Pradista, sempre foi, na vida política peruana, uma organização conservadora. Seu chefe, Manuel Prado, já falecido, governou o país de 1939 a 1945 e de 1956 a 1962. Por isso mesmo importa conhecer a posição atual do partido, a qual é aqui expressa por Javier Ortiz de Zevalos, advogado, ex-presidente da Câmara dos Deputados e atual secretário-geral do MDP.

Eis como êle conceitua o seu movimento e o papel representado por Manuel Prado no país:

— Manuel Prado, personalidade em tôrno da qual constituiu-se o MDP — Movimento Democrático Pradista — em seus dois períodos de govêrno promoveu o grande renascimento do Peru, que, durante o segundo dêsses governos, tornou-se um dos oito únicos países do mundo de moeda estável. Agora, depois de 18 meses de administração, a atual Junta Militar voltou a pôr em ordem as finanças do país, embora a economia de uma forma geral continue em crise, situação esta que deverá perdurar por alguns anos, antes que o Peru consiga voltar a seu precedente ritmo de desenvolvimento.

— O MDP, que em 1968 registrou-se perante a justiça eleitoral apresentado por 140.000 eleitores — o maior número já reunido com tal finalidade por um partido peruano — e já com a nova denominação de Movimento Democrático Peruano, é uma organização democrática, favorável à transformação social. Na atualidade a posição do partido consiste em augurar êxito aos militares na tarefa que se propuseram executar, de modo a que realizem as metas propugnadas e em seguida convoquem eleições. O momento não é favorável à realização de eleições imediatas: estas podem aguardar três ou quatro anos; os militares estão agindo como corporação, prescindindo do concurso dos civis, e é preferível que assumam as suas responsabilidades para ao fim do prazo indicado convocar uma Assembléia Constituinte e depois fazer realizar eleições gerais. No momento, opor-se ao govêrno militar não constituiria ato de patriotismo, nem traduziria uma conduta realista. Um país como o Peru, que se encontra em plena fase de desenvolvimento, não pode viver sob uma permanente contestação entre civis e militares.

Democracia revitalizada

— Na qualidade de ex-presidente da Câmara dos Deputados, e com a experiência que adquiriu, não acredita que depois do presente interregno se possa voltar às formas antigas de fazer política. O regime que se institua depois da Junta Militar deverá corresponder a uma democracia revitalizada, editando-se uma nova lei reguladora do funcionamento dos partidos, e a ela é necessário que todos se atenham. É provável que o poder econômico desapareça como poder político, seja em virtude das mutilações que está sofrendo por parte do atual regime, seja porque o dinheiro é naturalmente temeroso de condições adversas, e não quererá voltar a financiar os grupos partidários; e sem dúvida também os jornais terão o seu poder de influência bastante reduzido.

— Não crê no êxito de um processo de estatização generalizada, sendo mais provável que quando comecem a surgir as conseqüências das medidas que ora estão sendo postas em prática, aquilo que provar bem ficará adquirido para sempre, e o que provar mal terá que ser reconsiderado. A Lei de Minas foi decretada com um objetivo patriótico e nacionalista, na convicção de que o capital estrangeiro se sentirá atraído por certos incentivos previstos na legislação; também se deve registrar que os direitos adquiridos foram respeitados, procurando-se não ferir, nesse terreno, a suscetibilidade do capital estrangeiro: resta a incógnita de se saber se êsse capital aceitará, ou não, as novas regras do jôgo, no que diz respeito à comercialização e ao refino do cobre pelo Estado. Êste é um govêrno impetuoso, mas bem intencionado; é preciso esperar pelos resultados.

Estatuto de imprensa

— O Movimento Democrático Peruano manifestou-se contrário ao Estatuto da Liberdade de Imprensa. A atitude do govêrno em relação a *Expreso-Extra* constituiu antes um ato de defesa do govêrno revolucionário contra jornalistas que vinham militando em franca e acerba oposição dentro do país, e que no Exterior conduziam uma campanha que o MDP condena, e que visava causar alarma e afugentar os investimentos de que o Peru necessita. Tratou-se de um ato revolucionário, que como partido democrático o MDP não pode aceitar, mas que deve ser analisado à luz da atual problemática nacional.

O Exército não é comunista

— O MDP é anticomunista por tradição e por convicção e pode afirmar sem vacilação que o exército do Peru nunca foi nem será pró-comunista. Acontece que o govêrno convocou assessôres de tôdas as tendências, e é possível que entre êstes se tenham infiltrado alguns comunistas; o próprio MDP não possui assessôres a êle filiados, ocupando cargos governamentais. Pode-se asseverar que o govêrno não está alentando os comunistas, pois para tôdas as municipalidades, que são atualmente os únicos órgãos do poder civil em funcionamento, os prefeitos foram nomeados por êste govêrno, e entre êles não se encontra nenhum comunista. Se tivessem procedência os boatos de que o govêrno está apadrinhando os comunistas, certamente não deixariam de ser nomeados elementos dessa tendência para as regiões em que êles gozavam de maior prestígio, tal como Cuzco; e isso não aconteceu.

— Isso não quer dizer que os comunistas não estejam se aproveitando das medidas que o govêrno está tomando contra seus mais tradicionais adversários, para fortalecer-se, erguer a voz e comparecer às recepções oferecidas pelas embaixadas da Cortina de Ferro, que desde há alguns meses estão representadas em Lima.

Apoio desinteressado

A 6 de outubro de 1969, pràticamente um ano depois do golpe de 3 de outubro de 1968, que elevou ao poder a atual Junta Militar, o Movimento Democrático Peruano (pradista) deu a público uma comunicação em que manifestou o seu pensamento a respeito da obra até então realizada pelo govêrno e indicou qual seria o seu comportamento para o futuro.

Em síntese, diz êsse documento que para que se desenvolva com êxito o processo em curso, é necessário que não se perca tempo em lutas ditadas pela paixão. O significado singular do processo revolucionário peruano é confirmado pelo interêsse com que êle é mundialmente acompanhado, devendo ser destacado o fato de que por meios pacíficos estão sendo tomadas medidas que em outros lugares ocasionaram lutas sangrentas. Além disso, no campo das relações internacionais o Peru assumiu uma posição de liderança, inaugurando uma nova linguagem cujo cunho essencial é a recusa de tôda forma de dependência, tanto no terreno político como no econômico.

O MDP, que observou sempre uma linha nacionalista e moderada em relação aos problemas do petróleo e da reforma agrária, jamais foi partidário de soluções tão drásticas como as que estão sendo adotadas agora, mas por isso mesmo torna-se mais significativo o seu testemunho de que o govêrno revolucionário tem o mérito de haver enfrentado com bravura e sucesso dificuldades que pareciam insuperáveis. O programa governamental é ainda mais amplo, desfraldando bandeiras de um radicalismo que nunca foi o do MDP; mas agora que elas se tornaram realizações do Peru, o partido as apoiará sem vacilação, por sentir que se faz imprescindível uma transformação profunda, realizada sem violências. Ademais, seria errôneo e absurdo pretender que o passado se eternize: a evolução é inerente à natureza humana, e é com otimismo que se deve presenciar o advento de uma nova era republicana, configuradora de um Peru moderno, irmanado pela justiça social.

A declaração conclui comunicando a posição partidária de "apoio desinteressado ao govêrno presidido pelo General Velasco".

Declaração de Arequipa

Posteriormente a êsse pronunciamento, a 14 de dezembro de 1969, o partido publicou em Arequipa uma declaração, em que frisa que a tarefa primordial da atual conjuntura peruana deve consistir na preocupação com a necessidade de assegurar emprêgo a todos os cidadãos em condições de trabalhar. Para isso, as medidas de estímulo à produção já decretadas, devem ser complementadas com disposições que assegurem: estabilidade das normas legais, de modo a tornar possível o planejamento empresarial em um regime de garantia absoluta; o máximo aproveitamento da capacidade instalada dos equipamentos e plantas industriais, mediante a introdução dos necessários incentivos e o desdobramento dos turnos de trabalho para a plena absorção do desemprêgo.

Também ressalta a necessidade de orientar a educação no sentido de torná-la uma atividade mais reprodutiva, o que exige a expansão e elevação do nível do ensino técnico, pois ainda em 1968 sòmente 2% da população econômicamente ativa do país recebera educação técnica, e menos de um por mil recebera instrução de grau médio; o que se reflete, inevitàvelmente, em baixíssimos níveis de remuneração e produtividade.

O documento também inclui uma estocada no Chile, quando chama a atenção para "as manobras de um país vizinho, empenhado não sòmente em manter, como em aumentar seu predomínio no mercado do cobre, do mesmo modo como anos atrás pôs todo seu empenho em obstaculizar a implantação de nossa indústria pesada".

PDC: singularidade do processo peruano

O Partido Democrata Cristão participou do govêrno Belaunde até pouco tempo antes da deposição do mesmo. Êle hoje representa uma espécie de ponte entre o antigo e o atual regimes, pois não nega a êste uma colaboração que intitula de "independência crítica" ou "independência ativa". Seu principal ideólogo, o sr. Hector Cornejo Chaves, defendeu pelo rádio o Estatuto da Liberdade de Imprensa, e recentemente foi nomeado pelo govêrno para integrar o Conselho Nacional de Justiça, organismo incumbido da designação de todos os membros do Poder Judiciário. As declarações que se seguem nos foram prestadas pelo sr. Rafael Cubas Vinatea, engenheiro agrônomo, ex-ministro da Agricultura (1965-66) no govêrno Belaunde, ex-candidato à segunda vice-Presidência do país nas eleições de 1962, e atual presidente do PDC peruano.

— O atual processo peruano deve ser considerado um fato peculiar, sendo errôneo pretender analisá-lo à luz de padrões conhecidos. Nem na América Latina, nem em outras regiões, há "situações paralelas" à do Peru: sua singularidade é sua principal característica.

— De um modo geral, excetuado o núcleo que dirige o movimento revolucionário militar, ninguém pode asseverar com precisão quais são os verdadeiros objetivos do presente govêrno, qual o modêlo de sociedade que tem em vista plasmar, e qual a estratégia para a sua realização. Nada disso foi enunciado com precisão. Os militares proclamaram-se nacionalistas e disseram que pretendem fazer uma revolução com cunho próprio, embora de caráter humanista, sem conexão alguma com ideologias estrangeiras. De todos os modos, não delineiam o seu conceito fundamental. Pelas providências adotadas, por suas ações, não se pode tampouco chegar ainda a uma conceituação precisa.

Uma sociedade mais justa

— Deve-se registrar que o govêrno militar do Peru executou ações de enorme transcendência, com uma energia sem precedentes na história política do país. Exemplos: a expropriação de Brea y Pariña; a expulsão da International Petroleum Company; a reforma agrária, que se iniciou com a ocupação militar dos grandes complexos açucareiros, alguns de cujos proprietários jactavam-se no passado de fazer e desfazer governos; a defesa enérgica do princípio das 200 milhas, incluindo captura de barcos norte-americanos que praticavam pirataria pesqueira; a recusa altiva da emenda Hickenlooper; efetivas medidas de reorganização administrativa, bancária e de emprêsas industriais, assim como da pesca; leis de grande alcance social, como a do serviço doméstico. Tudo isso e muitas medidas mais caracterizam um govêrno firme e decidido a transformar o país e a eliminar fatôres de atraso, impulsionando-o no sentido de uma sociedade mais justa.

Pontos negativos

— Mas há algumas medidas contraditórias. No terreno da educação, por exemplo, não se avança no mesmo ritmo, nem há audácia; mais ainda, a lei universitária está cheia de ressaibos reacionários. A assinatura do contrato de Cuajone, para exploração do cobre; a entrega à Belco da plataforma continental, para exploração dos respectivos depósitos petrolíferos; uma certa indecisão que ainda parece existir a respeito da lei bancária, da regulamentação do comércio exterior e da atitude a adotar em relação à imprensa — tudo isso constituiria um conjunto de sinais em contradição ao que foi assinalado inicialmente, ou seja, à tendência verdadeiramente radical-revolucionária do govêrno.

Imprensa e oligarquia

— Com relação à imprensa, o govêrno decretou um Estatuto que limitou os abusos em que incorria insistentemente a imprensa pertencente ao grande capital do Peru; e chegou-se até à cooperativização do *Expreso,* sem que entretanto o govêrno pareça ter a intenção de subtrair todos os jornais à oligarquia, apenas consolidando a ruptura do antigo monopólio da imprensa, mediante o apoio dado ao *Expreso* cooperativizado.

Modêlo de sociedade

— No estrangeiro desencadeou-se uma campanha na qual se diz que o govêrno é comunista, pró-comunista ou de inclinação comunista. Esta acusação é absolutamente falsa. A formação castrense do govêrno, seus atos e manifestações não sòmente indicam que não se trata de comunistas, como que não podem sê-lo. Pode-se assinalar que há muito os comunistas do Peru reclamam anistia para ex-guerrilheiros presos, culpados de assassinatos e ações subversivas armadas. O govêrno não cedeu neste ponto, e os comunistas nada podem fazer[1]. O que se deve ter em vista é que, se o govêrno não tem um esquema ideológico claro, ou se tem um esquema que por motivos táticos até agora não exibiu, o padrão marxista poderia impor-se por caminhos indiretos. O problema básico está, pois, em que o processo peruano defina o modêlo de sociedade que busca, e que êste não seja marxista. Em geral, os militares peruanos estão decididos a afastar o modêlo liberal, e repugna-lhes o modêlo marxista; seguirão qualquer outro, enquanto isso fôr possível.

Sociedade comunitária

— Dada essa situação, o PDC manteve, desde o primeiro momento do atual govêrno, uma atitude de

(1) Na véspera do Natal de 1970 o govêrno peruano concedeu anistia e indulto a numerosas pessoas condenadas ou processadas por delitos políticos e sociais, com o desejo de promover "a união, a concórdia e a integração de todos os peruanos". Entre os beneficiados pela medida estavam os líderes guerrilheiros Hugo Blanco e Hector Bejar, bem como Ricardo Gadea, irmão da primeira mulher de Che Guevara, que participou de outro grupo guerrilheiro. Em liberdade, Hugo Blanco reiterou suas críticas às "medidas reformistas, dentro do sistema capitalista", do govêrno militar, afirmou seu propósito de "continuar lutando pela revolução socialista mundial" e de conseguir a anistia para os que, como Eduardo Kreus, continuam presos.

independência crítica, com o objetivo de estimular o que coincide com a sua ideologia, que tem como aspiração e modêlo a sociedade comunitária, e de criticar o que se opõe a esta idéia. Posteriormente essa política, denominada de "independência ativa", foi melhor caracterizada, decidindo o partido empenhar-se a fundo em campanhas de apoio às medidas governamentais que impliquem em mudanças medulares, e em relação aos problemas em face dos quais o próprio govêrno poderia fraquejar, para que se chegue ao efetivo rompimento da estrutura oligárquica do país; mas o partido conserva a independência partidária no que toca ao conjunto de suas ações. A democracia-cristã deseja uma sociedade inspirada na concepção cristã do mundo, verdadeiramente livre e justa, evidentemente não-marxista nem liberal, e confia ser útil ao destino do país ao contribuir com o seu claro esquema ideológico de uma sociedade comunitária.

Jornais expropriados

— Um terreno em que o PDC teve uma atuação decisiva, foi no apoio dado ao govêrno em sua luta contra a imprensa oligárquica e a falsa liberdade de imprensa que imperava no Peru, no apoio emprestado ao Estatuto da Liberdade de Imprensa e à entrega do *Expreso* aos trabalhadores. É possível que esta atuação não seja claramente compreendida em muitos setores do estrangeiro, mas o fato é que no Peru os meios de comunicação de massas não eram livres, antes estavam escravizados aos círculos de poder econômico, e no caso de um dos jornais, a um clã familiar. Havia libertinagem a favor do grande poder econômico e das fôrças retardatárias, com as quais não é possível realizar-se um processo revolucionário, nem pode ser conduzida a caminhada do país em direção a uma sociedade de autogestão popular.

Democracia ou estatização?

Fundado em 1955, o Movimento Social-Progressista foi marcado pelo signo de uma geração. Consistiu em um grupo pequeno sem penetração popular, que da vida universitária e profissional passou para a atividade política. Embora não conseguisse consolidar-se como partido, exerceu uma influência intelectual indireta bastante ampla no ambiente político peruano. Nas eleições presidenciais de 1962 apresentou como seu candidato à Presidência da República o sr. Alberto Ruiz Eldredge — hoje embaixador do Peru no Brasil, e recentemente eleito para o Conselho Jurídico da OEA. Muitas antigas personalidades social-progressistas encontram-se agora entre os assessôres civis da Junta Militar.

Ideologia

Na ideologia social-progressista confluem aspectos doutrinários do socialismo europeu, marxista e não-marxista, da reflexão filosófica contemporânea, as novas teorias econômicas e investigações sócio-culturais relativas ao Peru.

Sua declaração de princípios define o Movimento como "socialista progressista porque opõe ao fracasso da sociedade capitalista, fundada no lucro e na expoliação, os valores democráticos da liberdade e da dignidade do homem, sòmente realizáveis em uma comunidade fraterna e solidária de trabalhadores, que suprima tôda exploração do homem pelo homem"; e como revolucionária, "porque acredita que os grandes problemas nacionais sòmente podem ser resolvidos mediante uma transformação profunda na estrutura social e econômica".

Reformas

Aconselha, entre outras medidas, a adoção de uma política de nacionalizações, especialmente das emprêsas bancárias, da indústria pesada, da energia, dos transportes e das telecomunicações; uma reforma agrária, que dê a terra a quem a trabalha e difunda as formas coletivas de exploração agrícola; uma reforma da emprêsa, que faça dela uma verdadeira unidade social de produção; uma reforma do Estado, que o converta em representante e defensor das grandes massas, mediante uma planificação democrática integral: a organização do Estado, entretanto, não deve ser autoritária nem rígida.

Regime político

O progressismo reclamava "um Estado surgido das bases da sociedade, sòlidamente assente nelas e em constante comunicação com a consciência popular, com suas aspirações, inquietações e valores, (...) o acesso do povo ao poder, o contrôle e a participação constante das massas na tarefa de governar, quer dizer, um Estado genuìnamente democrático (...) uma organização de ampla base social, capaz de abarcar até as menores comunidades, nas quais reside a verdadeira soberania. As comunidades de camponeses, os municípios, as cooperativas de tôdas as espécies, as emprêsas produtoras socializadas, todo êsse múltiplo conjunto de unidades sociais animadas pelo mesmo espírito de solidariedade e trabalho, devem ser os centros primários e fundamentais do govêrno. A partir dêles, e estendendo-se aos níveis provinciais, departamentais e regionais, deve conformar-se o sistema do Estado, que tem seu órgão executivo no govêrno central".

Contradição

Entre outros ideólogos do movimento devem ser citados Jorge Bravo Bressani, Germán Tito Gutiérrez, José Matos, Virgílio Roel, Augusto e Sebastião Salazar Bondy.

É necessário assinalar a contradição fundamental que existe entre a ideologia anarco-cooperativista dêsse solidarismo democrático, e o simultâneo objetivo ideal de um país desenvolvido, em que as principais indústrias, devidamente estatizadas, comandam todo o processo de produção, rìgidamente planificado. Essa observação importa muito porque se analisarmos a plataforma elaborada pelos social-progressistas e a compararmos com a política que está sendo posta em execução pela Junta Militar vamos encontrar um alto grau de coincidência entre ambas. Excetua-se — e isso agrava a contradição antes apontada — a questão da organização democrática da sociedade, objetivo com o qual não coincidem, *a priori,* nem a estrutura nem a mentalidade das Fôrças Armadas, que no momento monopolizaram a direção do processo político. São essas duas contradições fundamentais — o comportamento no terreno econômico e no terreno político — que dentro de prazo mais ou menos breve o regime peruano terá que enfrentar sem rodeios, decidindo-se num sentido ou noutro.

Por ora, os militares estão tentando contemporizar e conciliar.

O guerrilheiro peruano Hugo Blanco, por ocasião de uma audiência do Tribunal que o julgava, ao levantar-se para gritar "Tierra o muerte!"

5 — PROPOSIÇÕES DA ESQUERDA MARXISTA

A esquerda, considerada sob o ponto de vista das organizações que se reclamam da ideologia marxista — com suas diferentes variantes leninista, trotsquista, maoísta, castrista e guevarista — é tradicionalmente fraca no Peru, onde jamais representou qualquer papel. Acha-se dividida em numerosos subgrupos, alguns dos quais, no momento, mantêm uma espécie de trégua recíproca, na expectativa de poder influenciar em comum a orientação da Junta Militar, enquanto outros se conservam intransigentes, recusando apoio ao regime e pregando lutas de tipo insurrecional.

O ponto mais alto alcançado por essa esquerda foi representado pelas eleições suplementares de 1967 no Departamento de Lima, quando o candidato comum de correntes dessa tendência — um jovem agrônomo sem partido, Carlos Malpica — conseguiu reunir 106.000 votos sôbre 650.000 votantes, colocando-se em terceiro lugar na ordem de votação. Normalmente, entretanto, os candidatos dêsses agrupamentos não ultrapassam, no principal distrito eleitoral do país, que é aquêle que compreende a Capital, a soma de 20.000 votos, dos quais o PCP-moscovita representa a metade.

O PC peruano

No quadro das esquerdas marxistas, a principal organização é o PCP-linha russa, em geral mantido na ilegalidade, e que com seu próprio nome nunca disputou eleições. Hoje funciona numa semilegalidade, seus organismos reúnem-se e publicam comunicados, editam jornais e seus líderes têm atuação pública. A última vez em que o PCP elegeu um deputado foi em 1948. Sua principal figura é Jorge del Prado, na militância desde há quarenta anos.

Unidad, semanário com cêrca de 5.000 exemplares de tiragem, é o órgão oficial do partido.

No terreno sindical o PCP atua através de alguns dirigentes de prestígio, mas controla poucas bases nas fábricas. A CGTP, a que se esforça por dar vida, procura contrapor-se à influência aprista entre os trabalhadores, mas do milhão e meio de sindicalizados que se afirma existirem no país, só uma pequena fração é conduzida pela CGTP. Registra-se, como uma constante na vida operária, a pouca participação da base na atividade sindical, que geralmente é conduzida apenas por pequenas estruturas burocráticas. Como exemplo, cita-se o fato de que na Construção Civil, que conta com cêrca de 180.000 operários, nunca houve uma assembléia sindical de mais de 500 pessoas. Outra evidência disso foi dada pelo comício que a GGTP organizou em Lima a 9 de abril de 1970, para receber os mineiros que vinham de cumprir uma longa marcha reivindicatória, e que numa cidade de 2 milhões de habitantes não atraiu mais de 20.000 pessoas, 10.000 das quais eram os próprios mineiros, enquanto certa porcentagem era constituída de curiosos que apenas queriam ver os mineiros.

Através da CGTP o PCP lançou a iniciativa dos Comitês de Defesa da Revolução, para apoiar as medidas reformistas que estão sendo tomadas pela Junta Militar, e que até agora não parecem haver tirado as grandes camadas da população de sua habitual apatia. O apoio do PCP ao govêrno militar é dado nìtidamente, embora por vêzes se revista de uma certa melancolia, como se pode ver neste trecho de um editorial de *Unidad*: *"As massas populares não se limitaram a apoiar as medidas revolucionárias. Os reclamos de suas organizações sindicais, institucionais e políticas foram um fator que impulsionou a radicalização do govêrno e do processo revolucionário. É verdade que a participação da classe operária e do povo não é ainda muito ampla nem muito ativa".*

Outro PCP

Também usa a denominação de Partido Comunista Peruano o grupo pequinês, corrente atomizada, em cujo seio a todo momento sobrevêm expulsões. Possui, entre os estudantes, ampla influência ideológica, mas que não se estrutura em organizações. Na Universidade, são variadíssimas as correntes estudantis, que apenas se ajuntam para efeito e nas ocasiões de agitação. *Bandeira Vermelha,* órgão dêsse PCP, deixou de sair, e agora êle apenas distribui volantes mimeografados.

Trotsquistas

O trotsquismo constitui um movimento complexo, pouco numeroso, mas ruidoso.

O Partido Operário Revolucionário, POR, filiado à IV Internacional, publica um tablóide quinzenal de 6 páginas, *Voz Operaria*. Assinala-se, como um fato que pode ter implicações ocultas, a circunstância de que no mesmo dia em que se instalou a Junta Militar, antes mesmo que esta caracterizasse a tendência pela qual enveredaria expropriando a IPC norte-americana e iniciando a reforma agrária — o POR publicou um manifesto, dando-lhe apoio. Êste grupo sustenta ser necessário apoiar os militares para ajudá-los a passar da revolução nacionalista à socialista, e com êsse objetivo realizaram um comício que reuniu cem espectadores. Eis um trecho de *Voz Operaria,* no estilo tatibitate habitual a êsses documentos: *"Há um avanço e um amadurecimento importante do movimento nacionalista, e a êsse avanço e desenvolvimento devem agarrar-se com tôdas as fôrças as massas do país, intervindo e pesando frente a uma direção nacionalista que se mostra permeável e sensível às massas do país".* O jornal faz um esfôrço considerável para popularizar a figura do sr. J. Posadas, referindo-se reiteradamente à continuidade ideológica de Marx-Lênine-Trotski-J.Posadas (*sic!*). Um elemento que pode ajudar a compreender a simpatia dêsse grupo pela Junta Militar, é o fato de que o principal editorialista do *Expreso* expropriado, sr. Ismael Frias, até recentemente era um trotsquista notório.

A Liga Socialista Revolucionária, LSR, é um outro grupo trotsquista, fundado por elementos expulsos do POR, que em conseqüência passaram para o MIR, e quando as guerrilhas dêste fracassaram, fundaram a LSR. Entre êles encontrava-se o mesmo sr. Ismael Frias, cuja expulsão do POR foi feita em meio a acusações que invadiam o terreno da moral pessoal. Assevera-se que o grupo não reúne mais de vinte pessoas.

A Frente da Esquerda Revolucionária, FIR, é o mais conceituado agrupamento trotsquista. Sua principal figura é Hugo Blanco, dirigente de lutas camponesas ocorridas há cinco anos atrás, que não chegaram à etapa das guerrilhas mas conduziram camponeses à efetiva tomada de terras. Blanco, que desde então se encontra prêso, é um homem de autoridade moral e que se manifesta frontalmente contrário ao govêrno militar, classificando a reforma agrária em curso de mera *"compra e venda de terras em massa".* Acrescenta que embora a reforma agrária não seja revolucionária os camponeses devem lutar para que ela seja aplicada, e convida os estudantes a deixarem a pura teorização e irem ajudar os camponeses nessa emprêsa. Fazendo autocrítica, diz êle que o seu êrro foi supor que as ligas camponesas se bastariam a si mesmas, e não ter aproveitado a oportunidade para organizar um verdadeiro partido revolucionário. Assevera-se que foi sondado sôbre se, uma vez sôlto, se comprometia a deixar o país, tendo respondido que preferia nêle permanecer, embora prêso.

Vanguarda Revolucionária

Esta organização data de uns quatro anos, sendo um grupo intelectualmente bastante sofisticado e que compreende sociólogos que estudaram na França e na Inglaterra. Cuida muito da elaboração das posições teóricas, discutindo os problemas agrário e de guerrilhas.

Atua não sòmente entre os estudantes mas também no meio sindical, e quando da constituição da CGTP por pouco não lhe tomou a direção. É abertamente contrária à Junta Militar, e sempre que tem oportunidade desenvolve agitação nas reuniões promovidas pelo PC-moscovita, o qual em resposta acusa essa organização de estar infiltrada de agentes norte-americanos.

Castristas

Os comunistas castristas estão divididos em dois grupos: o MIR (Movimento da Esquerda Revolucionária) e o Movimento 15 de Maio.

O MIR foi a única organização que conseguiu atrair apoio camponês para as suas atividades, chegando a provocar levantes em Aycucho. Seu principal dirigente, Luís de la Puente, morreu depois de haver sido aprisionado. Maximo Lobaton, a segunda figura do movimento, mulato que estudou na Alemanha, também morreu na luta. Em conseqüência dessas baixas o MIR perdeu muito de sua fôrça. No momento, de acôrdo com a linha de Havana, dá à Junta Militar um "apoio crítico".

Quanto ao Movimento 15 de Maio, que em 1965 constituiu um grupo guerrilheiro próprio, seu principal dirigente, Hector Bejar, acha-se prêso desde 1966, sem até agora haver respondido a processo. Como outros grupos de esquerda, entende que os militares não são verdadeiramente revolucionários, mas meramente reformistas; mantém-se numa posição que constitui uma nuance em relação à linha de Havana.

Os Comitês de Defesa da Revolução

De onde partiu a idéia da criação de Comitês de Defesa da Revolução peruana, a que se destinam êles, quem os controla ou controlará? Vejamos até onde é possível responder a essas indagações.

O lançamento público do movimento foi feito pelo secretário-geral da Confederação Geral dos Trabalhadores Peruanos, CGTP, Gustavo Spinoza Montesinos, que também é membro da Comissão Política do Comitê Central do Partido Comunista Peruano.

Em seguida, o próprio Comitê Central do PCP, reunido em sessão plenária em Lima, em março dêste ano, publicou um comunicado no qual se pode ler o seguinte: *"Na luta para vencer a conspiração (da oligarquia e do imperialismo) a CGTP convocou à organização (...) de milhares de Comitês de Defesa da Revolução, que são organismo de frente-única destinados a canalizar a ação revolucionária do povo. O Pleno do CC decidiu apoiar resolutamente essa iniciativa, exorta os militantes do Partido e da Juventude a realizarem o mais intenso trabalho e assumirem a iniciativa em sua organização e consolidação em todo o país".*

Temos, pois, que o PCP-linha russa ideou e lançou o movimento. Que pensam, a respeito dêle, os tortsquistas, que também estão apoiando a Junta Militar? A linguagem dêstes é menos cerimoniosa, bem mais direta. No nº de seu órgão, *Voz Operaria*, correspondente à segunda quinzena de abril dêste ano, podem ler-se estas precisões a respeito de sua posição:

"Apresentamos a questão da necessidade imediata de um congresso nacional de organizações de luta das massas, a que compareçam não sòmente os sindicatos (...) mas também os partidos e organizações operárias, a fim de discutir os problemas do desenvolvimento do processo nacional no país, e como intervir nêle". "Chamamos concretamente o Partido Comunista, a Democracia Cristã, tôdas as organizações que apóiam êste Movimento Antiimperialista, para a organização imediata da Frente Única Antiimperialista, tendo como objetivo não retroceder em nenhuma só das medidas progressistas to-

madas pelo govêrno nacionalista, e impelindo-o através de um programa de estatizações". "Pela Frente Única Antiimperialista e Anticapitalista, com um programa de classe e revolucionário, chame-se Frente Única Antiimperialista ou Comitê de Defesa da Revolução, organize-se diretamente por nosso partido ou em frente única e com a nossa participação."

Aí estão, bem claramente expressas, as posições coincidentes do PCP e do POR. Mas essas são duas organizações minúsculas, sem quase nenhuma penetração popular e que editam jornais de escassíssima tiragem. Para popularizar tais palavras de ordem seria necessário o apoio de veículos de comunicação de massa bem mais poderosos. Aqui entra o papel dos jornais *Expreso* e *Extra,* que vão dar à iniciativa a mais ampla cobertura.

Como os sovietes

Efetivamente, ambos os jornais passaram a divulgar diàriamente as notícias da constituição de Comitês daquele estilo. Em artigo de 9 de abril de 1970, Ismael Frias, editorialista do *Expreso* e conhecida figura do trotsquismo peruano, escrevia: *"Os velhos partidos políticos caducaram. A Revolução Nacional dêles para nada necessita. A Segunda Independência e a Democracia Social sem exploração, metas da Revolução Peruana, não serão obra de nenhum partido, mas do binômio Povo-Fôrça Armada, um de cujos pilares são os Comitês de Defesa".*

O jôgo torna-se, assim, mais aberto. Os Comitês teriam por finalidade substituir os antigos partidos, tornarem-se o verdadeiro e único partido da revolução. E como seriam êles estruturados e em seguida sincronizados pelos seus idealizadores? Em artigo no mesmo *Expreso,* Abel Valiente vai esclarecer várias dessas questões. Dando desdobramento à proposta lançada pelo jornal trotsquista, êle assinala que — *"É preciso acelerar o movimento de organização dos Comitês, com a perspectiva de um próximo grande Congresso Nacional dos Comitês de Defesa da Revolução Peruana".* Em seguida, vale a pena acompanhá-lo, êle ensina:

"...como se constitui um comitê típico. Na origem está uma Comisão Organizadora, composta por um grupo pequeno de elementos revolucionários conscientes". "A Comissão Organizadora começa por realizar um amplo trabalho de conscientização". "O passo seguinte é a constituição do próprio Comitê de Defesa. Geralmente se efetua em uma grande assembléia pública. Ali se expõem, em outros tantos discursos, os fins e os métodos do Comitê. Elege-se sua Junta Diretora". "O trabalho concreto que deve ser realizado. Êste consiste fundamentalmente em duas grandes tarefas: 1) Explicar ao povo, mediante volantes, cartazes, folhetos, comícios etc., a obra da Revolução e a obrigação de apoiá-la ativamente; 2) Trabalhar coletivamente pela solução revolucionária e realista dos problemas sentidos do centro de trabalho ou da localidade".

As instruções concluíam recomendando que cada Comitê constituído entrasse em contato com o jornal *Expreso* e comunicasse a sua formação à Direção de Promoção e Difusão da Reforma Agrária, no Ministério da Agricultura.

Fogo de encontro

Esta última recomendação dava a entender que a iniciativa estava contando, já, com o apoio oficial. Isso alarmou os dois principais jornais da Capital.

El Comercio (15-4-70) escreveu: *"...são êstes comunistas que, invocando sarcàsticamente o nome do Govêrno Revolucionário, danificam e escarnecem bandeiras limpas como as da Reivindicação do Petróleo, da Reforma Agrária e da Transformação das Estruturas, patrióticos objetivos que se propôs o Govêrno da Fôrça Armada; que ninguém combate, que o país apóia e que podem — e estão sendo efetuadas — dentro das leis existentes".*

La Prensa (11-4-70), em artigo de Cesar Martin Barreda, apostrofava a iniciativa de maneira ainda mais veemente: *"A revolução não necessita de nenhuma defesa, porque até agora ela se desenvolve pràticamente sem oposição dos partidos políticos e dos meios de comunicação de massa". "Não se trata de formar organismos de apoio à revolução, mas de criar típicas unidades de combate comunista". "Ninguém sabe o que vão fazer, como atuarão, se são autônomos ou dependentes de organismo oficial". "O verdadeiro objetivo dos chamados comitês de defesa da revolução é a formação de milícias populares, ou seja, de uma potência paralela à Fôrça Armada". "Sem haverem planejado nem projetado a revolução, hoje pretendem executá-la à sua maneira, pendurados no carro vitorioso, como passageiros clandestinos".*

Entre dois fogos

O que aqui damos são pequenas amostras de uma batalha de imprensa que se desenvolveu com acirramento em Lima, com episódios diários de ataque e contra-ataque. Ao fim, era impossível ao govêrno continuar mantendo-se silencioso, como se nada tivesse a ver com a disputa.

Parece indiscutível que o govêrno militar vê com bons olhos todo empreendimento capaz de conquistar-lhe o apoio da população, que até agora se mantém arredia. É evidente que os grupos PCP-russo e trotsquista-POR estão empenhados em aproveitar essa circunstância para, credenciando-se aos olhos dos generais, ampliar suas esferas de atividade e influência. De modo que deve ter sido a contragosto que o presidente da República, general Velasco Alvarado, assim pressionado, enfrentou de público o tema, em discurso cujos trechos mais característicos foram êstes:

"A Fôrça Armada e seu govêrno têm que zelar vigilantemente para que o processo da Revolução Peruana mantenha-se sempre fiel ao sentido mais puro de sua primeira inspiração; quer dizer, profundamente nacionalista, exclusivamente peruana, alheia às diretrizes de qualquer influência estrangeira."

"A princípio nos acusaram de golpistas de velha estirpe. Agora nos acusam de estar sob influência comunista. Ambas as acusações foram e são falsas".

"Foi nas fazendas do norte onde surgiram as primeiras organizações de cidadãos, para defender a Reforma Agrária, essa Reforma Agrária que tantos prometeram para enganar o camponês e que sòmente o Govêrno da revolução está executando. Muitos nomes foram dados a essas organizações cívicas que, surgidas do campo, começaram a projetar sua ação sôbre o resto do país, e que podem chegar a constituir a expressao sistemática e coesa do apoio dos cidadãos à revolução."

"Êste é o caráter que devem conservar, alheias a palavras de ordem e a bandeiras políticas partidárias."

"O Govêrno Revolucionário decidiu dar-lhes sua orientação. Porque não queremos que delas possam aproveitar-se pequenos e desprestigiados grupos políticos, que obedecem a palavras de ordem estrangeiras. O Govêrno Revolucionário da Fôrça Armada nada tem a ver com a inútil tentativa de quem procura capitalizar em seu favor a imensa corrente de apoio popular à Revolução Nacionalista. Estamos, sem embargo, perfeitamente conscientes dessa torpe intenção. Mas também o estamos da obscura motivação de perfídia que move os grupos reacionários, desejosos de frustar os esforços que o povo faz para organizar-se em defesa da Revolução."

"Por essa razão, alheia aos extremismos de direita e de esquerda, segura de seu próprio caminho, que não é cópia nem arremêdo, mas que propõe novos enfoques e novos instrumentos de ação, a Fôrça Armada do Peru dará seu amplo apoio às organizações que respaldem a Revolução através do trabalho comum de seus membros, e ao mesmo tempo zelará para que elas se mantenham fiéis ao sentido peruano de nosso movimento, e portanto alheias à possibilidade de serem influenciadas por quem nada tem em comum com a causa sagrada de nosso povo, que a Fôrça Armada defende e faz sua."

O presidente estava discursando para militares da reserva e a essa altura confiou-lhes uma tarefa a ser realizada nos organismos de que tratava:

"Na vasta mobilização de cidadãos, que hoje emerge de tôdas as regiões do país para defender esta revolução, e que envolve tôda a cidadania sem distinções, os senhores, homens que um dia vestiram o uniforme da Pátria e que fazem parte integrante da Fôrça Armada, têm um lugar e uma responsabilidade".

"Por tudo isso quero, em nome do Govêrno Revolucionário da Fôrça Armada, instar convosco a que vos unais ao esfôrço de organizar o apoio da cidadania, repartindo conosco esta grande responsabilidade de construir um nôvo Peru."

Como se vê, uma no cravo, outra na ferradura; e ôlho vivo.

Ausência de liderança

Um oficial militar de alta patente, embora aposentado, que intermitentemente colabora com o atual govêrno, deu-nos uma outra visão dêsses CDR, que julga insuscetíveis de exercerem uma influência deletéria, ou sequer de se transformarem no germe do partido da revolução. Em seu entender, nesses Comitês reúne-se gente que quer utilizá-los como um conduto de aproximação com o govêrno, seja para procurar obter favores pessoais, seja como instrumento de pressão política ou econômica. Entretanto, trata-se de organismos que não possuem uma liderança visível, enquanto que os peruanos são muito individualistas, e necessitam sempre simbolizar um movimento dessa natureza na pessoa de um líder.

Assim, os CDR, como órgãos anônimos, vão entregar-se a reivindicações de calçamento de rua, de fornecimento de água, de construção de casa, sem poder alçar vôo político. É certo que os comunistas sempre procuram abrigar-se em células dêsse tipo, das quais tratam de tornar-se o núcleo, mas êles são no país um grupo ínfimo. E há o problema de que não há *contra o que* defender a revolução, que está sendo feita pelos militares, que se incumbem de garanti-la, e sequer as desapropriações das propriedades rurais esbarraram, até agora, com qualquer resistência.

Mineiros peruanos grevistas, em marcha a pé, desde Oroya até Lima, numa caminhada de 170 km.

6 — OS TRABALHADORES EM FACE DOS MILITARES

A Confederação dos Trabalhadores do Peru, CTP, foi fundada em 1944. É constituída por 53 federações nacionais e por 20 uniões provinciais e departamentais. Acha-se filiada a diversos organismos internacionais do sindicalismo democrático, como a Organização Regional Interamericana de Trabalhadores, ORIT, e a Confederação Internacional Operária dos Sindicatos Livres, CIOSL. Pertence ao Conselho de Administração da Organização Internacional do Trabalho, OIT, e ao Comitê de Assessoramento Técnico da Organização dos Estados Americanos, OEA.

Sem embargo da pouca confiança que merecem as estatísticas locais, seu número de filiados, ao que se assevera, ultrapassa um milhão e meio de trabalhadores, compreendendo operários, empregados, técnicos, profissionais e camponeses, representando perto de 50% da população ativa do país.

Estrutura

A organização da CTP baseia-se em sindicatos livres de emprêsas, os quais por sua vez se agrupam em federações provinciais, departamentais e nacionais. A eleição dos dirigentes é feita em congressos, para mandatos de uma duração habitual de três anos. A contribuição do sindicalizado vai diretamente para o seu sindicato, o qual contribui para a federação proporcionalmente ao número de filiados. A lei proíbe a organização de sindicatos em locais com menos de vinte trabalhadores, o que faz que exista uma grande massa de trabalhadores no pequeno comércio e na pequena indústria, não sindicalizados. Entretanto, os benefícios da legislação trabalhista alcançam a todos, indistintamente.

Tendência

Com exceção dos comunistas, que estão procurando reunir-se em uma central própria — Confederação Geral dos Trabalhadores do Peru, CGTP — a CTP está integrada por trabalhadores de diversas tendências ideológicas, mas a grande maioria dos filiados, assim como a direção, são apristas. A CTP proclama-se essencialmente democrata e anticomunista, pregando a revolução pacífica. A CGTP, até o momento, não chegaria a representar cem mil, daquele conjunto de um milhão e meio de sindicalizados.

A ampla sede própria da CTP, à Calle Tigre, 173, foi construída mediante financiamento do Instituto de Aposentadoria Operário, com aprovação tanto do govêrno Belaunde Terry como do atual regime militar; o empréstimo será reembolsado em bônus adquiridos pelos seus filiados.

Julio Cruzado

O atual secretário-geral da CTP, Julio Cruzado, foi quem nos prestou as informações que se seguem, sôbre a atualidade do movimento operário no Peru:

— No momento prevalece um ambiente de incerteza quanto às campanhas sindicais visando as reivindicações econômicas dos trabalhadores, dada a série de reformas que estão sendo executadas pelo govêrno. Boas conquistas foram alcançadas anteriormente graças à atuação da CTP, e fora de suas fileiras desenvolvem-se outros tipos de lutas, como as ocupações de igrejas e marchas sôbre a Capital. Na última marcha dos mineiros, por exemplo, houve sem dúvida um abuso por parte de alguns dirigentes sindicais, que desviaram a reivindicação trabalhista para o terreno político: o trabalhador dêsse setor é fàcilmente influenciável por manobras demagógicas, não sendo esta a primeira vez que isso acontece.

Direito de greve

— A CTP não é contra o direito de greve, mas entende que êle deve ser utilizado para alcançar vitórias, e não para levar a derrotas; na atual conjuntura do país, as greves podem agravar a situação de crise, razão pela qual parece preferível o caminho das convenções coletivas.

— Há gente que pretende andar depressa demais, e isso pode ser muito prejudicial aos próprios trabalhadores. O dirigente sindical, quando tem noção de sua posição diante dos trabalhadores, deve imprimir às reivindicações um sentido de responsabilidade; se se propagar o empenho de pedir coisas que estão acima do que é possível em face da presente situação econômica e social, as conseqüências podem ser desastrosas para o país. Por isso, em algumas oportunidades, a CTP tem atuado com aprofundado senso de reflexão.

— No Peru, é freqüente a greve de solidariedade, que diferentes grupos de trabalhadores fazem em apoio a uma greve qualquer que se prolongue muito no tempo; até o momento essas greves não foram proibidas.

Os trabalhadores e os militares

— A CTP, como organismo independente que é, apoiou, apóia e apoiará tôdas as providências governamentais que beneficiem o povo, tais como a recuperação do petróleo, a reforma agrária, a faixa das 200 milhas marítimas, o repudio da emenda Hickenlooper, a transformação das estruturas destinada a proporcionar uma nova base ao desenvolvimento do país.

— Mas mantém, diante dêste govêrno militar, seu direito de crítica e de oposição a tudo o que signifique retrocesso econômico, social, político e cultural. Considera que o balanço é até agora favorável às reformas em curso e dialoga com a maioria dos ministros de Estado, procurando obter uma solução para seus problemas; entende, mesmo, que sem a participação dos trabalhadores não poderá haver desenvolvimento econômico e social.

O desemprêgo

— Qualquer revolução no mundo de hoje, que não conduza à solução do grave problema da desocupação, poderá ser desviada de seu curso ou tornar-se inoperante. Daí a importância da presença da CTP no processo revolucionário peruano, cooperando sem entreguismo para que o govêrno militar possa resolver o sério desafio do desemprêgo. Nesse sentido estão dispostos a converter-se em atôres, e não permanecer como simples espectadores a esta altura do processo revolucionário, de modo que a industrialização do país acelere seu desenvolvimento e possa dar trabalho a milhares e milhares de trabalhadores. O nível de desocupação está hoje acima de 10%, em relação ao número de trabalhadores.

A defesa da revolução

— A CTP não participa da campanha para a criação de Comitês de defesa da revolução, porque entende que os organismos sindicais devem empenhar-se em reforçar seus próprios quadros, e não criar entidades que mais tarde podem vir a ser manejadas por outras pessoas, tornando-se incontroláveis. Pensa que a melhor maneira de defender a revolução é a que a CTP adotou, não criando problemas para ela, mas ajudando-a a resolver os existentes. Assim, estão sendo ultimados os estudos do projeto de um Banco dos Trabalhadores, destinado a fomentar o artesanato e a pequena e média indústria, e vão entregá-lo ao govêrno militar como uma sua contribuição. O sistema cooperativo ganhou bastante impulso no país nos últimos dez anos, nos diversos ramos da economia. O cooperativismo deve sempre resultar de uma livre decisão dos núcleos de trabalhadores, e não ser dirigido nem impôsto, pois nesse caso perderia tôda sua justificação doutrinária.

— De uma forma geral, reina no país plena liberdade sindical. Há quatro dirigentes açucareiros presos, mas o foram por questões ligadas à reforma agrária.

A CGTP

Representando, no conjunto da massa sindicalizada, uma minoria de apenas 5%, a fração comunista não teria jamais a possibilidade de chegar a controlar a Confederação dos Trabalhadores do Peru, CTP, para colocá-la na linha do partido. Entretanto, como êste não pode prescindir de um instrumento de atuação no terreno sindical, foi resolvida a organização de uma central dissidente, denominada Confederação Geral dos Trabalhadores Peruanos, CGTP.

A CGTP passou a funcionar desde logo e instalou uma sede vistosa numa das praças mais centrais de Lima — mas até agora não foi reconhecida pelo Ministério do Trabalho. Seu secretário-geral é Gustavo Spinoza Montesinos, também membro da Comissão Política do Comitê Central do Partido Comunista Peruano, de modo que o eventual reconhecimento da CGTP pelo govêrno viria a constituir a primeira vitória importante e ostensiva do PCP, em face do atual regime. Na verdade, a CGTP pode ajudar os militares em seu trabalho de aniquilamento das bases sindicais do aprismo, que se acham reunidas exatamente na CTP, e mais cedo ou mais tarde o govêrno deverá decidir se o preço pedido lhe convém.

De seu lado, a CGTP esforça-se por conquistar as boas graças governamentais, e para isso não sòmente evita desencadear movimentos reivindicatórios que possam criar dificuldades à política econômica do govêrno, como ainda procura aparecer como ativa propagandista da Junta Militar perante as massas trabalhadoras.

A greve dos mineiros

Duas importantes iniciativas foram tomadas pela CGTP com o objetivo indicado.

1. Foi ela quem apareceu pùblicamente lançando a iniciativa da constituição dos Comitês de Defesa da Revolução, que pretendidamente deveriam servir para popularizar a esta e carrear-lhe o apoio público que até agora não se evidenciou.

2. Foi ela quem tomou a iniciativa de desviar a marcha de 10.000 mineiros da companhia norte-americana Cerro de Pasco, que de La Oroya se dirigiram a pé a Lima, caminhando 170 quilômetros, e que tinha o objetivo de pressionar as autoridades para que estas obrigassem os patrões a atender-lhes às reivindicações — num rumo inteiramente diferente. Para isso promoveram na capital, no dia 8 de abril de 1970, data da chegada dos mineiros, um comício "de apoio às medidas nacionalistas do Govêrno Revolucionário" — e para êle canalizaram os caminhantes, que foram construir a maioria de uma assistência de vinte mil pessoas, que durante duas horas ficaram vivando os oradores que enalteciam a Revolução.

Vanguarda Revolucionária

Durante o transcurso dêsse comício os oradores advertiam insistentemente a assistência "contra os provocadores", o que não impediu que a reunião fôsse por vêzes interrompida por vaias e pequenas correrias promovidas por militantes do movimento Vanguarda Revolucionária, que é contrário ao govêrno militar e prega a luta guerrilheira e terrorista. 63 dêstes foram detidos na ocasião, constatando-se que na maioria eram estudantes; no dia seguinte foram soltos. O Partido Comunista Peruano publicou um comunicado a respeito, qualificando êsses opositores de "grupos desclassificados que, sob inspiração da CIA, agrupam-se na chamada Vanguarda Revolucionária".

Russos

Numa das reuniões preparatórias dêsse comício houve distribuição gratuita de folhetos ilustrados comemorativos do centenário de Lenine, editados pela emprêsa russa, Agência de Imprensa Novosti. O fato determinou posteriormente uma advertência diplomática peruana à embaixada russa em Lima, no sentido de que devia, para o futuro, abster-se de fazer propaganda política nos meios sindicais.

O Ministério do Trabalho

O ministro do Trabalho da Junta Militar é o tenente-general-aviador Jorge Chamot Biggs muito poupo do agrado dos comunistas, que entretanto contra êle não se abalançam a fazer campanha direta: limitam-se a acusar "funcionários do Ministério do Trabalho" de conduzir uma política que "impopulariza a revolução entre o operariado".

Cerro de Pasco

Assim ocorreu no caso da greve dos mineiros da Cerro de Pasco, em abril dêste ano. Depois da chegada dos mineiros a Lima, ao final de sua longa marcha, o Ministério deu-lhes um prazo de quatro dias para que retornassem ao trabalho. Essa decisão foi recusada, decidindo os trabalhadores permanecer em greve, mas reduziram a lista de suas reivindicações, que de início era enorme, a apenas sete pontos. Pediam contrato coletivo de um ano de duração, ao invés de dois; pagamento integral da diária às vítimas de acidentes no trabalho, ou de moléstia profissional; pagamento como de trabalho de dois dias feriados anuais; que a companhia desse casas aos trabalhadores; bonificação por trabalho realizado a grande altitude; jornada de 6 horas de trabalho, ou de meio-dia no sábado; "licença sindical" durante o trâmite das reclamações. A Cerro de

População econômicamente ativa

Estimativas anuais por setores econômicos — (em milhares de habitantes)

	1960	1961	1962	1963	1964	1965	1966
TOTAIS	3.161,5	3.520,5	3.344,3	3.442,9	3.546,4	3.654,7	3.767,8
Agricultura, Silvicultura, Caça	1.569,9	1.597,2	1.625,9	1.658,8	1.686,8	1.719,2	1.752,7
Pesca	21,7	22,1	22,4	22,7	23,0	23,2	23,4
Exploração de Minas e pedreiras	68,7	70,3	72,0	73,9	75,8	77,9	80,1
Industrias manufatureiras	410,7	428,7	447,2	466,2	485,8	505,9	527,3
Construção	101,7	108,1	115,0	122,2	129,8	137,8	146,2
Eletricidade, Gás, Água, Serviço Sanitários	4,8	8,6	8,8	9,0	9,3	9,5	9,9
Comércio	280,2	290,4	301,3	312,9	325,2	338,4	352,2
Transporte, Armazenagem, Comunicações	108,2	110,7	115,8	120,2	124,4	127,6	134,1
Serviços	475,8	494,8	515,2	537,0	560,2	584,8	610,8
Atividades não especificadas	116,2	119,6	120,7	123,0	126,0	130,4	131,1

(Não há estatísticas disponíveis para o período 1967/1969. Deve-se ter em conta que a população atual (1970) do Peru é estimada em 12 milhões de habitantes, mais de 50% dos quais vivem de atividades ligadas ao campo.)

Pasco parece ter ameaçado suspender seu prometido investimento de 300 milhões de dólares para a exploração do cobre de Cuajones. O fato é que êsses pedidos foram novamente denegados pelo Ministério, e os mineiros acabaram regressando às minas, tendo obtido apenas garantias de estabilidade no emprêgo, escala de promoção, gratificação por motivo das festas nacionais e serviço dentário gratuito.

Comentário da revista *Caretas*: *"A linguagem do govêrno dirige-se aos trabalhadores, mas é um fato que raramente houve um período em que tantas greves tenham sido declaradas ilegais".*

Legislação

Garantias e prerrogativas asseguradas ao trabalhador peruano:

Liberdade de trabalho. Irrenunciabilidade dos direitos decorrentes da legislação social. Exibição ostensiva, nos locais de trabalho, das normas ditadas em favor de empregados e operários. Fornecimento de certificado de trabalho. Garantia de retôrno ao emprêgo depois da prestação do serviço militar. Jornada de trabalho de 8 horas diárias, ou 48 semanais. Percepção de salário mínimo, fixado de acôrdo com cada região do país.

Liberdade de associação sindical. Pagamento dos salários ou ordenados daqueles que seguem cursos de formação sindical ou integram organismos oficiais.

Salário especial pelas horas extras de trabalho, e progressivo se a atividade fôr noturna. Horário de verão nos meses de janeiro a março. Descanso obrigatório aos domingos e nos feriados estipulados em lei. Férias anuais de trinta dias, tanto para empregados como para operários; pagamento de salário extra para aquêles que por necessidade de serviço não gozem de tal prerrogativa. Participação nos lucros das emprêsas, sob a forma de contribuição ao "Fundo Nacional de Saúde e Bem-Estar Social", e de pagamento anual feito pelo empregador ao empregado, proporcionalmente ao capital da emprêsa e ao lucro líquido pela mesma obtido. Aposentadoria ao trabalhador que cumpra com suas obrigações do Seguro Social.

Indenização por acidente no trabalho, equivalente a 70% do salário anual se a incapacidade fôr permanente e parcial, conforme certifique o atestado médico; se o acidente provocar a morte, a indenização cobrirá as despesas de funeral e uma renda vitalícia ao cônjuge supérstite. Os operários vítimas de doenças provocadas pela atividade profissional gozam de benefícios similares. Prazo peremptório para pagamento dos benefícios sociais.

Aviso de despedida, com recibo de entrega. Três meses de indenização ao empregado e de 50 diárias ao operário, no caso de despedida intempestiva. Direito a percepção de 1/12 avos do salário mensal, por mês de trabalho, no caso de despedida durante o período experimental (3 meses). Proibição de despedida do trabalhador que contribui para o "Seguro Social do Operário". Pagamento dos salários devidos a empregados de emprêsas fechadas por especulação, enquanto durar essa medida. Pagamento dos salários e benefícios sociais dos empregados de obras públicas cuja construção seja suspensa.

Os servidores domésticos estão sujeitos a legislação social especial, que lhes garante: 8 horas de trabalho por dia; descanso semanal (no domingo ou em outro dia) e nos feriados determinados em lei; férias correspondentes a 15 dias de trabalho; indenização de um salário por ano de serviço prestado. Recentemente foi também instituída a sindicalização dos empregados domésticos.

A fôrça de trabalho

De acôrdo com a Sociedade Nacional de Indústrias do Peru, a fôrça de trabalho nacional representa mais de 30% da população total do país. Durante a última década a estrutura ocupacional sofreu importantes modificações decorrentes de mudanças estruturais na economia.

NOTA — Sem embargo da relativa atualização dessa legislação, ela se torna em grande parte inoperante em face do crescente desemprêgo existente no país (estimado entre 10 a 20% da população econômicamente ativa) e do generalizado subemprêgo.

Em 1960, 50% da fôrça de trabalho estavam empregados em atividades primárias como agricultura, pecuária, madeira, caça e pesca; 13% na indústria; e o restante no transporte, comércio e serviços.

Em 1970 a fôrça do trabalho ocupada nas atividades primárias representa 45% do total; na indústria manufatureira têm hoje trabalho permanente 14%.

Em têrmos absolutos, os trabalhadores industriais passaram de 411 mil em 1960, a 614 mil em 1970, com uma média anual de crescimento de 4,1% em face da taxa de aumento da fôrça de trabalho total, de 3% no mesmo período.

O salário mínimo

Níveis fixados pelo Ministério do Trabalho em abril dêste ano (para converter o sol peruano no cruzeiro brasileiro, com uma razoável aproximação, basta cortar, no primeiro, um zero, pois o segundo escreve-se segundo valores que representam aritmèticamente 10% do primeiro):

Lima e Callao: ordenado mensal, 1.980 soles; operários, diária, 66 soles. Chanclay e Cañete: 1.320 mensais e 44 diários. Cajatambo, Canta, Yauyos, Huarochiri: 1.110 mensais e 37 diários. Êsse mínimo é válido para homens e mulheres que trabalhem na indústria, comércio, bancos, seguros, transportes, serviços, minas e pesca.

Posteriormente foram fixados os ordenados e salários mínimos para as atividades privadas nos Departamentos de Loreto, Amazonas e San Martin, respectivamente nas bases de 1.710, 1.470 e 1.260 soles mensais ou 57, 49 e 42 soles diários.

Horário de trabalho

Em 16-4-70 o govêrno peruano estabeleceu o regime de horário contínuo de trabalho, por dia de 7 horas e 45 minutos de duração, de abril a dezembro,

NOTA — A renda média anual **per capita**, aproximada, estimada pelo Instituto Peruano de Planificação para 1969, foi de US$ 280,00.

para todos os funcionários públicos. Êstes trabalharão de segunda a sexta-feira, não devendo o horário de saída ultrapassar das 16,30 horas.

Dentro do horário estabelecido há um intervalo de 30 minutos para um lanche no próprio local de trabalho.

Escala de salários

Segundo declarações do comandante Osvaldo Fuster Barreda, a Administração dos Ordenados e Salários do Peru está empenhada em instruir os dirigentes executivos de emprêsas e instituições no sentido de que formulem uma estrutura lógica de ordenados e salários, como resultado de uma apreciação científica dos valores relativos a cada cargo.

O programa compreende uma análise e avaliação dos cargos e o estabelecimento de sistemas de remuneração e incentivo, mediante a adoção de pontos que permitam compará-los.

Para isso é considerado necessário, preliminarmente, realizar uma análise que permita estabelecer os requisitos necessários à ocupação de cada cargo, sejam êles de capacidade mental ou física ou de habilidade, bem como as condições de ambiente e segurança em que se desenvolve o trabalho.

Pensa-se que assim será possível chegar "a uma escala justa de salários", na qual "desaparecerá o descontentamento e o trabalhador de alta moral produzirá mais, em benefício do capital, do próprio trabalho e da comunidade".

Segunda parte

A MILITARIZAÇÃO DO ESTADO

1 — A FARDA, NÔVO SÍMBOLO DO PODER

Ao que tudo indica, o golpe militar peruano estava planejado para julho de 1969, na eventualidade de que a Apra efetivamente ganhasse as eleições presidenciais, que então deviam realizar-se. Assevera-se que os militares propuseram ao presidente Belaunde Terry fechar o Congresso — com o que bloqueariam a influência política aprista — mantendo-o como presidente, armado de plenos podêres; o que Belaunde teria recusado.

Parece certo que houve, em relação à data inicialmente prevista, uma antecipação de cêrca de 9 meses, quando os militares se convenceram de que o impasse político estabelecido entre Executivo e Legislativo impossibilitava o encaminhamento dos problemas nacionais: no próprio dia do golpe houve ministros recém-nomeados que tomaram posse às 12 horas da tarde, e que à meia-noite viam-se sùbitamente depostos. A iniciativa do movimento é atribuída a um grupo de coronéis mais audaciosos, que possuiam idéias políticas próprias, e que à última hora conseguiram convencer Velasco Alvarado e os principais generais, conquistando em seguida o apoio da Marinha e da Aeronáutica. Aliás, se Alvarado recusasse, na oportunidade, assumir a liderança que lhe era oferecida, não teria mais qualquer outra perspectiva política, pois em dezembro de 1968 atingiria a idade-limite com que teria que aposentar-se: a sorte favoreceu-o por encontrar-se êle na ocasião no pôsto decisivo; até então não representara qualquer papel político, e se não tivesse sido êle o chefe do movimento, poderia ter sido um outro qualquer. Para que se veja a que ponto chegara a conspiração, na qual Belaunde se recusava a acreditar, basta dizer que o comandante de sua guarda pessoal foi, no dia seguinte, nomeado comandante da guarda pessoal de Velasco Alvarado.

Do dia 2 ao dia 3

Alguém que participou pessoalmente das múltiplas *demarches* realizadas até que se chegou ao entendimento final entre os golpistas, assim relata êsse episódio:

Na noite de 2 de outubro apresentaram-se à casa do general Velasco Alvarado, então comandante-geral do Exército e chefe do Comando Conjunto da Fôrça Armada, os coronéis Jorge Fernandes Maldonado e Anibal Meza Cuadra. (Hoje são ambos generais-de-brigada e ocupam, respectivamente, os Ministérios de Minas e Energia e dos Transportes e Comunicações.) Informaram a Velasco que ocorrera um movimento destinado a depor o govêrno, e que lhe iam oferecer a chefia do mesmo.

A resposta foi negativa:

— Sou constitucionalista, pelo que devo ficar contra o golpe.

— O golpe já está dado — retrucaram os dois coronéis. — Tôdas as providências já foram tomadas, conforme o senhor poderá verificar. O movimento vai prosseguir de qualquer maneira. Voltaremos para saber a sua decisão.

Velasco pôde constatar a veracidade da notícia que lhe fôra dada pelos emissários, segundo a qual 19 generais já se achavam detidos nas respectivas residências, estando as guarnições de Lima controladas pelos golpistas; mas também verificou que nem a Marinha nem a Aviação participavam do movimento.

Quando Maldonado e Meza Cuadra retornaram, Velasco disse-lhes que a Fôrça Armada era uma só, e que só podia assumir a responsabilidade do movimento se fôsse obtida a colaboração das duas outras Armas, de modo a preservar a imagem da unidade militar perante o povo.

A partir daí sucederam-se as reuniões destinadas a obter aquêle apoio. O contra-almirante Parde de Zela, que ocupava transitòriamente o pôsto de Comandante-Geral da Esquadra, subordinou a sua adesão a que ela fôsse referendada pelos contra-almirantes Navarro ou Carbonell, e uma vez resolvidas estas ficou decidida a participação da Marinha, cujos navios receberam ordens de concentrar-se diante do pôrto de Callao. Em seguida foi mais fácil obter a adesão da Aviação, muito embora o Comandante-Geral desta, general Lopez Causillas, tenha renunciado a seu cargo no Ministério poucos dias depois, por motivos que não foram divulgados.

Tôdas essas entrevistas e negociações realizaram-se durante a noite de 2 e a tarde de 3 de outubro, quando, às quatro horas da tarde, os generais e almirantes que integrariam o nôvo govêrno deixaram o Centro de Instrução Militar, em Chorrillos, com a devida cobertura de tropas e tanques, dirigindo-se em helicópteros ao Palácio do Govêrno, onde Velasco Alvarado foi empossado na Presidência da República pela Junta Militar, nomeando em seguida os demais ministros.

A Junta e o presidente

Para melhor significar a união das três Armas no exercício do Govêrno peruano, a autoridade suprema foi atribuída à Junta Revolucionária, constituída pelos comandantes do Exército, da Marinha e da Aeronáutica, que por unanimidade escolhem o presidente da República, o qual perante ela presta juramento.

Os comandantes das 3 Armas são, automàticamente, ministros das respectivas pastas, sendo que o ministro da Guerra acumula as funções de presidente do Conselho de Ministros.

Os ministros das demais Pastas são nomeados pelo presidente da República, em decretos referendados pela Junta. Em tese os ministros podem ser também civis, mas presentemente são todos militares, no grau de general ou almirante; cada ministro tem um Assessor Técnico, seu colaborador imediato, que assegura a continuidade dos planos do respectivo Ministério.

A Constituição e demais leis vigentes na data do golpe não foram revogadas, sendo mantidas *"enquanto compatíveis com os objetivos do Govêrno Revolucionário"*. Êste não fixou um prazo para a própria duração, ignorando-se se pretende cumprir um período presidencial completo, ou prolongar-se no tempo. Em discurso recente, o general Velasco Alvarado disse, a propósito, o seguinte:

"Nenhum de nós tem ambições políticas pessoais. Nossas intenções são nobres e desinteressadas. Cumprimos o mandato que nos foi conferido pela instituição armada, e nos retiraremos coletivamente, amanhã, quando a missão sagrada que nos foi atribuída tiver sido cumprida".

O que é uma enunciação de intenções, mas, como se vê, não implica nenhum compromisso concreto.

A nova classe

"O que os militares não compreendem é que, para os soldados, o oligarca é o general que dispõe de casa de moradia, automóveis e aviões. Não percebem que a demagogia que fazem contra fazendeiros, industriais, banqueiros, donos de jornais, mais dia menos dia se voltará contra êles próprios.

"A invasão de militares em todos os setores, de seu lado, descontenta os respectivos profissionais — diplomatas de carreira, economistas, financistas, sindicalistas, professôres, políticos, empresários dos vários setores.

O general Velasco Alvarado, ao ser empossado na Presidência da República pelo general Ernesto Montagne, que acumula as funções de ministro da Guerra, presidente do Conselho de Ministros e membro da Junta Militar.

O general Edgard Mercado Jarrin, ministro das Relações Exteriores.

*"Tudo isso vai acabar corroendo o mito da serie•
dade e do desinterêsse das Fôrças Armadas".*

A história do Peru, pelo menos de um século para
cá, é uma permanente gangorra entre governos civis e
governos de militares, sendo que os governos civis só
se mantinham com apoio militar, e houve civis — como
Haya de la Torre — que sem embargo de haverem
alcançado o máximo de popularidade, jamais puderam
ascender à chefia do govêrno, porque contra êles pe-
sava um "veto" militar. O militarismo não é, pois,
uma novidade na velha terra dos incas, e essa é a razão por que aquêle mesmo remanescente do regime de
Belaunde Terry, que emitiu o juízo que encima estas
linhas, sustenta que os militares intuíram que depois dos
governos civis de Prado e Belaunde, um terceiro govêrno civil que se instalasse em obediência ao pronunciamento das urnas, acabaria de tirar-lhes tôda a importância, fixando a estabilidade institucional, que ali nunca
se manteve por mais de dez anos; por isso decidiram
intervir, na forma como fizeram.

No curso desta reportagem ouvimos algumas deze-
nas de pessoas, dos mais diversos estratos sociais,
procurando compor uma imagem do que seja o atual
govêrno militar. A maioria dêsses depoimentos devem
manter-se anônimos, por motivos óbvios. Êles são freqüentemente contraditórios, mas ao final é possível dêles
extrair algumas linhas mestras comuns, que, se não são
sempre coincidentes, podem, em todo o caso, alinhar-se
paralelamente umas às outras, para ajudar-nos a obter
aquela visão.

Foi da reunião dêsses fragmentos que resultou o
retrato que vai adiante esboçado:

Disciplina e discussão

Os militares que compõem o atual govêrno fizeram
carreira sob as presidências anteriores, a que serviram
sem protestar. E também se verá que numerosos dêles têm pais e parentes mais velhos, que igualmente
serviram sob os regimes precedentes — de modo que
sob o ponto de vista humano o atual regime não pode
ser considerado uma ruptura com o passado, de que
decorre diretamente.

Como se explica, entretanto, que os quinze generais e almirantes que monopolizaram a cúpula político-administrativa controlem sem discrepância o conjunto dos 50.000 homens que integram as Fôrças Armadas peruanas, com pelo menos 10% de oficiais? Isso se deve a que o estabelecimento funciona pelo sistema de pirâmide, sôbre o qual se monta a disciplina militar, que permite que um pequeno grupo mantenha alinhados todos os demais. Deve-se atentar para o fato de que Velasco Alvarado repete reiteradamente que o seu é "um govêrno revolucionário da Fôrça Armada", e que a equipe ministerial ocupa aquelas funções "por delegação do conjunto de seus camaradas de armas". Para reforçar essa impressão perante o público, todos os ministros se apresentam permanentemente fardados.

De acôrdo com um outro observador, desde 1961 os militares peruanos vêm caracterizando-se pelo fato de que as suas intervenções na vida pública deixaram de atender a lideranças caudilhistas: elas se institucionalizaram, no sentido de que os comandos se reúnem, consultam-se recìprocamente numa espécie de democracia de grupo fechado, para em seguida decidir coletivamente a intervenção que julgam dever efetuar.

Também se pode dizer que a partir da constituição da atual Junta Militar — ou seja, desde 1968 — está se processando uma identificação mais profunda entre os altos chefes, que parecem aproximar-se ideològicamente; em boa parte isso é uma decorrência da atuação comum, das respostas que o govêrno em conjunto deve dar às reações que se manifestam. A coerência vai sendo assim procurada, e para isso deve contribuir o fato de que o Ministério se reúne tôda semana, às têrças e sextas-feiras, demorando-se em discussões antes de chegar às conclusões que assumem a forma dos decretos reformistas hebdomadários.

Marinheiros e aviadores

Entretanto, uma coisa é um govêrno chefiado por um ditador, outra, diferente, é um colégio de quinze oficiais-generais, com as inevitáveis diferenças pessoais. Assim, muitos informantes asseveram que as reuniões ministeriais são tumultuadas, com as facções representativas de diferentes grupos sociais e tendências enfrentando-se com calor. Outra dificuldade é que o militar é educado para mandar no inferior e obedecer ao superior: quando se reúne para discutir um assunto, a troca de idéias preliminar esbarra na falta de hábito do debate político e na incompatibilidade entre êste e o sentido da hierarquia funcional. Assim é que a aparente coesão coexiste com fendas impossíveis de negar.

Uma primeira distinção, dentro do Ministério, pode ser estabelecida a partir da Arma de que procedem os ministros. Na composição inicial do govêrno, logo após o golpe, foram atribuídas três Pastas à Marinha, três à Aeronáutica e cinco ao Exército; depois foram criados quatro Ministérios novos, e todos ficaram com o Exército, que tem, assim, larga maioria. Aeronáutica e Marinha são Armas sabidamente mais conservadoras que o Exército, evoluindo muito mais lentamente que êste, tanto pela forma de recrutamento de sua oficialidade, como por serem corpos mais restritos.

Assim, a Aeronáutica tem o ministro de sua própria Arma, mais os da Saúde e do Trabalho. Êste último, que seria um ministério-chave para um govêrno de grandes transformações sociais, constitui-se, pelo motivo apontado, num freio aos descaminhos esquerdistas; e como êsse Ministério pertence, por definição, à Aeronáutica, não adiantaria substituir-lhe o titular, pois seu substituto deveria ser um outro aviador, provàvelmente da mesma tendência.

Também a Marinha tem o ministro de sua própria Arma, e mais os da Habitação e da Indústria. Com o da Habitação vem ocorrendo o mesmo que com o do Trabalho, pois o seu responsável até agora tem demorado o andamento de todos os projetos relativos à chamada "reforma urbana". Quanto ao da Indústria, constitui uma exceção à regra, inscrevendo-se entre os radicais do Ministério; coincidentemente, parece não ser bem visto pelos seus colegas de Arma, e dêle também se diz, numa crítica que procura ser amena, que "não tem as idéias muito assentes".

Os do Exército

O núcleo do grupo radical no Ministério é representado pelos generais do Exército incumbidos: a) da

Agricultura, que está executando, com verdadeiro empenho e em profundidade, a reforma agrária; seu primeiro titular foi o general José Benavides, que se demitiu por motivos que expôs em carta enviada ao presidente da República, mas a que êste preferiu não dar publicidade; b) da Pesca, onde está sendo encaminhada a estatização da comercialização da farinha de peixe; c) de Minas e Energia, responsável pela política aplicada em relação ao petróleo e ao cobre; d) de Transportes e Comunicações, que já **nacionalizou** o serviço telefônico.

Uma exceção nesse grupo seria o ministro da Economia, que conduz uma política nìtidamente monetarista, com a preocupação de aumentar a reserva de dólares e conter a inflação mediante a redução dos investimentos, embora a paralisação das obras públicas esteja contribuindo para aumentar o desemprêgo.

Uma divisão grosseira, sempre sujeita arevisões, agruparia os ministros numa ala moderada, em que entrariam os titulares da Economia, Relações Exteriores, Aeronáutica, Marinha, Trabalho, Educação, Habitação; e uma ala radical que compreenderia os da Indústria, Pesca, Minas, Transportes, Agricultura e

O ministro dos Transportes e Comunicações, general Anibal Meza Cuadra, quando assinava, com os representantes da International Telephone & Telegraph — ITT — o convênio mediante o qual o govêrno peruano tôdas as ações dessa emprêsa para a Companhia Peruana de Telefones ..... (69,11% do total), nacionalizando completamente a CPT. Pelo convênio assinado, a ITT comprometeu-se a investir a soma recebida como indenização na construção, no Peru, de um hotel de categoria internacional e na instalação de uma fábrica de equipamento telefônico; nesta, o Estado peruano terá inicialmente 40% das ações, porcentagem que com o tempo irá aumentando progressivamente.

O ministro da Pesca, general-de-brigada Javier Taantleán Vanini.

Interior; mas são divisões válidas apenas em têrmos, sendo necessário examinar cada personalidade.

Também é preciso não perder de vista que o suposto radicalismo não tem uma conotação de maior gravidade, pois diversos dos radicais são católicos praticantes.

O Govêrno da Revolução

É a seguinte a atual composição do Govêrno Revolucionário da Fôrça Armada do Peru:

Presidente da República — General-de-divisão Juan Velasco Alvarado.

Presidente do Conselho de Ministros e Ministro da Guerra — General-de-divisão Ernesto Montagne Sanchez.

Ministro da Aeronáutica — Tenente-general FAP Rolando Gilardi Rodriguez.

Ministro da Marinha — Vice-almirante Manuel S. Fernandez Castro.

Ministro de Relações Exteriores — General-de-divisão Edgardo Mercado Jarrin.

Ministro do Trabalho — Tenente-general FAP Jorge Chamot Biggs.

Ministro da Educação — General-de-brigada Alfredo Arrisueño Cornejo.

Ministro do Interior — General-de-brigada Armando Artola Azcarate.

Ministro da Habitação — Contra-almirante Luís Vargas Caballero.

Ministro da Saúde — Major-general FAP Rolando Caro Constantini.

Ministro de Economia e Finanças — General-de-brigada Francisco Morales Bermudes Cerrutti.

Ministro da Agricultura — General-de-brigada Jorge Barandiarán Pagador.

Ministro dos Transportes e Comuncações — General-de-brigada Anibal Meza Cuadra Cardenas.

Ministro de Minas e Energia — General-de-brigada Jorge Fernandes Maldonado Solari.

Ministro da Pesca — General-de-brigada Javier Tantalean Vanini.

Ministro da Indústria — Contra-almirante Jorge Dellepiane.

São todos oficiais-generais

GENERAL-DE-DIVISÃO JUAN VELASCO ALVARADO, presidente da República — Há quem alegue que o fato de ser êle hoje um oficial reformado enfraquece a sua posição em face dos demais membros do govêrno, que são todos generais da ativa. Certamente não tem as características do caudilho militar clássico, mas parece que está conseguindo construir a sua própria imagem perante o público, e que consiste principalmente em explorar a maneira simples como habitualmente se apresenta. Aparentemente, dentro do govêrno, ninguém lhe disputa o comando, que conquistou em virtude da audácia com que agiu na oportunidade do golpe. É inteligente e goza de real prestígio.

GENERAL-DE-DIVISÃO ERNESTO MONTAGNE SANCHEZ, presidente do Conselho de Ministros e ministro da Guerra — Filho do general do mesmo nome que foi ministro sob as ditaduras de Sanchez Cerro e Benavides e que a certa altura a Apra apresentou como candidato à Presidência em contraposição a Odria. Êle próprio foi ministro da Educação no govêrno Belaunde. Casado com uma mulher da alta sociedade de Arequipa, tem um filho estudando para padre. É cunhado do cardeal Landazuri. Um seu irmão é embaixador em Londres e dois cunhados são embaixadores, respectivamente, em Buenos Aires e junto à Unesco. Discreto, parece manter-se como uma espécie de reserva, aguardando os acontecimentos sem se comprometer muito. Considerado uma boa cabeça, é católico.

TENENTE-GENERAL AVIADOR ROLANDO GILARDI RODRIGUEZ, ministro da Aeronáutica — Sobrinho do general-de-Aviação do mesmo nome. Por sua origem social supõe-se que integre o grupo conservador, mas na verdade sua verdadeira posição é ignorada.

VICE-ALMIRANTE MANUEL S. FERNANDEZ CASTRO, ministro da Marinha — Elemento moderado, figura apagada dentro do govêrno.

GENERAL-DE-DIVISÃO EDGARDO MERCADO JARRIN, ministro de Relações Exteriores — Destacou-se na organização dos combates às guerrilhas, por volta de 1965. Elemento moderado, alguns o consideram a melhor cabeça do Ministério, sem dúvida o mais intelectualizado de todos os militares. Foi quem promoveu o estabelecimento de relações diplomáticas entre o Peru, a União Soviética e os países desta dependentes.

TENENTE - GENERAL AVIADOR JORGE CHAMOT BIGGS, ministro do Trabalho — É acusado pela esquerda marxista de "reacionário e patronal" e de boicotar a popularização da revolução entre os trabalhadores. Parece ter sido escolhido a dedo como contrapeso ao programa de reformas, para que estas não arrombem as comportas das reivindicações sociais: quase tôdas as greves são por êle declaradas ilegais.

GENERAL-DE-BRIGADA ALFREDO ARRISUENO CORNEJO, ministro da Educação — Figura controvertida. Responsável por uma reforma do ensino considerada ultra-reacionária, pois extinguiu a gratuidade na Universidade e cerceou a representação estudantil. Entretanto, dispôs-se a revê-la, tendo designado para isso uma ampla comissão de técnicos e educadores, que atualmente estão trabalhando com muita liberdade.

GENERAL-DE-BRIGADA ARMANDO ARTOLA AZCARATE, ministro do Interior — Filho do general do mesmo nome que foi ministro no govêrno Odria. Muito chegado ao presidente Velasco, tem em comum com êste que é o único ministro que não cursou o Centro de Altos Estudos Militares. Faz, com freqüência, declarações aos jornais, que em geral parecem fruto de impulsos de ocasião. Uma destas, em 1969: "O socialismo também pode ser aceito em uma democracia. Os postulados do socialismo são muito bons. Acredito em tudo o que se pode fazer com o socialismo em um país que está crescendo como êste". Recentemente deu a entender que seu Ministério estava preparando processos contra redatores de *La Prensa,* mas com a mesma facilidade volta-se contra o grupo oposto do *Expreso*. Figura muito discutível.

CONTRA-ALMIRANTE LUIS VARGAS CABALLERO, ministro da Habitação — Continuando a tradição da Arma, tem um filho na Marinha. Elemento conservador, até o momento tem retardado o andamento da chamada "reforma urbana".

MAJOR-GENERAL-AVIADOR ROLANDO CARO CONSTANTINI, ministro da Saúde — O único indício de uma sua possível posição política, seria que anulou uma concorrência oficial para o fornecimento de medicamentos, que fôra ganha pela Hungria.

GENERAL-DE-BRIGADA FRANCISCO MORALES BERMUDES CERRUTTI, ministro de Economia e Finanças — Neto do coronel do mesmo nome que foi presidente do Peru no século passado. Filho do comandante do mesmo nome, assassinado em Trujillo por ocasião da revolta aprista. Foi ministro da Fazenda sob o govêrno Belaunde Terry. Considerado a segunda personalidade do Ministério, pertence à ala moderada. Responsável pela orientação financeira do govêrno, que atende ao padrão recomendado pelo Fundo Monetário Internacional. Vem adotando medidas rigorosas no sentido de impedir as evasões de moeda para o exterior.

GENERAL-DE-BRIGADA JORGE BARANDIARÁN PAGADOR, ministro da Agricultura. Procede de uma família de fazendeiros médios do Norte do país. Responsável pela atual lei da reforma agrária, em cuja aplicação se empenha. Caracterizado como integrante do grupo radical, parece pertencer a êsse tipo de militar que não admite críticas da imprensa. Mostrou-se particularmente revoltado com as críticas que a expropriação do *Expreso* provocou no exterior, e fêz incluir na lei de Reforma Agrária um dispositivo que considera qualquer crítica à mesma como sabotagem, passível de punição.

GENERAL - DE - BRIGADA ANIBAL MEZA CUADRA, ministro de Transportes e Comunicações — Sobrinho do general do mesmo nome. Procedeu à nacionalização do serviço telefônico, mediante indenização cujo montante a ITT deve aplicar no Peru na instalação de uma fábrica de telefones e na construção de um hotel de turismo.

GENERAL-DE-BRIGADA JORGE FERNANDES MALDONADO SOLARI, ministro de Minas e Energia — Sobrinho do general Solari. Católico cursillista, tem um filho estudando para padre. Em declarações públicas afirmou que é "profundamente revolucionário", por ser "profundamente católico". Alguns o apontam como a melhor cabeça política do govêrno, sabe para onde quer ir e caminha com segurança. É

O general Artola, ministro do Interior, falando à imprensa. (Foto AE.)

o líder do grupo radical, que se diz de "tendência nasserista". Suas ponderações sempre pesam nas decisões do Ministério. É o responsável pela Nova Lei de Minas, e assevera-se que tentou, sem êxito, desbancar os norte-americanos da exploração de Cuajones, procurando para a mesma financiamento russo. Aparentemente não tem maiores ambições políticas, é modesto, não busca a popularidade e ao falar gagueja um pouco.

GENERAL-DE-BRIGADA JAVIER TANTALEAN VANINI, ministro da Pesca — Irmão de um ex-dirigente aprista, êle próprio teria, por volta de 1945, pertencido à APRA. Considerado um elemento moderado.

CONTRA-ALMIRANTE JORGE DELLEPIANE, ministro da Indústria — Ex-decano da Faculdade de Economia da Universidade de Lima. Habitualmente incluído no grupo radical, embora proceda da Marinha: não seria, entretanto, representativo do pensamento dominante nesta. Durante um ano e meio anunciou a "reforma da emprêsa", sem precisar-lhe os lineamentos, contribuindo para antecipar o pânico entre os empresários. Pessoas que com êle colaboraram ìntimamente emitem juízos pouco lisonjeiros a respeito de seu equilíbrio íntimo.

COAP dá o tempêro

O Corpo de Oficiais Assessôres da Presidência é a cozinha central em que se ultimam os pratos fortes das reformas empreendidas pelo Govêrno Revolucionário da Fôrça Armada do Peru. Existe desde o comêço do atual regime, sendo que alguns dos atuais ministros foram antes membros do COAP.

O COAP é integrado por dez coronéis, do Exército, da Aviação, e oficiais de grau correspondente da Marinha, todos com uma idade que varia entre os 42 e os 46 anos. Dêle fazem parte também dois generais, inclusive o General Graham Hurtado, seu presidente, que tem a categoria de ministro sem pasta, é um dos colaboradores mais próximos do presidente Velasco Alvarado e participa igualmente da direção do CAEM — Centro de Altos Estudos Militares.

O trabalho de assessoria do COAP é realizado no nível da Presidência, perante o Conselho de Ministros e junto a cada Ministério tomado isoladamente. Antes de chegar ao Conselho de Ministros, todo projeto de lei passa pelo COAP, que de seu lado tem acesso a tôdas e quaisquer repartições, podendo convocar técnicos não importa de que procedência.

2 — REVOLUÇÃO NA MENTALIDADE CASTRENSE

Uma pergunta que nenhum estudioso do fenômeno peruano pode deixar de propor-se é aquela que reclama uma explicação para o que parece ter constituído uma brusca mudança na mentalidade dominante entre os militares: tradicionalmente êles foram o grande obstáculo oposto às reivindicações de reformas estruturais, inicialmente lançadas pela Apra, e que depois de uma larga semeadura procedida por esta, acabaram germinando e eclodindo no interior de outras organizações políticas, como a Ação Popular, o Movimento Social-Progressista, o Partido Democrata Cristão, o Partido Cristão Popular — para não falar nos grupos da esquerda marxista.

Como se explicaria que, de defensores dos privilégios da oligarquia agrária e dos interêsses que esta desenvolvera em outras áreas, em colaboração com o capital estrangeiro empregue na exploração do petróleo, dos minerais, da pesca — houvessem êles passado, repentinamente, para o campo oposto, tornando-se os instrumentos da desintegração daquela mesma oligarquia e os campeões das nacionalizações de emprêsas tradicionalmente subordinadas a companhias norte-americanas? E como seria possível que uma reviravolta assim radical e profunda se tivesse operado em silêncio, e sòmente viesse a furo uma vez inteiramente completada, e que então arrastasse a totalidade das três armas, sem que aparentemente ocorressem dissidências ou divergências?

A primeira coisa que se deve dizer, em resposta, é que não houve uma mudança *brusca e inesperada* de mentalidade e de atitude, mas sim que ela foi a conseqüência de um processo demorado, que desde há muito vinha ocorrendo, e que apenas passou despercebido à distraída direita peruana, tão acostumada a usufruir sossegadamente as suas regalias, que não se deu conta de que o chão, sob os seus pés, estava sendo comido pelo caruncho de uma nova mentalidade de esquerda. E quando disso se apercebeu, já o chão ruía por inteiro, e irremediàvelmente.

Realidade e mentalidade

O professor Augusto Salazar Bondy é autor de uma esplêndida *Historia de las Ideas en el Peru contemporáneo* (Francisco Moncloa Editores S/A, 2 volumes, Lima, 1967), imprescindível a quem quiser conhecer a evolução do pensamento político naquele país. Entretanto, estranhamente, o livro não faz a menor referência à mentalidade política dos militares, nem à penetração, no círculo dêstes, das inquietações que ao longo do tempo eram debatidas nas organizações civis.

O professor Salazar Bondy, a quem expusemos a nossa estranheza em face dessa omissão, esclareceu-nos que o seu livro é anterior ao início da ocorrência do fenômeno que com o tempo avultaria, até que os chefes militares viessem a assumir a direção exclusiva dos assuntos políticos do país. Até 1963 eram muito raros, ali, os oficiais que se interessavam pela problemática dos países subdesenvolvidos.

Nova composição

Ao ver do historiador, um dos principais fatôres que determinaram a mudança de orientação do exército em face dos problemas sociais, foi a alteração ocorrida em sua composição: passo a passo, êle foi deixando de ser uma carreira procurada pelos filhos das classes abastadas, e isso pode ser constatado inclusive mediante a observação do colorido de seus componentes: pela côr da pele, vê-se que êle é cada vez mais *chollo,* à medida que a oficialidade passa a provir da classe média inferior; e é isso também que explica que os setores mais radicais da oficialidade situem-se atualmente entre os graus de capitão e de tenente-coronel. (Um outro informante dizia-nos, corroborando êsse dado, que o poder político se acha hoje nas mãos dos generais, mas o poder militar está com os coronéis. Êsse é um dado que convém ter presente na observação do caminho pelo qual enveredará a revolução peruana.) Há vinte anos atrás era freqüente que as môças de sociedade procurassem arranjar noivo entre os jovens militares: isso hoje passou a ser uma característica do comportamento das mocinhas de famílias menos favorecidas.

As guerrilhas

Por ocasião do golpe de 1962 já apareceram alguns oficiais que, avulsamente, se mostravam dispostos a enveredar pelo caminho das reformas que atualmente estão sendo postas em prática; mas na ocasião os oficiais dessa tendência foram excluídos dos postos de responsabilidade. Um dêles, o general Juan Bossio Collas (hoje reformado, e recentemente nomeado para a direção da companhia estatal que assumirá o monopólio da comercialização do cobre), demitiu-se, por êsse motivo, da Junta Militar que naquele ano anulou as eleições em que Haya de la Torre saíra vitorioso.

Outro fator que contribuiu para operar um choque na mentalidade militar, e fazê-la abrir-se para a sociedade real, foi a circunstância de o exército haver-se empenhado no combate às guerrilhas o que levou os oficiais destacados para essa tarefa a procurarem formar uma visão da sociedade que assim estava sendo posta em causa; isso data de 1965.

A resposta para a pergunta inicialmente colocada estaria, pois, na ocorrência conjugada dêstes três fatôres: mudança da composição social; experiência das guerrilhas; e, paradoxalmente, o doutrinamento realizado no CAEM (Centro de Altos Estudos Militares) e nos Serviços de Informações.

Divergências e doutrinação

Ainda hoje a opinião dominante entre a oficialidade não é homogênea. Embora não venham a público os debates ou as divergências que entre êles ocorrem, a verificação dos mesmos pode ser constatada pelas periódicas reacomodações que se verificam em alto nível, o remanejamento de cargos e de homens traduzindo reajustes necessários à manutenção da unidade de comando. Boa parte das divergências que se produzem, acabam por desaparecer ao longo da execução do roteiro determinado. Observa o professor Bondy que sempre foi assim entre os militares, e que também anteriormente isso acontecia: o espírito de disciplina, que é a principal característica do estabelecimento militar, faz com que a tendência predominante, e especialmente aquela que é ditada pelo alto comando, seja obedecida, embora a contragosto; com o tempo as diretrizes vão sendo absorvidas e individualmente aceitas pelos antigos resistentes. Como atualmente é a Fôrça Armada em seu conjunto que está empenhada na tarefa de reformulação da sociedade, muitos oficiais solidarizam-se com medidas com as quais individualmente poderiam não estar de acôrdo; e assim contribuem para a criação da nova realidade, que desde logo os compromete.

A doutrinação — que é assunto examinado em separado — representou um papel importante na transformação da mentalidade militar: por não ser unilateral, mas de proveniência heterogênea — aprismo, social-progressismo, democracia-cristã, esquerda do populismo — deu abertura às inteligências dos militares, despertando-lhes o interêsse pelos problemas políticos e econômicos.

Fatôres múltiplos

Um jornalista espanhol desde há muito radicado no Peru, onde priva de estreito contato com militares destacados para a administração civil, acrescentou mais algumas explicações para que se chegue à compreensão da evolução da mentalidade militar peruana; tais como:

1) O impacto do fenômeno cubano, particularmente sob o aspecto da demonstração da possibilidade de que um pequeno país enfrentasse a maior potência mundial.

2) O fato de que os exércitos latino-americanos tenham visto muito reduzidas as suas possibilidades de entregar-se a exercícios de guerras, deixou os seus quadros dirigentes quase sem ocupação. Isso, aliado ao interêsse pelos estudos dos problemas econômico-sociais, despertou-lhes a vocação política, que era a maneira de dar aplicação aos conhecimentos adquiridos.

3) A profunda decomposição a que chegara o último govêrno civil, presidido por um homem bem intencionado, mas que na escolha de seus colaboradores guiava-se apenas pelo critério da amizade pessoal. O povo mostrava-se enojado ante o espetáculo das barganhas políticas e do mesquinho jôgo parlamentar, assustado com a desvalorização progressiva da moeda e descrente de que de tudo aquilo pudesse resultar algo de válido.

4) Nesse ambiente, o golpe dos militares foi recebido com alívio; e a fulminante decisão dada à velha questão de Brea y Pariñas, que era decisiva para o orgulho nacional, consolidou o regime; sendo interessante registrar que, depois disso, há simpatia e expectativa em tôrno da obra governamental, mas não se observa entusiasmo popular.

5) Os militares caracterizam-se por um sentimento nato de orgulho: a ameaça de aplicação da emenda Hickenlooper não fêz senão endurecê-los. E como a emenda não foi até hoje oficialmente aplicada, viram-se animados a prosseguir.

117

CAEM e Serviço de Informações

O Peru possui, como o Brasil e tantos outros países, uma chamada Escola Superior de Guerra, mas no Peru a ESG tem um caráter estrito de ensino e debate de problemas relativos à estratégia militar.

Ao lado da ESG, entretanto, foi formado um Centro de Altos Estudos Militares, CAEM, calcado no modêlo francês de igual denominação, e que, êste, tem horizontes mais amplos.

O CAEM existe desde há vinte anos, e há quem a êle atribua uma boa parcela da responsabilidade pela mudança operada na mentalidade militar. Isso por dois motivos: porque levou os profissionais da carreira das armas a se interessarem pelos problemas gerais do país, perante êles tomando posição; e porque entre os seus professôres predominaram os de tendência de esquerda, que influenciaram a formação dos novos oficiais. Uma afirmação freqüente no Peru é a de que a direita empenhava-se estritamente em ganhar dinheiro, descuidando da formação e dos rumos pelos quais enveredavam os círculos dirigentes do Exército, da Magistratura, do Magistério e da Igreja, ao passo que a esquerda ia ganhando terreno em todos êsses meios.

O eixo da doutrinação de esquerda no CAEM teria consistido em explicar aos militares que as Fôrças Armadas vinham desde há muito tempo funcionando na prática como guardiãs dos interêsses exclusivistas da oligarquia, com a qual, entretanto, a mesma oficialidade nada tinha em comum, pois não participava das vantagens de que aquela desfrutava; enquanto que era preciso atentar para os problemas reais e concretos do país, os quais necessitavam ser estudados, equacionados e solucionados.

O Serviço de Informações

Entretanto, outros observadores, inclusive oficiais peruanos de alta patente, não atribuem ao CAEM grande importância na modelagem da nova mentalidade da oficialidade peruana, pois a seu ver isso seria impossível de ser realizado no espaço dos oito meses de duração do curso da CAEM.

O centro que efetivamente pode ter sido responsável por essa transformação seria, curiosamente, o Serviço de Informações do Exército, onde igualmente convivem civis e militares, e onde, ao lado de uma organização dedicada exclusivamente à elaboração de hipóteses e planos estratégicos, há outro ramo em que os problemas sociais são examinados em profundidade, e sem limitação de tempo, para que os oficiais possam conhecer a realidade viva do país que lhes cumpre defender. A partir daí é que se teria dado a real abertura intelectual para as novas proposições sociológicas.

As estruturas do potencial nacional

O atual diretor do Centro de Altos Estudos Militares, CAEM, é o general Tomás Berenguel, que, como militar da ativa, não pode prestar declarações a jornalistas sem autorização expressa de seus superiores hierárquicos; os quais, evidentemente, estão muito pouco interessados em satisfazer a curiosidade de jornalistas estrangeiros.

Igual restrição não pesa sôbre o general Marcial Romero Pardo, já aposentado, que foi diretor do CAEM a partir de 1955, quando ascendeu ao generalato, tendo assumido a direção geral dêsse órgão em 1956, quando se aposentou o seu antigo chefe, general José del Carmen Marin. O general Marcial Romero estêve à testa daquele organismo até 1959, de modo que possui do mesmo uma boa experiência, que não se furtou a expor-nos.

O CAEM começou a assumir a atual estrutura por volta de 1954, quando de seu regulamento passou a constar uma declaração de princípios segundo a qual incumbia-lhe "preparar colaboradores do Alto Comando para a defesa nacional", os quais não seriam necessàriamente militares. À medida que o CAEM se ajustava ao cumprimento daquela finalidade, foi sendo precisado o entendimento do conceito de "defesa nacional", que muito ao invés de cuidar apenas de problemas relativos ao armamento da tropa, firmou a tese segundo a qual *a defesa nacional funda-se essencialmente no bem-estar* geral; o "bem-estar" é um conceito subjetivo, que objetivamente pode ser apurado pelo nível de vida

119

da população do país. O ponto nevrálgico a fixar era, pois, aquêle segundo o qual um povo não sente que tenha algo a defender, se não gozar de um nível de vida satisfatório. A partir daí o CAEM decidiu ser necessário elevar o nível das investigações, incumbindo dos estudos correspondentes, militares, marinheiros, aviadores e civis, êstes pertencentes tanto ao setor privado como ao público.

Bem-estar e segurança

A gestão do general Marcial Romero Pardo à frente do CAEM coincidiu com a instalação do segundo govêrno Prado, o qual emitiu instruções no sentido de que fôssem desenvolvidas ao máximo as atividades da instituição. Na aplicação dessa diretriz foram contratados para o Centro numerosos catedráticos civis de alta categoria, para lecionar, entre outras matérias, Sociologia, Economia e Geografia Econômica. O muro castrense que ainda restringia a instituição foi derrubado, nela ingressando pessoal civil tão numeroso, que em pouco tempo êsse representava 2/3 do total, sendo os militares apenas 1/3.

A ampliação do currículo do CAEM teve em vista estabelecer a Estratégia Nacional, dentro da qual eram considerados todos os problemas reais do país. Uma área bem delimitada estudava as finalidades da política geral do Estado, as quais assentou-se que são sempre duas, independentemente de países e regimes: a saber, o bem-estar da Nação e a segurança integral do Estado.

Atualmente, cada país deve cuidar de defender-se em duas frentes: a frente externa e a frente interna, sendo que em relação a esta última não se pode saber de onde partirá nem como será desfechada a agressão potencial. Em conseqüência, é necessário atentar para a segurança do patrimônio geográfico da nação; para o direito de exercitar a soberania nacional, de modo a que o país seja governado conforme deseja; e para a segurança interna, de modo a preservar a ordem estabelecida — eis que o objetivo da guerra subversiva é a destruição dessa ordem.

Planificação

— Que é "a segurança integral do Estado"?

— Segundo o conceito firmado, trata-se de passar a uma planificação global das atividades do Estado, de modo que as suas finalidades se traduzam em metas concretas; mediante a definição dos meios pelos quais será possível atingir essas metas, ter-se-á *a planificação do desenvolvimento*.

— Qual a fonte de recursos com que o Estado pode contar?

— Segundo a mesma teoria, para levar a cabo a missão proposta o Estado deve contar exclusivamente com o potencial nacional, donde a necessidade de um estudo exaustivo do mesmo. Em sua estrutura e em sua dinâmica êsse potencial tornou-se objeto de disciplinas fundamentais nas investigações conduzidas pelo CAEM.

Estrutura do potencial

— O CAEM foi visitado algumas vêzes por missões do Pentágono, confrontando-se, nessas oportunidades, os conceitos respectivos em que se baseavam os trabalhos das duas instituições. O conceito peruano foi mantido, por parecer-lhes sólido.

— A concepção da estrutura do potencial nacional considera quatro fatôres. Os dois primeiros são básicos e fundamentais: *o fator humano* — sujeito e objeto de tôda a organização — e *o fator econômico*. Ambos êsses fatôres devem ser situados geogràficamente (no caso, no Peru), e então temos o terceiro fator, que *é o físico*. Entretanto, êsses três fatôres também não se reúnem espontâneamente, é necessário que obedeçam a regras preestabelecidas, que constituem a ordenação jurídica da nação, gerada pelo *fator político*. Essa, em síntese, a "estrutura do potencial".

Do gato ao cachorro

— Para formar o quadro ambicionado, tendo em vista o modêlo proposto, foi procurada a colaboração de tôdas as entidades ou instituições que tivessem algo a ver com os problemas em equação, sendo que em 1958 participaram dêsses trabalhos 37 organismos.

— Sòmente mediante estudos preliminares é que se pode estudar as possibilidades de ocorrência de um conflito eventual. O desenvolvimento da análise permite determinar a situação exata do potencial nacional, assinalar as brechas ou deficiências que nêle se manifestem, e que objetivamente irão determinar os objetivos de ação, segundo um critério de govêrno. Um conflito nunca surge por acaso: êle tem as suas razões determinantes. Não sendo possível ganhar a batalha da paz, será preciso tratar de ganhar a batalha da guerra, mas a êste extremo só se chega quando houve descuido no jogar as cartas anteriores. Às vêzes, num tal caso, a gente pretende desenhar um cachorro, e afinal sai um gato; mas a experiência negativa é extremamente importante e elucidativa.

— Os interêsses da nação são ventilados primeiramente no terreno político — aí é que surgem os objetivos que se opõem uns aos outros — e se tiver que jogar a carta da guerra, o Alto Comando militar não pode desconhecer as preliminares que conduziram até ela.

Filosofia política

— Para o CAEM, em conseqüência, o Alto Comando não podia estar ausente das decisões que deviam ser tomadas no terreno político. Entenda-se: o Alto Comando, não os quartéis, aos quais apenas cumpre obedecer disciplinadamente. Isso levou a que fôsse preconizada a criação do Ministério da Defesa Nacional, coisa que até o momento não pôde ser efetivada; entretanto, o Alto Comando, pelo menos, já funciona como tal.

— Uma orientação como a que foi estabelecida pode obedecer a diferentes filosofias. A peruana baseou-se nas últimas encíclicas papais, especialmente *Mater et Magistra* e *Populorum Progressio,* ambas de fundo socialista.

Aplicação da filosofia

— Em fins de 1968, entendendo que o país se encontrava à deriva e que o desgovêrno patente punha em perigo as duas grandes finalidades do Estado — bem-estar e segurança — o Alto Comando das Fôrças Armadas, em caráter institucional e não personalístico, decidiu assumir a responsabilidade da condução da Nação. Tratava-se, de um lado, de obviar aos riscos apontados, e de outro, de aproveitar a oportunidade que se apresentava, para realizar as profundas transformações sociais de que o Estado peruano estava necessitando, para que o país tivesse assegurada uma vida organizada e normal.

Os interêsses feridos

— Atualmente, há quem reclame a pronta convocação de novas eleições, mas a verdade é que as eleições, por si só, não têm um valor curativo. A experiência peruana de 150 anos de vida republicana mostra que o govêrno civil nunca funcionou durante mais de dez anos seguidos. Pode-se esperar que depois das profundas reformas que agora estão sendo operadas, e que culminarão com uma nova Constituição, haverá maior estabilidade, pois o que se está fazendo não é apenas mudar a equipe dos governantes, mas instalar uma nova mentalidade. A estrutura capitalista-oligárquica está sendo transformada em uma estrutura de justiça distributiva, em lugar da atual má distribuição e excessiva concentração de poder econômico. É evidente que quando se empreende uma tarefa de tal vulto, muitos interêsses particulares são feridos; e também é certo que quando se enfrentam problemas tão transcendentes, alguns erros podem ser cometidos: só não erra quem não age.

Aprismo e socialismo

Eis como o general Marcial Romero Pardo concluiu essa sua tão franca exposição:
— A Apra claudicou várias vêzes. Surgiu como o partido da redenção social e da luta antiimperialista,

e é inegável que contou com valorosos militantes. Infelizmente, afastou-se das Fôrças Armadas pelos crimes que cometeu. Entretanto, seus representantes participaram do poder duas vêzes, com Luís Bustamante e com Belaunde Terry, e em ambas as oportunidades ela comportou-se como qualquer outro partido, interessando-se apenas em aproveitar a situação. Na verdade, ela preconizou muita coisa, mas nada fêz, embora seja inegável que se trata de um partido organizado e disciplinado: em vinte meses de govêrno, as Fôrças Armadas fizeram muito mais.

— O presente govêrno militar tem um cunho socialista; no Peru, os partidos que se reclamam do socialismo são grupinhos insignificantes, pelo que é provável que com o tempo surja um partido socialista cristão: com isso não tem em vista o PDC, que é um partido minúsculo, desprestigiado pelos seus dirigentes. Também não será da alçada do CAEM insuflar vida a um partido capaz de dar continuidade ao programa governamental: o proselitismo é uma coisa comprometedora para os militares.

3 — OS CIVIS QUE ASSESSORAM OS MILITARES

Os civis que colaboram com a Junta Militar não têm formalmente o título de assessôres, embora preencham efetivamente essa função. Os militares trabalham com muitos assistentes avulsos, que são convocados conforme os assuntos a serem discutidos. Diversos assessôres governamentais procedem do antigo grupo social-progressista, de mentalidade entre marxista e humanista; há também ex-apristas, alguns democratas-cristãos e ex-comunistas de idéias hoje nada ortodoxas. Essa variedade de influências explica a ocorrência de critérios díspares, dominando em diferentes setores oficiais, embora haja uma linha comum de difuso esquerdismo.

"O pneu que não se ajusta ao carro." Charge da revista Caretas *vendo-se à esquerda o presidente da República, e à direita o presidente da Sociedade Nacional de Indústrias.*

Há quem atribua a determinados assessôres de mentalidade mais atrevida o propósito de aconselhar medidas que, uma vez adotadas, tornariam impossível o retôrno do país a um sistema de propriedade privada e livre emprêsa, de modo que ao produzir-se o colapso econômico não restaria aos militares outra alternativa senão encaminhar-se efetivamente para um regime socialista.

O hermetismo dominante nos altos círculos oficiais não permite que se saiba, além de um certo ponto, em que medida o maior radicalismo de alguns conselheiros é efetivamente partilhado pelos oficiais-generais: o govêrno castrense tem como norma guardar absoluto segrêdo sôbre cada passo que está preparando: age com espírito de estratégia bélica, de modo que as medidas sòmente se tornam conhecidas quando postas em prática. Afora os assessôres especialmente convidados em cada caso, ninguém mais participa da discussão do assunto: nem a imprensa, nem os partidos políticos, nem as organizações profissionais.

Denúncia e repto

O jornal *La Prensa,* em editoriais e em artigos de colaboradores, fêz reiteradas acusações no sentido de que havia "como môscas", assessôres comunistas infiltrados na administração pública, que procurariam comprometer a esta e influenciar ideològicamente os chefes militares tomados individualmente. Um dêsses artigos dizia explìcitamente o seguinte: "Esta é a tática de aproximação direta, mediante a qual os comunistas conquistam posições precisamente no coração e nervo de seu pior inimigo, que é a Fôrça Armada, não se sabe como nem mediante que cumplicidade". (*La Prensa,* 19-4-70.)

A acusação era frontal, e o govêrno tomou o pião na unha.

O general Velasco Alvarado, em discurso proferido dois dias depois, deu a resposta: "...periódicos reacionários constantemente publicam escritos de plumitivos sem consciência, que ao mesmo tempo que fingem chorar a perda de uma liberdade de imprensa de que abusam, atiram com insídia e mediante pagamento, a notícia irresponsável de que êste govêrno tem assessôres e conselheiros comunistas. Onde estão êles? Quais são seus nomes? Por que não identificam pùblicamente êsses supostos assessôres e conselheiros do govêrno? Não é sòmente por covardia. É também porque sabem que se trata de uma grande mentira, uma vil calúnia de gente de aluguel".

Êsse veemente e irado desafio não encontrou resposta. Conforme se verá da relação que damos em separado, nenhum dos nomes conhecidos como de assessôres civis do govêrno militar pode ser qualificado como comunista.

Há, isso sim, jornalistas comunistas que procuram fazer-se passar por porta-vozes do govêrno. Mas essa já é uma outra história.

Quem são os conselheiros:

Jorge Bravo Bresani — Assistente do Ministério de Minas e Energia — Membro do Instituto de Estudos Peruanos — Professor no Centro de Altos Estudos Militares — Ex-social-progressista — Nomeado para a Côrte Suprema.

Hector Cornejo Chavez — Fundador do Partido Democrata-Cristão — Parente e conselheiro do ministro da Educação, general-de-brigada Alfredo Arrisueño Cornejo — Defendeu pela televisão a posição do Govêrno na questão do Estatuto da Liberdade de Imprensa — Nomeado para integrar o Conselho Nacional de Justiça.

Efraim Ruiz Caro — Ex-social-progressista — Assessor do Ministério da Agricultura para a Reforma Agrária — Interventor oficial no jornal *Expreso,* depois da expropriação.

Alberto Ruiz Eldredge — Ex-social-progressista — Conselheiro do govêrno na questão do petróleo, que acompanhou como jurista — Ex-candidato à Presidência da República. Atual embaixador do Peru no Brasil.

Emilio Castañon Pasquel — Economista — Ex-democrata-cristão — Ex-redator financeiro de *El Comercio* — Ex-membro da Comissão de 9 Sábios da OEA — Demitiu-se da assessoria do Ministério da Industria, por divergências com o ministro, contra-almirante Jorge Dellepiane.

Carlos Delgado — Ex-aprista, ex-secretário de Haya de la Torre — Ex-líder universitário da Apra, completou seu estudos nos Estados Unidos — Membro influente do Instituto Nacional de Planificação — Atribui-se-lhe a redação de discursos do general Velasco Alvarado, a quem assessora diretamente, através do Centro de Oficiais Assessôres da Presidência, COAP.

Luis Barrios — Ex-embaixador — Ex-aprista militante, casado com uma sobrinha de Haya de la Torre — Hoje escreve em *Expreso* contra o aprismo.

Raul Ferrero — Ex-primeiro-ministro no govêrno Belaunde Terry — Ex-ministro das Relações Exteriores e ex-ministro da Fazenda — Advogado — Catedrático da Universidade Católica — Um dos mais antigos professôres civis do Centro de Altos Estudos Militares.

Alfonso Benavides Corrêa — Advogado — Ex-deputado, de forte tendência nacionalista — Defendeu o Estatuto de Liberdade de Imprensa, para o govêrno, perante a Côrte Suprema — Designado membro do Conselho Nacional de Justiça.

Merea Canedo — Agrônomo — Assessor do Ministério da Agricultura.

Virgílio Roel — Ex-comunista, excluído do PCP — Ex-aprista — Professor de Planificação da Universidade ICA — Assessor do Ministério de Indústria.

Jorge Grieve — Ex-aprista — Ex-candidato à Prefeitura de Lima — Ex-ministro do Fomento no govêrno Manuel Prado — Ex-membro da Comissão de 9 sábios da OEA.

Alfonso Montesinos — Ex-senador por Arequipa — Renunciou à Ação Popular por julgá-la muito conservadora — Autor do primeiro projeto de nacionalização do petróleo — Assessor da Junta Militar para assuntos de petróleo.

Mário Samané Boggio — Ex-candidato à Presidência da República em 1963 por um pequeno partido, a União do Povo Peruano — Ex-reitor da Universidade de Engenharia — Autor do Código de Minas, recentemente reformado pela Junta Militar.

Ezequiel Ramirez Novoa — Secretário-geral do Comitê de Advogados para a defesa do petróleo — Presidente do Instituto Latino-americano de Direito Internacional — Assessor da Junta Militar.

O papel dos comunistas

Um mesmo problema pode ser visto de vários ângulos e cada ângulo escolhido vai dar-nos, do assunto, uma visão de uma certa forma destorcida. É preciso encará-lo, sucessivamente, de diferentes plataformas, para afinal poder chegar a uma imagem mais ou menos válida do conjunto.

Aplicado êsse processo ao estudo do atual regime peruano, podemos dizer que num certo sentido o golpe militar de 3 de outubro de 1968 representou a culminação de uma luta de quase 50 anos entre a Apra e o Exército: constatando, ao fim de tão longo tempo, que o "veto" militar oposto à candidatura de Haya de la Tôrre à Presidência de seu país não só não foi bastante para destruir a organização partidária por êle fundada, como que esta continua sòlidamente implantada no país, os militares resolveram afinal apropriar-se do programa aprista e pô-lo em execução, como um recurso de desespêro para o atingimento daquela finalidade.

Está claro que essa é uma apresentação do problema em têrmos grosseiros — o que não impede que numa medida de análise histórica ela possa ser vàlidamente sustentada. Quem se der ao trabalho de conferir o programa aprovado pelo 1º Congresso Nacional da Apra, realizado em 1931 — o aprismo foi fundado em 1923, contra a ditadura de Leguia, estando Haya de la Torre exilado — verá que dêle já constam, expressamente ou em embrião, numerosas das reformas e providências que atualmente estão sendo postas em prática pelos governantes. Evidentemente, não podemos saltar de 1931 a 1968, como se nada tivesse ocorrido entre essas duas datas: pois ocorreu, precisamente, que nesse intervalo o ideário aprista difundiu-se pelo país, inclusive dando origem a muitos outros movimentos e partidos que aceitaram, desenvolveram e aprofundaram diversas daquelas propostas, as quais assim deixaram de ser o monopólio de um partido para tornar-se aspirações nacionais; e também não se pode desconhecer a evolução sofrida pela própria Apra, que inevitàvelmente iria perder, nos continuados e extenuantes jogos políticos, muitos traços de sua fisionomia.

Já a essa altura, em 1931, o programa aprista propunha-se "assegurar que o Exército, a Marinha, a Polícia e a Aviação se mantivessem afastados da política" — e de outro lado asseverava que o partido "não tinha nem podia ter ligações com nenhuma das frações políticas que atuaram ou atuam no país", recusando "aliança com qualquer outra fôrça política". O levante de Trujillo em 1932 viria tornar irrecuperável o fôsso entre o aprismo e os militares, ao mesmo tempo que a posterior aproximação de Haya e Odria consagraria uma mudança geral nos quadros políticos do país, empurrando os militares para a esquerda.

Conquistar o povo

Hoje os militares, como instituição, estão no govêrno. Seu programa coincide em largas linhas com o programa original aprista, entrementes muito mais concretizado em têrmos de estudos e de conhecimento das possibilidades práticas de aplicação. É um programa de largas tendências socialistas e de modernização de um país que até hoje guardava intangíveis, estruturas realmente incompatíveis com as necessidades modernas.

Entretanto, para desbancar a Apra de suas posições, não basta estar de posse do poder, pois há quarenta anos que a Apra vive e cresce no ostracismo: para extirpar a Apra definitivamente, é preciso subtrair-lhe o domínio sôbre as amplas camadas da população que sempre a seguiram e continuam a segui-la ainda hoje. Como fazer isso?

Apresentamos a resposta em têrmos de uma teoria pessoal, que explicaria algumas das ambigüidades do atual regime peruano, mas que deve ser recebida com as cautelas de tôda explicação dêsse gênero: o govêrno peruano vive proclamando, reiteradamente, que não é comunista, nem tem em vista comunizar o país, e por tudo o que se pode ver e analisar essa afirmativa deve ser acreditada. Restam, entretanto, à margem dêsse desmentido, dois fatos igualmente inegáveis: 1º — correntes comunistas de tendência ortodoxa russa, de tendência trotsquista e de tendência castrista apóiam o govêrno militar com maior ou menor empenho e entusiasmo — sem prejuízo da existência de outros grupos comunistas hostis ao mesmo govêrno: 2º — o govêrno militar deu, pràticamente de mão beijada, a jornalistas comunistas a direção dos jornais *Expreso* e *Extra,* imediatamente depois de expropriá-los de seus donos. Que significado se deve atribuir a êsses dois fatos incontestes, e como harmonizá-los com a evidência de que a Junta Militar não visa estabelecer o comunismo?

Falam os·comunistas

Unidad, órgão do PCP, edição de 9-4-70, responde à primeira indagação. Diz o jornal:

"Dizer que a revolução (peruana) não é comunista, é reconhecer uma coisa evidente. O govêrno não se propôs a estabelecer o socialismo. Nós comunistas nunca escondemos que lutamos pelo socialismo em nosso país. Mas também não deixamos de sustentar que a revolução que está na ordem do dia não é a revolução socialista, mas a revolução antiimperialista, ou seja, a eliminação da dependência imperialista. Enquanto não se cumpra êste objetivo histórico, a luta pelo socialismo não passará de um objetivo programático.

"De outro lado, o povo peruano encontrará seu próprio caminho do socialismo, e construirá, quando chegar a hora, uma sociedade socialista que se parecerá com os outros "modelos" e que se diferenciará dêstes, tanto quanto nós nos parecemos com e nos diferenciamos dos demais povos do mundo".

Mais ou menos idêntico é o raciocínio dos grupos comunistas trotsquista e castrista: enquanto os militares estiverem tomando medidas que signifiquem a criação de dificuldades para os norte-americanos, ou restrições à atuação dêstes no país, convém apoiá-los, pois a preocupação obsessiva de todos êsses grupos é lutar sempre e em tôda parte contra os Estados Unidos.

Tática oficial

O comportamento dos comunistas é, pois, fácil de compreender: enquanto os militares se dispuserem a tirar do fogo as castanhas que êles desejam comer, por que atrapalhar essa mão de gato?

Mas há ainda outros pontos de coincidência de interêsses: o govêrno quer destruir as bases sindicais do aprismo, concentradas na Confederação de Trabalhadores do Peru; os comunistas, tradicionais adversários do aprismo, querem a mesma coisa, e propõem-se a constituir uma Confederação dissidente — que naturalmente êles controlariam. Até onde irá o govêrno facilitar-lhes essa tarefa?

O govêrno ressente-se da falta de entusiasmo popular em tôrno da série de reformas que vem realizando, e que eram geralmente desejadas: os comunistas propõem-se mobilizar as camadas populares em tôrno do govêrno, mediante a criação dos Comitês de Defesa da Revolução. Mas já o govêrno anunciou que pretende êle próprio controlar êsses Comitês.

O govêrno era, diária e acerbamente, criticado pelos jornais *Expreso* e *Extra,* de grande circulação, pertencentes a um político conservador, e ademais relacionado com capitalistas estrangeiros. *La Prensa,* outro dos grandes jornais nacionais, é de propriedade de Pedro Beltrán, notório líder da direita peruana. *El Comercio,* o mais tradicional e influente dos periódicos do país, e que no passado propugnara diversas das medidas que o govêrno ora vem pondo em prática, conservava, entretanto, plena independência crítica. *El Correo,* que se seguia na ordem de importância, era financiado pelo monopolizador do comércio externo da farinha de peixe, monopólio êsse que o govêrno queria extinguir. Os militares viam-se, assim, de um lado, sem nenhum jornal de grande tiragem apoiando-os firmemente, e, de outro, inconformados com um estido de críticas a que não estavam acostumados.

A expropriação de *Expreso-Extra* fêz com que imediatamente se calasse a voz oposicionista mais firme e impertinente; ao mesmo tempo, intimidou os outros jornais, que passaram a autocensurar-se e comedir-se a fim de não incidir em penalidade igual.

Jôgo arriscado

Evidentemente, ambos os lados estão jogando, um pensando que pode utilizar o outro enquanto lhe convier, para descartar-se no momento oportuno.

Um brilhante advogado de Lima disse-nos: "Os comunistas estão sendo utilizados para destruir os pólos de 'poder político burguês'. Uma vez concluída essa tarefa, os comunistas e os militares estarão colocados frente à frente. Considerado em seu modêlo histórico, o regime comunista é incompatível com o estabelecimento militar em sua integridade. A uma determinada altura os comunistas vão querer continuar puxando para a frente, e os militares vão ser forçados a desencadear a repressão".

E um jornalista, que anteriormente foi inclusive colaborador de um dos jornais expropriados, observou: "O regime declarou reiteradamente que não é comunista, o que pode ser admitido sem maiores reservas, entre outros motivos porque se sabe que a primeira coisa que faz um govêrno comunista é dissolver as Fôrças Armadas e substituí-las por Milícias Populares. Sem embargo, permanece a dúvida a respeito da situação que poderá ser criada se a Junta vier a ser colocada em uma pendente anticapitalista, na qual lhe seja difícil ou impossível deter-se".

Um economista encarou a questão sob outro aspecto: "Atualmente o Peru tem relações com a União Soviética e com todos os países socialistas europeus, exceção apenas da Alemanha Oriental. É de supor que os diplomatas dessas missões estejam atentos ao curso político, e que seus países estejam dispostos a proporcionar uma ajuda substancial, se as coisas derivarem no sentido de um enfrentamento com o capital norte-americano, ou se se instalar um tal conjunto de restrições ao capitalismo, que se torne factível uma sociedade de base coletivista".

Um historiador viu o problema pelo avêsso: "A posição dos comunistas é de aproveitamento da oportunidade, com cautela, para realização de trabalho de massas. Não há a mais remota possibilidade de que tentem tomar o poder, o que aliás contrariaria a linha russa, que é de acomodação com cada govêrno. Além disso, os comunistas sofrem a crítica e a concorrência dos grupos juvenis mais radicais, que não perdem oportunidade para desmoralizá-los por seu colaboracionismo e entreguismo".

Quem servirá a quem

Voltando ao ponto de partida, podemos ver que, no terreno popular e sindical, os militares estão realmente tentando utilizar os comunistas como pontas-delança contra os redutos apristas, preliminarmente bombardeados pela série de medidas que vão sendo decretadas. Mas o desenvolvimento dessa tática vai exigir que, a determinada altura, os militares se decidam realmente a criar "o partido da revolução", capaz de enraizar o seu regime nos meios sindicais e de para êle conquistar o apoio da opinião pública, sob pena de que alguém mais afoito o faça.

No terreno da imprensa, intelectuais comunistas avulsos estão sendo utilizados para intimidar e bloquear os grandes jornais que o próprio presidente da República qualifica de reacionários. A margem de risco está em que os intelectuais empregues nesse serviço tentam fazê-lo mediante uma sua concepção própria, a respeito da orientação política, comprometendo o govêrno com uma linha que é particular dêles. Pudemos constatar a irritação com que elementos da administração reagiam de cada vez que dizíamos que a linha de *Expreso-Extra* aparecia pùblicamente com sendo a linha oficial. A desautorização a essa interpretação era imediata.

O que não impede que aquêles jornais continuem procurando dar a entender que falam em nome da Revolução, ao mesmo tempo que, manhosamente, dia a dia, torcem o rabo desta no sentido de sua particular, especial e especiosa interpretação.

Conflito à porta de uma sede da Ação Popular, o partido do deposto presidente Belaunde Terry.

4 — PARA ONDE VÃO OS MILITARES?

Um dos assessôres governamentais peruanos de maior destaque é Carlos Delgado, elemento influente no Instituto de Planificação, que por sua vez está muito ligado ao Corpo de Oficiais Assessôres da Presidência. Por tudo isso, merecem tôda a atenção as informações que êle presta, a respeito da dinâmica da revolução em curso no Peru. Elas constituem, ademais, uma antecipação de idéias que êle está desenvolvendo, em trabalho que atualmente tem em preparação:

Do velho ao nôvo

— É inegável a influência dos antigos partidos e das idéias por êles difundidas, no atual programa de govêrno. A Apra, fundamentalmente, que atravessou diversas etapas ao longo de sua existência, em algumas delas teve atuação decididamente revolucionária; influenciou o pensamento dos social-progressistas, da democracia cristã e da Ação Popular; mas também se deve ter em consideração a vertente socialista representada pelo pensamento de Mariátegui, pois até 1931 Haya de la Torre e Mariátegui encontravam-se muito próximos. Afinal chegamos a uma explosão do antigo sistema de partidos políticos, e o estilhaçamento que daí decorreu permitiu que o atual govêrno tomasse algo de cada um dêles, para compor a sua própria fisionomia.

Socialismo democrático?

— O rótulo de socialismo democrático para a caracterização do Estado para o qual se tende no Peru, apresenta o inconveniente de que essa designação foi muito comprometida pelos partidos populistas. O atual regime preocupa-se menos com a etiquêta que lhe seja pespegada, do que com a natureza das medidas que estão sendo postas em prática. A nova organização social acarretará realmente uma modificação muito grande nos laços que sempre caracterizaram as relações de produção no Peru, mas a designação de "socialismo democrático" possìvelmente não corresponda ao que está sendo feito e àquilo a que se quer chegar.

— É importante assinalar que o atual govêrno está começando por onde os outros costumam terminar, e isso basta para mostrar o quanto seria errôneo identificá-lo com partidos ou correntes que anteriormente agitaram idéias parecidas. Em 20 meses de govêrno, fêz-se mais que em tôda a História republicana do Peru.

Ritmo e sentido da marcha

— Predomina uma concepção nova, segundo a qual, em um país como o Peru, a ação transformadora das estruturas é parte integrante do esfôrço destinado a tirar o país do subdesenvolvimento. Pela primeira vez na América Latina se estabelece uma tal relação efetiva entre processo de desenvolvimento e reforma das estruturas sociais: estas são imprescindíveis a que o país possa ser impulsionado e modernizado.

— O caminho adotado deve conduzir a uma forma de organização mista, em que o Estado terá absoluta supremacia no terreno econômico, dispondo do monopólio das indústrias básicas e participando no capital daquelas que mais interessam ao país, tudo convivendo com a economia privada e com formas cooperativas.

— Não há um modêlo descritivo da sociedade para a qual se tende: o processo é muito dinâmico, as realizações em curso são passíveis de mudança. O que importa é que está sendo aberta, a grandes camadas da população, a possibilidade de participar da vida econômica, especialmente no campo, mediante a distribuição da antiga grande propriedade a grande número de pequenos proprietários.

— O govêrno não entende que deva esperar pelo resultado de uma reforma — como a agrária, por exemplo — para passar à reforma seguinte. Trata-se de processos que podem ser conduzidos simultâneamente, e independentemente uns de outros. Nem há escala de prioridades nas leis que vão sendo editadas, à medida que ficam prontas — enquanto diversas outras encontram-se em estudos.

Liderança e ideologia

— Há uma estreita colaboração entre os militares no poder e um grupo restrito de civis. Num sentido formal, não se pode apontar a existência de uma liderança de fundo ideológico, embora a figura central no govêrno seja a do general Velasco Alvarado, a cuja inspiração e impulso deve-se muito do que está sendo feito. E é auspicioso assinalar que começa a haver participação popular em tôrno da obra governamental.

Militarismo populista

Júlio Cotler é um jovem e percuciente sociólogo peruano, autor de diversos trabalhos de análise da realidade nacional de seu país. Acha-se integrado no Instituto de Estudos Peruanos, instituição que, para conservar tôda liberdade de pesquisa e discussão, mantém-se como entidade privada e independente.

Um rápido resumo da tese que defende em *El populismo militar como modelo de desarrollo nacional. El caso peruano* — permitiria fixar os seguintes pontos: a Apra deve ser vista como um partido populista em moldes equiparáveis ao peronismo e ao getulismo; a incompatibilidade entre o Exército e a Apra decorreu do desejo desta, de subordinar o primeiro a seus fins políticos; o Exército reagiu, num primeiro tempo tentando substituir a Apra pela Ação Popular, que êle controlava; e ao fracassar essa tentativa, assumindo êle próprio a direção do processo político. Agora, em síntese, o Exército propõe-se a ser a alma de um Estado forte: polìticamente, mediante a exclusão dos demais partidos e o contrôle da imprensa; econômicamente, pela estatização dos ramos fundamentais da economia e a planificação das atividades da iniciativa privada; diplomàticamente, mediante uma política de independência e de fixação de condições para a aceitação do capital estrangeiro, que ademais deverá provir de diferentes fontes. A colaboração da esquerda é aceita na medida em que esta se submete ao comando das Fôrças Armadas e se dispõe a procurar mobilizar as camadas populares, subtraindo-as à liderança da Apra e da AP.

O Estado Nacional

Em entrevista pessoal, Julio Cotler pôde precisar algumas das linhas de sua análise, que permitem compreender a posição a partir da qual encara o problema:

— Estamos em face de uma revolução contra a oligarquia, entendida esta como a burguesia tradicional entrosada com o capital estrangeiro. O presente govêrno militar, mais do que o de Vargas a seu tempo no Brasil, está varrendo o passado, e é importante assinalar que, através da reforma agrária, a Junta está procurando assegurar-se apoio popular. Pela primeira vez, no Peru, se está buscando chegar à formação de um verdadeiro Estado nacional, mediante um jôgo de alianças entre setores da burguesia nacional e a emergência das classes médias e profissionais. O fortalecimento do Estado também vai propiciar uma política externa independente e nacionalista.

— O govêrno empenha-se na modernização do país, e simultâneamente cuida da desmobilização dos setores populares, no sentido de que êstes não se organizem nem isolem em têrmos classistas ou revolucionários. Com as medidas em curso, e as demais que são de esperar, num prazo de dez anos, poderá ter sido realmente mudada a face da estrutura social do país. O Estado vai comandar as indústrias petroquímica, metal-mecânica, de fertilizantes e do cobre, para que graças às mesmas se forme e cresça uma verdadeira burguesia nacional.

Apra e Exército

— No Peru não havia sequer uma burguesia digna dêsse nome: quem detinha a riqueza nacional eram meros grupos de exportadores. Os militares surgiram no cenário político como representantes da classe média, organizada de maneira independente e muito eficientemente representam um conjunto de 50.000 homens, cuja elite sente uma profunda vocação tecnocrática e nutre total desprêzo pelas velhas oligarquias.

— A mudança do eixo de atuação do Exército, antigo guardião da oligarquia, agora campeão das reivindicações populares, não se processou da noite para o dia: Apra e Exército combatem-se porque são equivalentes. Pensam no mesmo modo — e assim tornam-se concorrentes; na verdade, desde há muito a oficialidade estava entranhada de apristas, e a intervalos houve nas Fôrças Armadas expurgos destinados a eliminá-los dela.

Classe média e povo

— Sob o govêrno Belaunde Terry a Apra aliou-se aos piores grupos da oligarquia, exatamente quando êstes se encontravam na véspera de uma total bancarrota. Foi isso que permitiu a ascensão ao poder do Exército, que era a fração melhor organizada da classe média.

— Agora os militares querem participação popular nas repercussões de sua obra de govêrno, mas querem-na estritamente controlada; e não vão permitir que os Comitês de Defesa da Revolução extravazem e desbordem dêsse contrôle.

— Na caracterização dêstes militares deve-se fixar os seguintes pontos: são profundamente nacionalistas e querem tornar o Peru um grande país; para isso vão, de um lado, mudar o tipo de relações com os Estados Unidos, e de outro refazer a velha estrutura do país; são pragmático-logísticos, não receando rever o que fazem: assim o modêlo inicial da reforma agrária foi refeito quatro vêzes, e também no caso da reforma educacional, reconhecendo que erraram antes, estão enfrentando de nôvo a questão.

O problema indígena

— A modernização do país e a intensificação do processo de urbanização devem facilitar a rápida absorção dos índios e sua fusão na nacionalidade. Um indício otimista, nesse sentido, é o crescimento da população universitária, que no Peru é hoje o mais rápido do mundo, havendo quadruplicado no espaço de 7 anos: isso está sendo feito com o aporte de amplas massas de procedência indígena.

Nada de ditadura burocrática

O professor Augusto Salazar Bondy, de quem já demos o depoimento sôbre o processo da mudança operada na mentalidade militar, assim vê a fisionomia do presente govêrno peruano:

— Até agora não se patenteou nenhuma tentativa no sentido de impor ao país uma ideologia castrense, como tal caracterizada. O que os militares estão fazendo é desenvolver as mesmas teses políticas longamente debatidas e propugnadas pelos civis — assim nos complexos agro-industriais, onde estão procurando instalar cooperativas, e não fazendas estatais; os militares designados para essas fazendas são incumbidos de executar um programa, não impõem uma concepção trazida da caserna.

— Embora muitos fatôres contraditórios estejam em jôgo, e não se possa prever o que vai resultar, no tempo, de seu embate, não parece haver, de imediato, o perigo de uma ditadura militar-burocrática de tipo totalitário. Estamos diante de uma nova perspectiva, que não se enquadra nos velhos figurinos conhecidos, e se houver participação popular nas medidas governamentais, a margem de risco de burocratização será cada vez menor.

— Tradicionalmente a estrutura castrense serviu para impedir as mudanças estruturais; se agora ela as está favorecendo, o resultado não pode ser o mesmo anterior.

— Quanto à Apra, está desarmada: não pode criticar a reforma agrária, que sempre propugnou, nem pode manifestar-se contra o que está sendo feito em relação ao cobre e à pesca.

Reforma do ensino

— É interessante acompanhar o comportamento dos militares, pelo exemplo do que está sendo feito no Ministério da Educação. Desde sempre os militares se interessaram por essa Pasta, para a qual deram anteriormente outros ministros, pois entendiam que através dela podiam implantar muitas idéias que consideravam importantes.

— Em face da generalizada oposição provocada pela reforma feita no ensino, o govêrno convocou agora 15 professôres de diferentes tendências para debater e propor um nôvo projeto de reforma. Essa comissão é presidida pelo dr. Emílio Barrantes, conhecido por seus sentimentos antimilitaristas, e dela participam numerosos outros educadores que, como o próprio professor Bondy, nenhum compromisso têm com o regime. A comissão está estabelecendo livremente as bases doutrinárias em que deverá ser ministrada a educação, e estas de modo algum coincidem com o que poderiam ser os valores característicos de uma educação militarizada.

— Isso não exclui que nos postos-chaves executivos do Ministério tenham sido colocados generais e coronéis, nos quais o govêrno confia para a eficiência do funcionamento da máquina. Da comissão referida, também participam dois coronéis aposentados.

O modêlo iugoslavo

Apreciação feita por Luis Loli Rocca, advogado e jornalista:

— O regime militar apresentou pùblicamente os projetos que pretende realizar a curto, médio e longo prazo, sendo que êste longo prazo poderia estender-se até vinte anos; também declarou que só deixaria o poder ao completar as reformas projetadas, pelo que, quanto maiores fôssem os obstáculos opostos, tanto mais tempo necessitaria para levá-las a cabo.

— De início foi substituído o Executivo e dissolvido o Legislativo. Quando expiraram os mandatos das autoridades municipais, ao invés de serem convocadas eleições, as novas autoridades foram tôdas designadas de Lima; diante da inexistência de eleições, os membros do Tribunal Eleitoral Nacional resignaram a suas funções. A Côrte Suprema foi licenciada, sendo substituídos todos os seus membros por outros mais ou menos equivalentes aos antigos, e ao nôvo órgão máximo do Poder Judiciário foi atribuída a tarefa de rever todos os juízos da República. O passo seguinte foi a edição do chamado Estatuto da Liberdade de Imprensa, que fere duramente a liberdade de expressão.

— Depois da expropriação das fazendas açucareiras para sua transformação em cooperativas, e da entrega de *Expresso-Extra* a uma cooperativa de seus empregados, sucedem-se os pedidos de outros grupos de trabalhadores no sentido da cooperativização de diversas emprêsas. Se isso ocorrer em grande escala, cairão os obstáculos para uma transformação no rumo de uma forma socialista de sociedade, pois a cooperativa é uma célula econômica que pode funcionar tanto sob o capitalismo como sob o socialismo: o que quer dizer que se processaria a transição de uma sociedade a outra, sem necessidade do exercício da violência.

— A chegada a êste ponto, com a propriedade estatal das atividades econômicas básicas, e a cooperativização das secundárias, assinalaria a realização de um modêlo mais próximo do da Iugoslávia do que do de Cuba. Por isso, hoje, em lugar do antigo nível de controvérsia entre conservadores e liberais de esquerda, a tendência é para situar a alternativa política entre os partidários das reformas já feitas, e aquêles que querem ir mais adiante.

Progresso e reação

Observações de um jornalista que estêve exilado depois da instalação do govêrno militar, tendo regressado recentemente ao país:

— Trata-se de um govêrno progressista, e até mesmo revolucionário, no plano social; de moderada tendência estatizadora, no terreno econômico; reacionário sob o ponto de vista político, pois quer liquidar os partidos e a imprensa. Em conjunto não é um govêrno ruim, mas parece que mistura coisas que não sabe distinguir. Há uma espécie de plano de govêrno elaborado com base em antigos debates parlamentares, nos programas partidários, e principalmente no programa da Apra.

— O govêrno legisla em ritmo acelerado, e algumas das coisas decretadas estavam sendo necessitadas há muito tempo. No caso do petróleo foi dado um golpe de audácia, e a popularidade da medida assegurou ao regime uma estabilidade com que até então êle não contava. O govêrno também teve êxito na questão da expropriação dos latifúndios açucareiros, pois na oportunidade estava para sair à rua uma manifestação estudantil antigovernamental que, em face do ambiente criado por aquela medida, tornou-se pró-governamental.

— De outras vêzes as autoridades desfazem com uma mão o que fizeram com a outra: necessitam de financiamentos procedentes do exterior, mas criam um clima de desconfiança para os investidores. Em 1969 assinaram um contrato de 350 milhões de dólares para a exploração do cobre — o maior jamais realizado — e imediatamente em seguida editaram a lei contra a imprensa. O ambiente, que podia melhorar em face do primeiro fato, piorou gravemente com o segundo.

— O mesmo ocorre no terreno social: a legislação trabalhista dispunha que o empregado, depois de um mês de trabalho, se fôsse despedido, tinha direito à indenização de 3 meses de serviço. Uma nova lei dispôs que essa indenização já é devida desde o primeiro dia de trabalho: o resultado é que ninguém quer contratar mais ninguém. A coisa repetiu-se em relação aos empregados domésticos, dos quais há em Lima uma população flutuante de 150.000 pessoas: a êstes, que não gozavam de nenhuma proteção, o govêrno assegurou, de um jato, a sindicalização, o salário mínimo, o seguro social, e impôs uma enorme burocracia a ser cumprida pelos patrões — de modo que também aí, onde o desemprêgo já era grande, êle vai alastrar-se ainda mais.

Opiniões avulsas

Um jornalista, partidário das reformas, mas temeroso da conduta do govêrno em relação à Imprensa: "Não parece que, pelo menos por ora, os militares estejam pensando em devolver o poder aos civis. Aparentemente alguns dêles gostariam de desembaraçar-se das responsabilidades do govêrno para voltar aos quartéis, mas é difícil que isso ocorra abruptamente, sem que antes seja operada uma reforma na Constituição. Tudo vai depender da evolução da situação econômica".

Milicos e civicos

Livreiro Mejia Baca, um socialista-individualista, um dos primeiros 20 inscritos na Apra, mas que três meses depois cancelava sua inscrição: "Não estaremos criando novos mitos em tôrno das palavras democracia e constitucionalidade? Que significam elas, num país de 12 milhões de habitantes em que sòmente 700.000 votam? Hoje estamos diante da realidade dêste govêrno. Que deve fazer, em face dêle, o homem comum? Deve desejar que as realizações sejam rápidas e efetivas, para que os militares voltem aos quartéis. Não adianta colocar cascas de bananas em seu caminho, pois com isso quem sofreria seria o país. Ademais, quem dá origem aos milicos são os civicos: sem êstes, aquêles não teriam *chance* de intervir".

Ventos mutáveis

Um assessor de uma indústria estatizada: "O problema está em saber de onde virá o dinheiro para o financiamento de tôdas as reformas já decretadas, das que estão sendo preparadas, e das que em seguida se tornarão necessárias".

A oligarquia

Um empresário, receoso de expropriação: "Do atual govêrno não se pode dizer que tenha uma orientação determinada. Não parece que possa ser dominado pelos comunistas, pois êstes constituem um núcleo insignificante. O que há é que os ventos que conduzem o govêrno sopram, a cada dia, de um lado diferente. Falam muito em "quebrar a espinha da oligarquia", sem entretanto conceituá-la — e continuam a insistir nesse *slogan* mesmo depois de realizada a reforma agrária".

Clima para o socialismo

Um observador de política Internacional: "Forçados pela crise econômica, os militares poderão ser levados a empreender uma mudança de rumo, destinada a despertar a confiança dos investidores, embora deixando como irreversíveis as transformações até então realizadas. A alternativa para isso seria a imposição compulsiva do socialismo, pois não há clima subjetivo entre a população para aceitar êsse regime".

A democracia no estilo antigo

Um escritor, ex-ministro da Educação: "É difícil a volta a uma democracia no estilo antigo, quando Executivo e Legislativo se tratavam como adversários, emperrando a administração. Mas também não se deve esperar uma radicalização maior do regime: medidas como a expropriação da IPC, a lei de reforma agrária, a defesa da indústria da pesca, e outras até agora adotadas, eram desejadas por todos e foram geralmente bem recebidas".

Pedro Beltrán, diretor de La Prensa, *de Lima.*

5 — AS RESTRIÇÕES CONTRA A IMPRENSA

O problema da compatibilidade entre os regimes ditatoriais que proliferam na América Latina, e a sobrevivência de uma mais ou menos aparente liberdade de informação e crítica pelos órgãos de comunicação impressa, falada ou fotografada — continua a propor-se permanentemente. Os regimes militares mostram-se alérgicos a que se discutam pùblicamente as suas iniciativas e o seu comportamento, mas como cada um dêles procura não revelar as tendências totalitárias que em seu seio se abrigam, são muitos os volteios e os disfarces usados na emprêsa a que se aplicam, de contrôle, intimidação e repressão contra a livre emissão de opiniões e o livre curso das informações.

No Peru êsse problema apresenta-se de maneira peculiar e especial. A grande imprensa do país concentra-se em Lima — onde as opiniões das publicações do Interior pràticamente não repercutem. A macrocefalia da capital em relação ao restante do território nacional é ainda mais evidente e chocante nesse terreno da concentração dos veículos de comunicação de massa.

O atual regime revolucionário peruano proclama-se o realizador de aspirações nacionais, que de há muito vinham sendo reclamadas pela opinião pública, e essa afirmativa realmente não pode ser contestada no que se refere à implantação da reforma agrária e à anulação da concessão petrolífera de Brea y Pariñas. Entretanto, o programa das reformas que o govêrno Velasco tem em vista realizar é muito mais amplo, e afeta o conjunto das estruturas econômico-sociais. Embora os estudos referentes a cada uma dessas reformas sejam realizados por grupos mistos de militares e assessôres civis, êstes últimos são escolhidos ao inteiro arbítrio daqueles; ademais, até o momento em que é decidida a aplicação de uma medida, as discussões se processam num círculo restrito e fechado: a imprensa, que poderia levá-las até o grande público e favorecer o seu debate prévio, é mantida na ignorância do assunto. A conseqüência é que o Peru vive na expectativa semanal das decisões, que o Conselho de Ministros tomará nas reuniões que realiza às têrças e sexta-feiras, reuniões essas das quais nunca se sabe o que sairá — senão depois que é publicado o comunicado oficial. Isso significa, evidentemente, uma redução substancial no papel que a imprensa deve representar.

Mas há mais e pior. Se não possibilita a discussão e o conhecimento antecipado das providências de que está cogitando — e que são conduzidas dentro de uma atmosfera de segrêdo próprio a operações militares — o govêrno muito menos admite sejam elas contestadas, ou criticadas, uma vez adotadas e postas em aplicação. Essa proibição algumas vêzes é expressa — como no caso das objeções ao processo de implantação da reforma agrária, equiparadas a sabotagem, e como tal consideradas criminosas — outras vêzes resulta da atmosfera de intimidação que cerca os jornais, a partir da edição do denominado Estatuto da Liberdade de Imprensa, que é precisamente um estatuto contra a liberdade da mesma.

Estatuto, uma bomba

Editado a 30 de dezembro de 1969, pouco mais de um ano depois da instalação do govêrno militar, o Estatuto que regula o exercícico da atividade jornalística no Peru se reporta à Constituição, que assegura a liberdade de imprensa, com responsabilidade, atribuindo aos tribunais comuns a apreciação dos crimes de imprensa; mas já em seus considerandos o decreto respectivo registra a necessidade de "normas legais que adequem a liberdade de imprensa às atuais aspirações da comunidade peruana", atribuindo aos jornais o dever de "orientar a opinião pública com honestidade, contribuindo para a formação de uma verdadeira consciência nacional" — formulações essas que tornam transparente a determinação de subordinar os órgãos de informação às diretrizes da política oficial.

Essa intenção vem confirmada logo no início do corpo do decreto, onde se diz que a liberdade de expressão "não terá outra limitação senão o respeito à lei, à verdade e à moral, às exigências da Segurança Integral do Estado e da Defesa Nacional, da intimidade e da honra pessoal e familiar" — e por onde se vê que as exceções são muito mais amplas que a regra geral, além de estarem conceituadas com uma tal vagueza que dentro delas pode caber tudo o que dentro delas se queira inserir.

Assim, o fato de que o artigo seguinte disponha que "as autoridades não poderão, por motivo nenhum, exigir consulta prévia nem aplicar censura, salvo em caso de guerra", deixa de ter significação prática, pois da combinação da amplitude das restrições antes estabelecidas, com o rigor das penas em seguida cominadas, resulta uma tal atmosfera de mêdo que os jornais vão ser levados a se autocensurar, para poder continuar existindo comercialmente.

Nacionalização

O Estatuto se ocupou de determinar condições em virtude das quais sòmente os peruanos natos, residentes no país, e que se encontrem no gôzo de seus direitos civis, "poderão constituir ou participar de emprêsas que tenham por objetivo editar publicações periódicas"; ademais, "o capital das emprêsas jornalísticas terá que pertencer necessàriamente a pessoas naturais ou jurídicas de nacionalidade peruana". As emprêsas em questão "não poderão dedicar-se a outras atividades que não tenham relação direta com as de caráter informativo e publicitário".

A fiscalização da observância destas determinações é tornada permanente, e uma vez por semestre as emprêsas jornalísticas devem divulgar, em lugar de destaque, a relação de seus acionistas e diretores, o montante do capital, a parte de cada sócio e a relação dos seus credores, com a especificação do montante de cada crédito.

Identificação e resposta

Uma novidade do Estatuto é a exigência de que "a publicidade sôbre assuntos de interêsse e as cartas publicadas, qualquer que seja seu conteúdo, deverão especificar o nome e o enderêço do anunciante ou remetente, cuja autenticidade deverá ser comprovada, mediante exibição de instrumento de identificação válido, sob responsabilidade do diretor". Essa disposição, aparentemente inócua, constitui na verdade uma séria restrição às fontes de informação jornalísticas, e especialmente à utilização da imprensa como veículo para a denúncia de abusos ou desleixos. Ela atinge a coluna das "Cartas dos leitores", e ademais, a partir dela, nenhum funcionário de categoria inferior quererá assumir a responsabilidade por comunicações que poderão acarretar-lhe punições — por mais procedentes que sejam aquelas.

Igualmente o "direito de resposta", comum a tôda legislação sôbre imprensa, adquire no Estatuto uma amplitude inusitada: "Tôda pessoa natural ou jurídica que se considere agravada por qualquer informação escrita ou gráfica, inserida em uma publicação jornalística, poderá fazer uso do direito de esclarecimento ou retificação" (...) Desde a data da vigência dêsse dispositivo, é difícil que se abra um jornal peruano sem nêle encontrar uma ou mais cartas de "esclarecimento ou retificação" sôbre os mais variados assuntos; as quais freqüentemente se desdobram em respostas e contra-respostas sucessivas — pois é vedado, no mesmo dia da publicação da retificação, comentá-la — sendo que a isso não escapa nem mesmo o órgão oficial, *El Peruano*. O processo judiciário destinado a assegurar o exercício dêsse direito é rapidíssimo, independe da intervenção de advogado, e a decisão do juiz de primeira instância, mandando fazer a inserção acaso recusada, é inapelável.

Penalidades

Eis algumas das penas que o Estatuto prevê, para as infrações às suas normas:

Transferir ações de emprêsa jornalística a estrangeiros. Pena: perda das ações transferidas, 40% das quais passarão, gratuitamente, a pertencer ao denunciante da transação, enquanto os 60% restantes serão transferidos ao sindicato de empregados do jornal, ou cooperativa formada pelos mesmos.

Publicar cartas sem verificar-lhes a autenticidade. Pena: 1 mil soles.

Não publicar integralmente comunicados oficiais. Pena: 10.000 soles, que em caso de reincidência será aumentada para 100.000 soles.

Empregar testas-de-ferro. Pena: prisão por no mínimo 3 meses e perda das ações.

Atribuir a uma pessoa natural ou jurídica um fato, uma qualidade, ou uma conduta que prejudique a honra ou a reputação da primeira ou das pessoas que compõem ou representam a segunda. Pena: prisão por não menos de 4 meses e multa de 10 a 50 mil soles; se o prejudicado fôr autoridade, entidade pública ou instituição oficial, prisão por não menos de 6 meses e multa de 20 a 10.000 soles. (A disposição dêste artigo é particularmente impeditiva da atividade jornalística independente e crítica: qualquer reportagem ou comentário desabonador a um funcionário ou repartição, podem ser nêle enquadrados.)

Publicar documentos forjados, alterados de modo essencial, ou atribuídos inexatamente a pessoas naturais ou jurídicas e instituições oficiais. Pena: prisão por não menos de 3 meses. (O que acaba com a possibilidade da veiculação das informações confidenciais, entretanto parte inalienável da função jornalística.)

Publicar documentos oficiais secretos, editoriais, artigos ou crônicas com os quais se prejudique a Segurança Integral do Estado e a Defesa Nacional. Pena: prisão por não menos de 1 ano. (Disposição de uma elasticidade e de um descritério invulgares, que pode cair, com o maior arbítrio, sôbre a cabeça de qualquer desafeto das autoridades.)

Inserir anúncios que atentem contra a estabilidade econômica e ou monetária do país. Pena: multa do décuplo do valor do anúncio. (A expressão espanhola *aviso* é muito mais ampla que a brasileira *anúncio*, podendo também significar notícia, advertência, conselho; de modo que fica tolhida tôda informação e previsão sôbre a situação econômico-financeira.)

Assinale-se que todos êsses artigos indicam a pena mínima, mas não a máxima — e esta, de acôrdo com o Código Penal, poderá ser, em caso de reincidência, de até 20 anos de prisão.

Sem embargo de um dos artigos iniciais do Estatudo assegurar que em nenhum caso haverá censura prévia, o penúltimo artigo do mesmo prevê a proibição do "ingresso, circulação e venda de publicações estrangeiras que atentem contra o prestígio dos podêres do Estado, as instituições e a economia nacionais"; sendo voz corrente no país que se acha em plena aplicação também a censura postal.

Regulamento que extravaza a lei

Para acabar de tolher a possibilidade de que a imprensa se informasse diretamente junto aos diferentes escalões da administração, a respeito dos fatos correntes, a regulamentação do Estatuto da imprensa peruana introduziu algumas novidades, que o próprio decreto regulamentado não previa.

Assim, foi determinado que os departamentos de imprensa ou as repartições que exercessem suas atribuições, na Administração Pública, *teriam a seu cargo a tarefa da informação escrita, solicitada pelos órgãos de expressão, sem nenhuma distinção*. Pudemos apreciar na prática a aplicação dessa determinação, que obriga o jornalista, em qualquer repartição a que se dirija, a apresentar questionários escritos — os quais, aliás, freqüentemente ficam sem resposta. Também fizemos a deprimente experiência de, entrevistando altos funcionários, que prèviamente haviam recebido o questionário escrito, sentir todo o humilhante temor de que se achavam possuídos, receosos de dizer uma palavra a mais ou fazer uma ressalva a menos.

O regulamento introduziu outra novidade, não prevista no Estatuto, e que iria forçar, pouco depois, a uma acelerada marcha a ré. Determinou êle: *Os comunicados oficiais emitidos por qualquer Poder do Estado serão publicados integralmente. A inserção será feita na primeira ou na segunda página e na primeira edição seguinte à recepção do comunicado. A inserção será feita em lugar destacado* (...)

Em conseqüência choveram sôbre os jornais, de tudo quanto foi repartição pública, comunicados oficiais emitidos pelas mais diversas autoridades, sôbre os menos interessantes assuntos e na linguagem mais inadequada. O Ministério do Exterior, por exemplo, logo expediu um comunicado sôbre a visita de uma personalidade estrangeira, cujo texto ocupava quatro colunas de jornal. Os abusos foram tantos que se tornou evidente que o engarrafamento de matéria não permitia que êsse dispositivo fôsse atendido. A dose fôra excessiva, a coisa tornava-se cômica.

Foi, pois, baixado um outro regulamento, mais cauteloso, segundo o qual *o conteúdo dos comunicados oficiais deve ser claro, preciso e conciso* (...) *assinado por funcionário responsável, selado e anualmente numerado* (...) O direito à emissão dos comunicados tornou-se exclusivo *dos Poderes do Estado,* através do Departamento Nacional de Informações ou dos serviços de relações publicas dos Ministérios e comandos militares.

O jornalista e o jornal

Um decreto do govêrno peruano, do começo dêste ano, proibiu a realização de contratos individuais de trabalho de prazo fixo, para a realização de tarefas permanentes ou contínuas, em todos os centros de trabalho: a medida visava impedir que, mediante tais contratos, se burlasse a legislação trabalhista que prevê indenização para o caso de despedida, ou assegura a estabilidade no emprêgo. Essa medida foi expressamente estendida aos empregados das emprêsas que exploram os meios de comunicação.

Entretanto, o decreto que cuidou de tornar explícita esta última decisão, e que se seguiu imediatamente ao primeiro — intitulado Lei do Jornalista — inclui outros dispositivos; alguns visavam assegurar regalias aos profisisonais de imprensa; outros, entretanto, tinham o claro objetivo de introduzir um elemento de perturbação nas relações entre os redatores e a direção do jornal.

Entre os primeiros, a lei estabeleceu que os sindicatos e associações de empregados de emprêsas jornalísticas gozariam, em seus centros de trabalho, de tarifas preferenciais para a publicação de seus comunicados; e assegurou estabilidade no emprêgo ao jornalista a serviço de quaisquer emprêsas jornalísticas, de rádio e televisão, publicidade e noticiosas, limitando rigorosamente os casos em que seria admitida a rescisão do contrato de trabalho.

A novidade, porém, destinada a alterar o sentido das relações até então vigentes entre empregados e patrões das emprêsas dêsse gênero, estava na disposição segundo a qual *os jornalistas têm o direito de publicar, nos órgãos de informação escrita, falada ou televisada em que trabalhem, artigos opinativos de interêsse geral ou nacional, sob sua responsabilidade.* Êsse direito seria exercido mediante um rodízio entre o pessoal da redação, estabelecido por uma comissão paritária, e para que êle pudesse ser atendido as emprêsas deviam ceder em cada edição o espaço correspondente a uma coluna na página editorial, ou seu equivalente em tempo de radiotelevisão.

É' evidente o alcance explosivo de uma tal medida, que ao que nos parece foi pela primeira vez introduzida por Castro, em Cuba, como providência inicial para a destruição das emprêsas jornalísticas de seu país, até que o Estado, ali, se apoderasse de todos os órgãos de comunicação, e então desaparecesse tôda possibilidade dos jornalistas emitirem opiniões pessoais.

Na prática, deve-se dizer que até agora, no Peru, essa autorização não produziu os efeitos aparentemente pretendidos. Os redatores dos dois principais jornais peruanos — *El Comercio* e *La Prensa* — até o momento não reivindicaram a adoção do sistema, e em um jornal em que êle foi introduzido — *La Cronica* — as colaborações inseridas têm tido um caráter antes anodino, não revelando oposição direta entre a linha da direção e a linha de uma eventual corrente divergente de redatores do jornal.

Os jornais expropriados

Às 5 horas da manhã do dia 4 de março de 1970, o edifício-sede dos jornais peruanos *Expreso* e *Extra,* ambos pertencentes à mesma emprêsa, foi cercado por uma tropa de choque, armada de metralhadoras, e que só deixava entrar no prédio quem estivesse munido de um *passe* especial. No mesmo dia, o jornal oficial *El Peruana* publicava o decreto em que *por motivo de interêsse social,* sem nenhuma outra explicação, ambos os jornais eram declarados expropriados, anunciando-se que seriam daí em diante geridos e dirigidos por uma cooperativa de seus operários, empregados e redatores.

O motivo

A razão da medida, tomada ao desamparo de qualquer lei, foi estritamente política, e só podia ter sido praticada por um govêrno que faz a lei ao sabor das conveniências do dia.

O diretor dos dois jornais era Manuel Ulloa, figura de destaque no jornalismo, na política e no mundo dos negócios do Peru. Ex-secretário da Fazenda no final do govêrno Belaunde Terry, quando êste se viu deposto pelos militares, os periódicos foram então fechados por 3 semanas. Reabertos, caracterizaram-se por uma linha de nítida e intransigente oposição à Junta Militar, que, como é habitual nos regimes de fôrça, entendeu que não podia admitir a continuidade de uma tal atitude. As notórias relações de Ulloa com grupos financeiros norte-americanos constituíram uma justificativa a mais, para um govêrno que enfatiza a própria intransigência nacionalista.

Finanças

A situação dos jornais expropriados, se não era brilhante do ponto de vista financeiro, também não era negra. Gozavam êles nos Estados Unidos de um crédito para importação de papel pelo espaço de 6 meses, mas chegaram a ficar devendo 9 meses, num total de um milhão de dólares. Essa dívida estava sendo refinanciada para um prazo de 5 anos, com a condição de que as novas compras fôssem pagas à vista. Fôra também obtido um refôrço de crédito no Banco Continental, que era ligado ao Chase Manhattan[1].

O ano de 1969 encerrara-se com um prejuízo de 2 milhões de soles, mas *Extra* aumentara sua tiragem para 140.000 exemplares diários, e *Expreso,* que durante a semana tirava 130.000, nos domingos ia a 250.000; tinham razoável publicidade.

Expropriação

O govêrno depositou no Banco da Nação, a título de indenização, a importância de 25 milhões de soles, que era a quanto montava o capital social, a título de indenização. Não foi considerado o valor dos cabeçalhos — que é o que mais conta em jornais. O Banco da nação foi autorizado a efetuar com a cooperativa dos empregados um convênio para o financiamento da mesma e *Expreso* passou a receber um polpudo subsídio indireto, representado pela publicidade de instituições oficiais.

Cooperativização

No dia em que se verificou a tomada do jornal, devia realizar-se uma assembléia dos empregados para discutir o problema de uma sua eventual transformação em cooperativa. As opiniões eram divergentes, e provàvelmente por isso a ação governamental precipitou-se.

Da maneira como se efetivou, a cooperativização foi uma farsa, pois começou pela despedida de cêrca de

(1) Recentemente o Banco Continental foi nacionalizado, passando para o contrôle do Banco de la Nación que absorveu o Banco Popular e o Banco Internacional. Êste último pertencia ao Chemical Bank e a W. R. Grace, dos Estados Unidos, e a Bunge and Born, de Buenos Aires.

50 jornalistas e empregados, indenizados com a condição de que renunciassem a seus direitos. Alguns outros não receberam até agora nenhuma indenização, mas continuam impedidos de entrar na sede dos jornais. (A passagem entre a loja, nos rés do chão, as oficinas, que se situam ao fundo, e a redação e administração, localizadas nos andares superiores, continua vedada por uma porta gradeada, defendida por um porteiro.)

Situação atual

Foi feito um reajustamento de ordenados dos remanescentes e dos novos empregados mediante uma generosa escala, que contempla honorários inabituais na imprensa peruana, especialmente para um pequeno grupo de comentaristas.

Há atritos permanentes entre os delegados do govêrno no jornal, os sindicatos dos operários e dos jornalistas e colaboradores e redatores que não se entendem bem quanto à linha a imprimir às publicações. É curioso notar que os dois jornais não inserem a coluna de "livre opinião dos jornalistas", prevista pelo decreto que regulamentou a condição dêstes.

Pessoas

Aparecem com muita evidencia nas páginas dos jornais, depois de cooperativizados, os nomes de:

Hernando Aguirre Gamio, diretor, ex-aprista, muito ligado a Ismael Frias.

Efraim Ruiz Caro, representante do govêrno no jornal, ex-chefe da redação entre 1964-65, e que participou sucessivamente de movimentos de tendencia castrista e social-progressista.

Francisco Moncloa, articulista diário, percebendo ao que se diz o melhor salário, pago pelo jornal; ex-proprietário de uma galeria de arte, ex-editor, ex-agenciador de publicidade.

Ismael Frias, articulista diário, até recentemente de inegável filiação trotsquista.

Mario Herrera Gray, articulista intermitente, ex--odriista, de linha pessoal sinuosa, hoje sustenta o govêrno propugnando medidas radicais; considerado "ingênuo mas honesto".

Outras expropriações?

Independente do ambiente de receio em que vivem todos os órgãos de informações, temerosos de serem atingidos por medida semelhante à que foi aplicada contra *Expreso-Extra,* fala-se insistentemente em que o govêrno estaria cogitando de expropriar em breve rádios e televisões.

Complô internacional

O país que se vê criticado fora de suas fronteiras tende naturalmente a ressentir-se dessas críticas; mas, se se trata de um país sob regime ditatorial, então parece-lhe desde logo que está sendo vítima de uma campanha internacional de difamação. O Peru, que ademais de encontrar-se naquela condição, caracteriza-se por um nacionalismo extremado, que não se restringe ao terreno econômico, mas invade também o cultural, não pôde entender a péssima repercussão que as medidas contra a liberdade de imprensa ali tomadas tiveram no estrangeiro — senão como correspondendo *a um complô internacional.* E como à frente dos protestos encontrava-se a Associação Interamericana de Imprensa, que agrupa cêrca de um milhar de periódicos do Continente, logo a AII foi identificada como animadora do referido complô.

O proprio presidente Velasco Alvarado, em discurso, denunciou "... *a montagem de uma farsa organizada pela Associação Interamericana de Imprensa, instituição que representa a reação jornalística da América Latina e os grandes interêsses do imperialismo econômico"* — e que teria por objetivo lançar contra o Peru *"calúnias e mentiras".*

Nas águas do presidente veio o ministro do Interior, general Armando Artola, para informar que *"foram localizadas certas pessoas que atuam em certos jornais filiados à Associação Interamericana de Imprensa — o que é muito sintomático — incumbidas de conduzir esta campanha de forma sistemática".* O ministho acrescentou saber quem eram as pessoas, mas não poder "... *adiantar nenhum nome por motivos óbvios. Mas os senhores já as verão aparecer em um processo formal*".

O fantasma do "complô internacional" tem a dupla vantagem de aglutinar o patriotismo nacional em tôrno do govêrno, e de evitar a êste a difícil tarefa de responder às acusações concretas feitas no caso.

Mas para que se veja o crescendo de histerismo a que se pode chegar em um ambiente assim oficialmente "aquecido", vejam-se êstes trechos de um artigo de Mario Herrera Gray (*Expreso,* 17-4-70):

"Parte importante dessa engrenagem conspiratória contra o Peru e a revolução da Fôrça Armada são as agências de publicidade." "Essas agências vão fechando as contas publicitárias dos jornais, rádios e programas de televisão que apóiam as transformações sócio-econômicas, e transferem sua publicidade exclusivamente em favor dos periódicos e demais condutos adversários do govêrno." "Torna-se necessário que, de imediato, o Govêrno nacionalize tôdas essas agências de publicidade, de modo a que elas passem às mãos de cooperativas de seu pessoal, como se fêz com *Expreso* e *Extra.*"

O exasperado articulista ainda aconselha a que no caso de que as contas das agências, que correspondem a produtos de companhias estrangeiras, se vejam bloqueadas, as referidas companhias *"sejam expulsas do mercado nacional".* Nem mais, nem menos.

É fácil compreender como, num tal círculo vicioso de supernacionalismo, o govêrno peruano não tenha hesitado em expulsar Elza Arana, jornalista boliviana que há quinze anos residia e trabalhava no país, simplesmente porque ela compareceu, como representante de *La Prensa,* à reunião da AII em que foi discutida e condenada a expropriação de *Expreso-Extra.* Os generais que estão à testa do Peru entenderam que "... *as atividades desenvolvidas no território nacional e em outros países pela estrangeira Elsa Arana Freyre, de nacionalidade boliviana, significam uma aberta intromissão na política do Estado, o que constitui um atentado contra a tranqüilidade pública e o interêsse nacional*".

O crime de ser estrangeiro foi punido com a pena de expulsão: apenas, e mais uma vez, os irritadiços ditadores não perceberam o mal que com medidas dessa natureza causam à reputação de seu país, prejudicando-lhe a imagem internacional em um momento e em um mundo em que se tornou impossível manter as barreiras da informação.

Atmosfera de intimidação

Além da legislação sôbre imprensa, repleta de armadilhas em que qualquer jornal ou jornalista pode cair inadvertidamente; além do precedente da expropriação de *Expreso-Extra* — numerosas outras formas de intimidação rodeiam as atividades jornalísticas no Peru dos dias de hoje.

A principal é a que decorre de freqüentes discursos do próprio presidente da República que, em desafios veementes, que evidentemente não podem ser respondidos, vive profligando a atuação dos maiores jornais. Em 4-4-70 dizia o general Velasco Alvarado: "... *os grandes jornais, que representam os interêsses oligárquicos ainda existentes, procuraram desnaturar o sentimento de profunda identificação revolucionária entre as Fôrças Armadas e as Fôrças Policiais. Com descaramento inigualável êsses periódicos procuraram ignorar o principal conteúdo da mensagem do govêrno".* Poucos dias depois, a 22 do mesmo mês, o chefe do govêrno voltava à carga contra *"os periódicos reacionários* (que) *constantemente publicam escritos de plumitivos sem consciência".*

Eis alguns poucos exemplos, relativos a um curto período de dias, de penalidades impostas a jornalistas em conseqüência da aplicação do Estatuto:

Marino Ganoza Trevitazzo, diretor de *Clarin,* condenado a 4 meses de prisão, 10 mil soles de multa e 2 mil a título de reparação, por haver chamado um cidadão de "conhecido malandro".

Augusto Changanaqui, colaborador de *Oiga,* condenado a 6 meses de prisão, 20.000 soles de multa e 10.000 a título de reparação, por comentários relativos às funções da Polícia de Investigações do Peru.

Garrido Malaver e Obando Lino, diretores dos jornais, *Norte,* de Trujillo, e *La Tribuna,* de Lima, condenados a 6 meses de prisão e ao pagamento de multas e reparações no montante de 66.000 soles cada um, por injuria ao prefeito de Trujillo, à Junta Militar de Govêrno e à Fôrça Armada — consistente na publicação de "notícias falazes" a respeito de incidentes ocorridos em um comício promovido em Trujillo por Haya de la Tôrre.

Angelats Quiroz, condenado a 6 meses de prisão e ao pagamento de 34 mil soles de multa e reparação, pela inserção, na publicação *Pão Quente,* de que é diretor, de considerações prejudiciais à Corporação de La Libertad.

Pablo Grande Dongo, diretor de *Prensa Sindical,* condenado a seis meses de prisão e pagamento de 20.000 soles de multa e 40.000 a título de reparação, por haver emitido conceitos considerados injuriosos à sociedade mutualista dos empregados em Correios e Telecomunicações.

Trata-se de um modesto mostruário, incompleto, relativo a um período de menos de um mês, colhido na imprensa de Lima. ([1])

---

(1) Em 11/12/70 o diretor da revista *Caretas,* Enrique Zileri Gibson, foi condenado a 6 meses de prisão e multa de 100 mil soles, por haver publicado na mesma, na seção de correspondência de leitores, uma carta sôbre a existência de censura nos serviços de Correios e Telégrafos. O juís considerou que no caso houve "injúria e calúnia assacadas ao govêrno" — sem embargo de que aquela censura seja um fato real. A revista *Caretas,* muito informativa e bastante objetiva, ainda é um dos raros veículos de informação que, no Peru, se permite uma relativa liberdade no comentar os acontecimentos nacionais.

Terceira parte

PANORAMA SÓCIO-ECONÔMICO

1 — A REVOLUÇÃO, COMO ELA SE QUER

Vista do Exterior, através do noticiário jornalístico diário, a revolução peruana parece avançar aos solavancos, como se não seguisse um programa prèviamente traçado, mas estivesse sendo puxada e repuxada em um e em outro sentido, e as medidas que vai decretando fôssem improvisadas no dia-a-dia, conforme as pressões sofridas.

A principal dificuldade para a compreensão dessa revolução está em que ela realmente configura uma etapa nova na evolução das repúblicas latino-americanas: embora conduzida pùblicamente por uma equipe de oficiais generais, não coincide com os antigos modelos de caudilhismo militarista a que estávamos habituados. Na esteira dos fenômenos ocorridos na Argentina e no Brasil, mas com uma decisão, uma consciência de responsabilidades e uma solidariedade íntima incomparàvelmente maiores, no Peru foi o estabelecimento militar como tal que assumiu o poder, e fê-lo com a determinação de realizar na prática, e imediatamente, uma profunda remodelação de tôda a estrutura nacional — implicando os aspectos político, jurídico, econômico, educacional, afetando os tribunais, a imprensa, o regime de propriedade, as relações internacionais — e em grande números dos casos atendendo a autênticas aspirações da população, que de há muito vinham sendo propugnadas por movimentos políticos cada vez mais amplos.

Sem embargo da existência, ali como em qualquer outra parte, de resistência aos esforços governamentais; da necessidade da retificação de algumas disposições, que depois de adotadas são revistas; da contradição gritante entre a adoção de medidas de democracia social e a imposição de medidas de ditadura política — a verdade, entretanto, é que desde o início o grupo de militares que assumiu o poder mediante um golpe de Estado sabia, de maneira genérica e também de maneira particular o que queria, o que pretendia fazer, o que decidira que era necessário fôsse pôsto em aplicação.

Conforme acreditamos haver tornado patente, a evolução do pensamento que conduziu os militares até suas posições atuais, processou-se através do tempo e mediante contato e graças à colaboração de elementos civis de alto nível intelectual, procedentes da Apra, do Movimento Social-Progressista, da Democracia Cristã e de parte da Ação Popular; sòmente depois de instalado o atual govêrno é que alguns grupos comunistas vêm procurando aproximar-se, para influenciá-lo em seus rumos.

O que aqui queremos mostrar é que o objetivo revolucionário está traçado desde o primeiro manifesto, e vem sendo a partir daí desdobrado, através de sucessivos documentos e pronunciamentos oficiais, que em seu conjunto permitem-nos avaliar perfeitamente o que é a presente revolução peruana, segundo ela própria se vê.

Os documentos básicos a que nos referimos vão resumidos no que apresentam de essencial.

Manifesto e Estatuto

Os documentos iniciais do govêrno revolucionário peruano são o Manifesto, datado de 2 de outubro de 1968, véspera do golpe, o Estatuto da Junta Revolucionária, emitido no próprio dia 3, e um "esbôço da política econômico-social do govêrno revolucionário", apresentado pelo ministro da Guerra e primeiro-ministro, em data de 5 de dezembro do mesmo ano.

Em resumo, os primeiros dois dizem o seguinte:

Ao assumir o govêrno do Estado peruano, a Fôrça Armada inicia a emancipação definitiva da pátria. Ela assim agiu ante a necessidade de pôr fim ao caos econômico, à imoralidade administrativa, ao entreguismo das fontes naturais de riqueza e sua exploração em benefício de grupos privilegiados, e tendo em vista a perda do princípio de autoridade. Poderosas fôrças econômicas, nacionais e estrangeiras, em cumplicidade com peruanos indignos, detinham o poder político e econômico com a finalidade de continuar mantendo a injusta ordem social e econômica existente. O desenvolvimento econômico do país foi negativo, gerando uma crise financeira. Os recursos nacionais foram comprometidos de forma desvantajosa e essa subordinação a podêres econômicos lesava a soberania nacional.

O govêrno deposto, que a seu tempo contou com o apoio popular e da Fôrça Armada, podia ter executado o programa de ação que se propusera, mas seus dirigentes orientaram sua atuação tendo em vista apenas a defesa dos interêsses dos poderosos, desprezando as aspirações do povo. Êsse mau govêrno não podia continuar detendo o poder e isso ficou evidente quando seus desacertos culminaram com a solução entreguista dada ao problema de Brea y Pariñas.

O govêrno revolucionário visa atingir os seguintes objetivos: transformar a estrutura do Estado, tornando-a mais dinâmica e eficiente; promover os setores menos favorecidos da população a níveis de vida superiores, mediante a transformação das estruturas econômicas, sociais e culturais do país; imprimir aos atos do govêrno um sentido nacionalista e independente, de firme defesa da soberania e da dignidade nacionais; moralizar o país em todos os campos de atividade e restabelecer o princípio de autoridade; promover a união, concórdia e integração dos peruanos. O govêrno revolucionário declara seu respeito aos tratados internacionais celebrados pelo Peru e sua fidelidade aos princípios da tradição ocidental e cristã; estimulará os investimentos estrangeiros que se sujeitem às leis e aos interêsses nacionais.

Apela ao povo para que ajude a Fôrça Armada a conseguir autêntica justiça social, dinâmico desenvolvimento nacional e o restabelecimento de valores morais que permitam ao país alcançar seus superiores destinos.

Novas estruturas sociais

O plano de Govêrno assenta-se sôbre os postulados básicos fixados nos dois documentos iniciais da revolução. O padrão de desenvolvimento adotado deve assegurar a integração do Peru num autêntico quadro de justiça social, reduzindo simultâneamente a dependência em relação ao exterior, que se fôra acentuando durante tôda a República. Essa emprêsa exige o concurso de todos, pois as transcendentes decisões a serem tomadas requerem sacrifício e compreensão.

O govêrno revolucionário permanecerá no poder até encaminhar as medidas que garantam a mudança estrutural desejada e o início do desenvolvimento integral do país, de modo a que os futuros governos possam continuar pelo caminho traçado. Graças às medidas propostas será mantida a estabilidade monetária e obtida a franca recuperação econômica.

Medidas propostas anteriormente por diversos setores, mas que não haviam sido postas em prática, foram recolhidas no Plano de Govêrno, que assim não se presume de total originalidade, mas que se quer levar à execução.

Embora não observe as aparências de uma democracia formal, a Fôrça Armada está, assim, atendendo aos desejos e à vontade do povo, repetidamente frustrados.

Não foram adotadas atitudes negativas contra os partidos políticos: com tolerância responsável o Govêrno ouve a crítica construtiva, mas, conseqüente com seus princípios, está firmemente decidido a impedir a libertinagem. Oportunamente o Govêrno solicitará a participação da cidadania, para dividir com ela as responsabilidades da ação governamental.

Objetivos a longo prazo

As ações governamentais devem subordinar-se a um processo permanente de planificação, que tenha em vista objetivos futuros a serem atingidos a longo prazo, objetivos mediatos alcançáveis a médio prazo e objetivos imediatos, passíveis de serem atingidos a curto prazo. Os primeiros dependerão da atuação de sucessivos governos, os segundos devem estar aplicados ao fim de cinco anos, e os últimos correspondem a planos anuais, com as respectivas prioridades.

A longo prazo espera-se conseguir: um desenvolvimento intenso, que permita a integração da população, reduzindo-se a marginalidade social; um amplo mercado interno, que possibilite crescente participação da população no desenvolvimento; melhor distribuição da população dentro do espaço econômico do país, mediante a formação de novos pólos de desenvolvimento; maior participação da população nos processos econômico, social, político e cultural; modernização e capacitação técnica do Estado; colocação do país na posição de importância que lhe cabe entre os países latino-americanos; mobilização dos investimentos necessários à construção da infra-estrutura e à promoção da agricultura, da mineração e da indústria.

Estratégia: o padrão de desenvolvimento nacional foi até agora induzido do exterior, determinando grande dependência dos preços da matéria-prima exportada e o robustecimento da área metropolitana Lima-Callao, em detrimento da área não-moderna que compreende a maioria do território peruano. Para mudar êsse padrão de desenvolvimento e eliminar seus desacertos são necessárias cinco reformas estruturais básicas.

As cinco reformas

1. *Reestruturação da propriedade agrícola.* O problema agropecuário não é sòmente de produção, mas

decorre da estrutura de posse e uso da terra, causa principal das desigualdades de ingressos.

2. *Nova política mineira.* Estabelecer com precisão as reservas minerais, obter o aproveitamento ótimo dos recursos conhecidos, incrementar a participação do setor público na produção e comercialização dos mesmos e assegurar a industrialização dos minérios.

3. *Reestruturação da política industrial.* Fundá-la no aproveitamento máximo dos recursos naturais, de modo a atender à demanda do mercado nacional ampliado e poder ingressar nos mercados de integração econômica regional.

4. *Nova estrutura do poder público.* Assegurar a liderança dêste no processo de desenvolvimento, mediante as modificações necessárias em sua organização administrativa, sistema de captação de ingressos e orientação da despesa pública.

5. *Melhoria dos serviços sociais à população.* Orientação adequada dos recursos aos setores produtivos. Modificação das tendências do processo de urbanização.

Objetivos a prazo médio

A se realizarem nos próximos cinco anos:

Acelerar o processo de reforma agrária na região da Serra. Limitar a concentração populacional na área Lima-Callao. Aumentar a participação, no PNB, dos setores agropecuário, mineiro e industrial, e dinamizar o de construção. Aumentar as possibilidades de emprêgo nos setores agropecuário e de construção. Incentivar as exportações, obter maior participação nacional nos lucros decorrentes dos investimentos estrangeiros, atrair novos capitais do exterior. Utilizar a planificação como instrumento fundamental do govêrno, orientando a ação do setor privado de acôrdo com os interêsses nacionais. Tornar o crédito acessível a pequenos e médios produtores e controlar as fontes de crédito. Dar ao trabalhador participação nos lucros e na direção da emprêsa e proteger as cooperativas. Lançar as bases de uma política tecnológica.

Na região Norte, ampliar o complexo industrial na área Talara-Piura-Bayovar-Chiclayo, complementando-o com a reforma agrária. Na região Centro, formulação de projetos industriais a serem instalados na área de Pucalipa, paralelamente à aplicação do projeto de reforma agrária e de fomento da pecuária e da mineração. Na região Sul, fortalecimento do centro de Arequipa, incremento do centro-costeiro-Ilo-Matarani-Tacna e dinamização do eixo-turístico Cuzco-Puno. No departamento de Loreto, incrementar a investigação agropecuária tropical e a prospecção de reservas petrolíferas. Na área Lima-Callao, os projetos produtivos devem ser financiados preferentemente pelo setor privado.

No setor pecuário

Política encaminhada a resolver os problemas da pequena e média agricultura que produzem para o mercado interno. Aumento da produtividade e melhor uso da terra e da água. Continuidade nos processos de colonização. Assistência estatal preferencial às produções de arroz, milho, trigo, verduras, oleaginosas, carne, leite e peixe. Instalação de silos, armazéns, mercados e frigoríficos nas principais cidades. Tratamento preferencial para as Comunidades, Associações e Cooperativas, cuja formação será fomentada. Incremento à organização da comercialização para o exterior dos produtos da pesca. Incremento da exploração das riquezas florestais.

Setor mineiro

Política encaminhada a iniciar a exploração das jazidas não utilizadas e a aumentar o valor das exportações. Maiores recursos financeiros e técnicos destinados à pequena e média mineração. Levantamento da Carta Geológica Nacional. Incentivo ao aumento da capacidade produtiva dos concessionários, adequada participação do Estado nos resultados econômicos, e incremento da industrialização dos produtos. Incentivo ao reinvestimento dos lucros na produção e transformação industrial, na melhoria tecnológica e em obras de caráter social. Levantamento de um Inventário nacional dos recursos minerais.

Setor industrial

Política orientada pelas seguintes linhas fundamentais:

Quanto à substituição de importações: preferência à produção dos bens de consumo em que possa ser substituída a importação dos respectivos insumos; preferência, na substituição dos bens de capital, aos necessários aos setores agropecuário, mineiro e de construção.

Quanto à restante política industrial: refinar, até o final do qüinqüênio, 60% do chumbo e do zinco e 90% do cobre; embarcar a granel a totalidade da farinha de peixe e refinar a totalidade dos azeites marinhos; transformar em fios as exportações de algodão e lã; melhorar a comercialização dos produtos artesanais. Ampliar a participação do Estado como investidor nos campos que não interessem à iniciativa privada, ou aliar-se a esta em projetos específicos. Reservar ao Estado a petroquímica básica, a partir do petróleo ou de seus gases; os produtos intermédios serão elaborados indistintamente por quaisquer setores, e os produtos finais estarão a cargo do setor privado. Ampliação do número de acionistas industriais e canalização da poupança nacional para êsse setor. Política integral de fomento do turismo.

Energia, transportes, comunicações

Política visando à dinamização da produção e ao refôrço dos pólos de desenvolvimento.

No setor da energia, alcançar o auto-abastecimento de petróleo cru e seus derivados; incentivar a participação do capital privado, nacional ou estrangeiro, na exploração das jazidas, mediante contratos de operação; abandono do regime de concessões diretas, respeitadas as já outorgadas; reservar ao Estado a refinação do petróleo, respeitados os direitos adquiridos; reservar ao Estado a comercialização junto às plantas de abastecimento, permitindo a participação de empresários nacionais nas rêdes de distribuição a varejo; utilização das fontes de gás natural já localizadas. Quanto à eletricidade, completar a avaliação das reservas hidroelétricas, desenvolver a respectiva infra-estrutura nos pólos de desenvolvimento, concluir a primeira fase da central de Mantaro. Encaminhar estudos para prospecção de recursos utilizáveis na produção de energia atômica.

No setor de transportes, dar prioridade às obras que interessam aos pólos de desenvolvimento, seja quanto à conservação, seja quanto à ampliação; instituir progressivamente o sistema de pedágio; racionalizar a administração portuária; encaminhar a atividade da companhia nacional de vapôres no sentido da formação de uma frota mercante latino-americana.

No setor de comunicações, dar ao Estado participação ativa nas de âmbito internacional. Os sistemas nacionais serão progressivamente estatizados e as comunicações locais devem competir a emprêsas de propriedade dos usuários.

Habitação, saúde, educação

O Estado orientará o processo de urbanização com vistas ao desenvolvimento dos centros existentes ou à criação de novos e promoverá a iniciativa privada, mediante critério de serviço. Serão facilitados os procedimentos de expropriação e taxação destinados a substituir as favelas e tugúrios e a reordenar a posse e uso do solo. A ação direta do Estado se concentrará na execução de urbanizações populares. Estímulo à ação das cooperativas habitacionais. Fiscalização das condições de habitabilidade dos centros laborais. Regularização da situação de propriedade dos "jovens povoados" (favelas).

Racionalização da política do Ministério da Saúde, para execução da mesma por organismos descentralizados. Formulação de uma política de assistência social e modernização da administração dos asilos para velhos e órfãos e das maternidades. Cumprimento de programas nacionais de vacina, saneamento, erradicação e contrôle de doenças transmissíveis, tuberculose, e proteção à saúde do trabalhador. Sistema integrado dos serviços de saúde, que permita o atendimento da população urbana e sua extensão ao campo. Política de barateamento dos remédios.

Política educacional orientada no sentido da integração nacional, desencadeando-se um processo de educação em massa. Contrôle da instrução particular com vistas a reduzir sua comercialização, que agrava os desníveis sociais. Preferência à educação técnica e à formação de quadros intermédios. Tecnificação da administração do ensino. Entrosamento dos institutos agropecuários com o programa da reforma agrária.

Emprêgo e salários

Redução do excedente da mão-de-obra mediante a melhor exploração da terra e as melhorias rurais. Relacionamento dos aumentos de salários com o aumento da produtividade, que deve decorrer da reforma da emprêsa. Estabelecimento de uma escala de salários que estimule a capacitação e o aperfeiçoamento da mão-de-obra.

Setor econômico-financeiro externo

Diversificação das exportações, com vistas à obtenção de divisas que possibilitem a importação de bens e serviços indispensáveis. Incentivo ao afluxo do capital estrangeiro que se dirija aos setores necessitados de ajuda tecnológica, que dêem preferência aos insumos nacionais e que cumpram uma política de reinversão e depreciação. Política seletiva de importações, em função das necessidades prioritárias.

Contrôle direto pelo Estado dos recursos estratégicos, permitindo-se em determinados casos a participação complementar do capital privado nacional.

Fortalecimento da ação do poder público

O Estado promoverá o desenvolvimento nacional, utilizando a planificação como instrumento de desenvolvimento e de transformação estrutural. A iniciativa privada não é negada, mas o Estado deve orientá-la. A proteção de uma ordem social justa e a defesa dos recursos nacionais exigem que o Estado tenha uma presença gerencial ou arbitral.

O govêrno central concentrará a atribuição da despesa pública, encaminhando os gastos aos setores preferenciais e assegurando o devido atendimento aos grupos marginalizados, bem como desburocratizando a administração.

O govêrno central controlará a captação dos recursos financeiros do setor público. O sistema tributário será modernizado, ampliando-se a sua base e estendendo-se a sua carga a todos os setores, em proporção aos respectivos recursos. Aumento progressivo da tributação direta. A tributação indireta assegurará taxação mais elevada aos bens de consumo não-essenciais. Sistema de reavaliação permanente do impôsto territorial e introdução de impôsto sôbre a mais-valia gerada por obras públicas. Racionalização da legislação tributária, até a obtenção de uma nova mentalidade tributária por parte do contribuinte.

Reforma administrativa visando à racionalização e aumento da produtividade do setor público. Estabelecimento de medidas destinadas a atrair para as funções públicas os melhores talentos. Descentralização da administração para melhor atendimento do interior. Entrega aos governos locais dos respectivos serviços públicos, especialmente iluminação, águas e esgotos e trânsito.

Objetivos a curto prazo

A curto prazo trata-se de pôr em operação, mediante planos anuais, as providências cabíveis e necessárias à efetiva aplicação do conjunto de reformas programadas. Para isso foi criado um Comitê do Plano Econômico Anual, assistido por uma secretaria técnica, e a primeira providência adotada foi desdobrar o antigo Orçamento nacional em 5 orçamentos especiais: Econômico, do Setor Público, do Comércio Exterior, de Caixa e Monetário. O principal objetivo imediato é a redução do ritmo da inflação, que em 1967 foi de 23% e em 1968 de 14%.

DIRECCION GENERAL DE CONTRIBUCIONES
OFICINA DE INFORMACION Y ORIENTACION AL CONTRIBUYENTE
(I.O.C.)

ARTICULO. 55 - DS. 28768 - HC

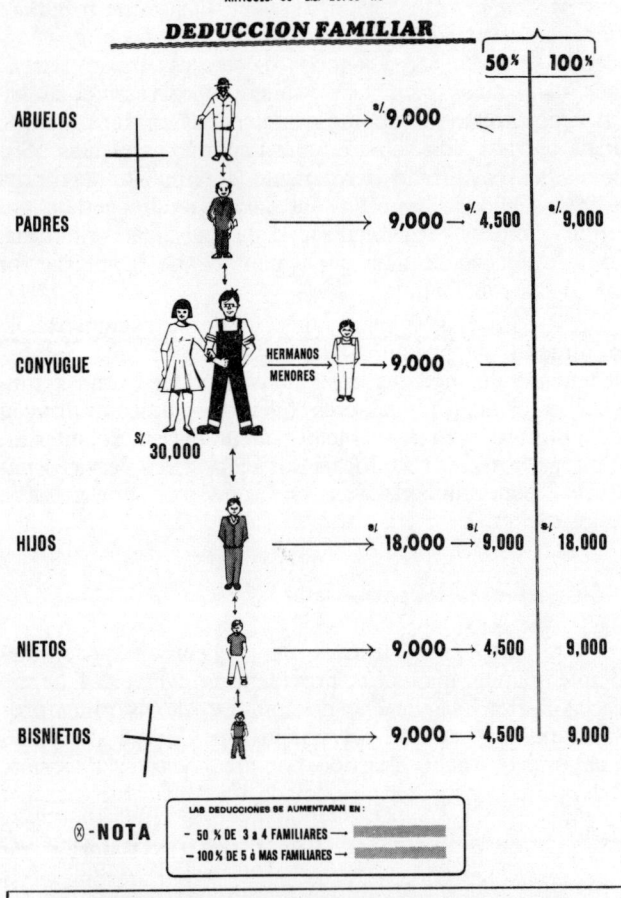

DEDUCCION FAMILIAR

		50%	100%
ABUELOS	s/. 9,000		
PADRES	9,000 → 4,500		s/. 9,000
CONYUGUE (HERMANOS MENORES) s/. 30,000	9,000		
HIJOS	s/. 18,000 → s/. 9,000		s/. 18,000
NIETOS	9,000 → 4,500		9,000
BISNIETOS	9,000 → 4,500		9,000

⊗ **NOTA** — LAS DEDUCCIONES SE AUMENTARAN EN:
- 50 % DE 3 a 4 FAMILIARES
- 100 % DE 5 ó MAS FAMILIARES

LA DIRECCION GENERAL DE CONTRIBUCIONES HA PUESTO A TU DISPOSICION "**LA OFICINA DE INFORMACION Y ORIENTACION AL CONTRIBUYENTE**" (I.O.C.) QUE TE OFRECE INFORMACION Y ORIENTACION PARA QUE PUEDAS CUMPLIR CON TUS OBLIGACIONES TRIBUTARIAS. ESTE SERVICIO SE BRINDA EN FORMA GRATUITA EN EL 5° PISO OFI. 526 DEL MINISTERIO DE ECONOMIA Y FINANZAS.

LA DIRECCION GENERAL DE CONTRIBUCIONES AL SERVICIO DE LOS CONTRIBUYENTES

São consideráveis as deduções a que o contribuinte peruano tem direito, em seu impôsto sôbre a renda, por motivo do número de membros da família — e nessa categoria incluem-se até mesmo avós e bisnetos. Curiosamente, a própria repartição do impôsto sôbre a renda incumbe-se de chamar a atenção dos contribuintes para êsse ponto, mediante anúncios como êste.

2 — A CONJUNTURA ECONÔMICO-FINANCEIRA

Depois de ver o panorama político anterior à revolução, de acompanhar a gestação da crise que eclodiria em outubro de 1968, e de examinar a composição do govêrno e o seu programa, procuramos em continuação mostrar a situação econômico-financeira do país no momento em que teve início o processo revolucionário — pois importa muito conhecer os dados a partir dos quais iria ser tentada a reforma das estruturas.

Começamos, neste capítulo, por apresentar um balanço da situação feito pelo atual ministro da Fazenda, e duas análises críticas dessa mesma realidade, efetuadas por dois economistas. O complemento é constituído por quadros estatísticos ilustrativos de diferentes faces da situação.

A herança

(Segundo relatório feito pelo ministro da Fazenda, logo após a instalação do govêrno revolucionário, e destinado a fundamentar a exposição do presidente do Conselho de Ministros, com base nos Planos de Desenvolvimento Econômico e Social.)

I. O desenvolvimento econômico nos últimos 5 anos. No período de 1963-67 a economia peruana experimentou um crescimento rápido e continuado, traduzido numa taxa média do PNB de 5,5% anual. Em têrmos individuais, êsse crescimento foi freado pelo aumento explosivo da população, que passou de 2%, em 1950, a mais de 3% em 1967.

Durante o período indicado o crescimento da economia deveu-se a: 1) aumento do valor das exportações; 2) aumento do volume dos empréstimos externos ao setor público; 3) à dinâmica da indústria manufatureira.

O valor total das exportações passou de US$ 500 a US$ 750 milhões, aumento decorrente principalmente da melhoria verificada nos preços internacionais dos produtos de exportação, eis que o índice dêsses preços cresceu de 27%, enquanto que o volume exportado aumentou de apenas 14%.

O setor público procurou, através de forte endividamento externo, converter-se em outro importante agente dinamizador da economia, mediante a realização de obras públicas em grande escala, algumas delas destinadas a diminuir pressões sociais, enquanto que outras, pela sua envergadura, destorciam o padrão de desenvolvimento racional do país. Assim foi que o setor público passou — deduzida a amortização — de um ingresso de capital de US$ 18 milhões em 1962, a US$ 185 milhões em 1966.

A dinâmica impressa ao setor industrial mostrou um crescimento continuado, de cêrca de 10% anuais. Além da substituição de importações de bens de consumo, essa tendência acarretou a aceleração das importações de matérias-primas e bens de capital, representando mais de 80% do total. Paralelamente, houve um estancamento na produção alimentícia nacional, em virtude do quê as compras no exterior, de alimentos essenciais, representaram, em 1968, US$ 150 milhões.

II. Endividamento externo — No período 1963-1968 a dívida pública externa passou de 188 a 742,2 milhões de dólares, quadruplicando, pois, em seis anos, enquanto que o respectivo serviço anual passou de 7,5% a 18,1%.

III. A crise monetária e cambial — As características do desenvolvimento econômico já continham o germe da crise monetária que eclodiria em 1967. O endividamento externo maciço, o déficit da produção alimentícia e o rápido processo de industrialização em bases não muito sólidas, contribuíram para que as importações aumentassem numa média anual de 13,5%. A principal causa da desvalorização monetária foi o desequilíbrio das finanças do setor público. Os gastos correntes do govêrno passaram de 12,2% do PNB em 1962, a 14% em 1966, e as despesas de capital, inclusive a amortização da dívida, passaram de 3% a 5% do PNB. Nas arrecadações do govêrno não foi obtida uma melhoria correspondente, em virtude da antiquada estrutura tributária e de uma política excessivamente liberal quanto a isenções de impostos e direitos alfandegários. Os ingressos correspondentes aos impostos permaneceram estancados desde 1962 até 1967, em um nível aproximado a 13,5% do PNB.

O govêrno Belaunde procurou financiar o déficit recorrendo a emissões, que ocasionaram uma procura doméstica excessiva e o aumento acelerado das importações, e de outro lado o endividamento externo, a curto e médio prazo. A crise encontrada é conseqüência de um processo que se iniciou em 1963 e decorre da diminuição das reservas internacionais líquidas do Banco Central, que caíram de US$ 151 milhões em 1966, a US$ 75 milhões em 1968, isso em virtude das intervenções que o instituto emissor realizou para sustentar a taxa de 26,82 soles por dólar (hoje, 43,70); e da demora em obter recursos permanentes para o setor público.

IV. Situação fiscal — O orçamento aprovado para o ano fiscal de 1968 pelo Parlamento — e que se iniciou a 1/4/68 — traduzia um déficit de 4.700 milhões de soles. Ainda no govêrno Belaunde foram tomadas várias providências para reduzir êsse déficit: modificação da legislação sôbre o impôsto da renda; criação do impôsto sôbre o valor da propriedade territorial; criação do impôsto sôbre o capital das emprêsas; eliminação das ações ao portador; cortes no orçamento, no montante de 1.000 milhões de soles; proibição de importações suntuárias até 31/3/69; instituição do adicional de 10% sôbre o tabaco; instituição do adicional de 20% sôbre águas gasosas e álcoois; aumento do impôsto sôbre a gasolina.

Além dessas medidas, o govêrno revolucionário adotou outras mais, inclusive um nôvo corte adicional do orçamento, no montante de 1.106 milhões de soles.

V. Balança de pagamento — O serviço da dívida pública externa passara de 41 milhões de dólares em 1963, para 140 milhões em 1968. O atraso com que foi procedida a desvalorização, a falta de medidas tributárias no momento oportuno, a conseqüente escassez de reservas do Banco Central, tornaram necessário diminuir a pressão sôbre a balança de pagamentos, mediante um refinanciamento da dívida, que em alguns casos consistiu apenas no seu adiamento por 18 meses. O govêrno revolucionário, ao assumir o poder, encontrou-se ante o fato de que êsse período se iniciara a contar de 1/7/68, havendo, pois, decorrido já 3 meses durante os quais as obrigações vencidas não haviam sido pagas, na expectativa da conclusão das negociações de refinanciamento.

Impunha-se a necessidade de realizar um esfôrço intenso para aumentar as exportações e os ingressos de capitais externos, sob pena de tolher gravemente o desenvolvimento do país. Isto ocorreria particularmente a partir de 1970, quando os pagamentos dos compromissos da dívida se veriam fortemente sobrecarregados pelas amortizações e serviços derivados do referido refinanciamento a curto prazo.

V. Perspectivas econômicas a largo prazo — A partir de 1970, estas dependem bàsicamente do desenvolvimento que se verifique na balança de pagamentos. A balança comercial, que indica a diferença entre as importações e as exportações, mostra um estancamento destas últimas, em comparação com um crescimento contínuo das primeiras. Em uma economia em desenvolvimento as importações aumentam em função das necessidades de bens de capital, matéria-prima para a agricultura e a indústria e alimentos básicos. O volume suscetível de ser comprimido, sem prejudicar a economia, representa uma porcentagem de reduzida significação.

É da maior importância iniciar ràpidamente um programa econômico com os seguintes fundamentos: A) assegurar o aumento das exportações, principalmente através dos investimentos nas minas; B) estabelecer um programa de empréstimos externos a longo prazo, para investimentos de alta prioridade; C) acelerar o programa agropecuário, de modo a fomentar a produção nacional de alimentos básicos; D) promover o turismo. *É indispensável conseguir o restabelecimento da confiança interna na capacidade do país de superar suas atuais dificuldades. Para contar com uma linha adicional de reservas, o Banco Central pleiteou e obteve um crédito de US$ 75 milhões, do FMI.*

Mudar a mentalidade

O economista Emílio Romero foi ministro da Fazenda no govêrno do general Odria e ministro da Educação no govêrno Manuel Prado. Tem uma larga experiência da vida política e das condições econômicas do Peru, e é com inalterável equilíbrio que considera os dados da atual situação, que em grandes linhas êle vê com otimismo.

Suas palavras iniciais conduzem exatamente a um relacionamento dos problemas econômicos e educacionais:

— O Peru necessitava uma ação revolucionária do tipo da que está sendo empreendida, com vistas a uma mudança nas estruturas econômicas e sociais. Mas seria imprescindível que isso fôsse acompanhado de uma mudança nas estruturas mentais, porque sem a implantação de um sólida base educacional é difícil efetuar reformas realmente duradouras: isso requer educação técnica e muito trabalho.

— A situação política a que o país havia chegado, com a atomização dos partidos, impossibilitava todo impulso coletivo ou uma ação de contrôle dos governos. A reforma da estrutura política não deve ser esquecida dentro da reforma geral das estruturas.

— O govêrno militar deve ser um etapa transitória, para que se volte a um regime normal, cujas linhas precisam ser definidas. É difícil fixar prazos para isso, mas é urgente que se aproveite êste período para um estudo aprofundado da ciência política, aplicada à realidade peruana, com vistas a um planejamento realista do futuro nacional.

Estatização

Ministro em dois governos de direita, o sr. Emilio Romero não é, entretanto, infenso à ação dirigente do Estado em certos setores da economia:

— Não teria sentido falar na estatização de todos os ramos da economia. Mas tanto o subsolo do país como o mar não podem ser considerados de propriedade privada, pelo que é indispensável que o Estado oriente e organize a exploração das minas e dos produtos da pesca, em benefício de tôdas as classes sociais. Mas há de ser deixada sempre uma ampla margem de atuação à iniciativa privada, que é a que pode estimular as faculdades dos indivíduos, desejosos de ascender a mais altos níveis econômicos.

Quanto ao capital estrangeiro:

— Dentro daquilo que estabelecem as leis do país, o capital sòmente ocorre aonde lhe são dadas garantias, inclusive de que poderá dispor dos lucros que obtiver. Aparentemente, o decreto governamental que estabeleceu as bases do nôvo Código de Minas outorga as garantias e o incentivo necessários à vinda dêsses capitais. A êsse respeito, o que importa não é atentar para as declarações que se fazem de um lado e de outro, mas sim ter em vista os instrumentos legais.

Comércio exterior

— A contenção de certas importações — prossegue êle — é lógica nesta etapa, quando o Peru necessitava convalescer de um período marcado pela desvalorização da moeda, o abuso dos empréstimos estrangeiros e o excesso da despesa pública, freqüentemente não-reprodutiva. É provável que o aumento no valor das exportações, que motivou uma balança comercial favorável nos dois últimos anos, continue a ajudar o país até 1971.

A boa chuva

— A melhoria da situação da lavoura deve ser creditada principalmente ao clima. Êste foi um ano chuvoso — tendo chovido inclusive em Lima, o que não acontecia há muitas décadas. Os habitantes da cidade não têm idéia do benefício que as chuvas constituem para o campo. Em conseqüência delas, os vales da Costa estão apresentando uma produção extraordinária quanto a verduras, algodão, cana e outros produtos e é possível que a produção de arroz seja tão abundante que o país não necessite importá-lo êste ano. Se o algodão não estivesse sofrendo no momento a baixa de preços decorrente da concorrência mundial, também êle contribuiria muito para a prosperidade nacional.

A Cordilheira

A principal riqueza do Peru são os minérios e o economista não podia esquecer êsse ponto:

— No terreno dos minérios — uma tradicional fonte de divisas do país — é preciso assinalar que esta é a Era do Cobre. Ela pode durar mais ou menos tempo, dependendo dos progressos da tecnologia, mas de qualquer forma o Peru dispõe de imensos depósitos cupríferos ao longo de todo seu território e especialmente na região andina.

— É também muito grande a variedade de outros produtos minerais, alguns até há pouco não requeridos pela técnica moderna, mas aos quais a ciência paulatinamente vem dando aplicação: êste ano, por exemplo, começou a haver nova solicitação de antimônio, cuja produção se achava paralisada desde a última guerra mundial; uma melhoria nos preços ativará desde logo a exploração dêste e de outros recursos minerais.

— Torna-se necessário efetuar um inventário atualizado dos recursos minerais, com o emprêgo de gente preparada e de equipamentos modernos. Se o govêrno mantiver os olhos postos na Cordilheira dos Andes, nela encontrará resposta para muitas das inquietações nacionais.

População e desemprêgo

É no exemplo dos incas que o economista e educador vai encontrar o motivo para o otimismo com que encara êstes dois graves problemas. Diz êle:

— O crescimento da população, que incorpora à vida nacional, anualmente, 200.000 pessoas em condições de trabalhar, cria inegàvelmente um difícil problema. Mas é preciso não esquecer que êste não é um país industrializado, em cujo caso, sim, o fenômeno seria grave. Os países não-industrializados têm grandes camadas de sua população empenhadas na produção agrícola, e se é verdade que faltam empregos, entretanto elas não ficam num estado de miséria.

— Êsse problema torna-se agudo em Lima, que porém é uma exceção no conjunto do país. Uma política de promoção do trabalho — como a construção, que se está promovendo, de casas populares nos centros urbanos — de incremento à artesania, de abertura de estradas e outras obras de infra-estrutura, poderá ir incorporando essas novas fôrças de trabalho, decorrentes do aumento da população. O crescimento populacional pode ser encarado com otimismo, pois o aumento do número de pessoas interessadas obrigará a uma solução do problema. Os chamados "Pueblos Jovenes" mostram que o espírito de ação coletiva e de empenho no trabalho, herdado dos incas, não se perdeu.

TAXA DE INFLAÇÃO
(1964/1969)

Ano	Percentagem
1964	8,39
1965	12,41
1966	7,37
1967	18,49
1968	12,01
1969	7,67

Fonte diplomática

BALANÇA COMERCIAL (1964/1969)
(em milhões de dólares)

Ano	Exportação	Importação	Saldo	
1964	667	580	+ 87	
1965	667	729	— 62	
1966	764	817	— 53	
1967	757	818	— 61	
1968	866 (815)	629 (688)	+ 237	(127)
1969	867 (820)	656 (745)	+ 211	(75)
1970	(825)	(805)	+	(20)

NOTA — Estatística elaborada por fonte diplomática muito bem informada. Os números entre parêntesis, entretanto, correspondem a dados contidos em relatório apresentado pelo ministro da Fazenda peruano, sendo os de 1970 projeção dos anteriores.

PRINCIPAIS IMPORTAÇÕES (1968)
(em milhões de dolares)

Máquinas, aparelhos e artefatos mecânicos	125
Veículos em geral	49
Trigo	48
Ferro fundido, macio e aço	38
Combustíveis minerais, óleos minerais e produtos derivados	26
Produtos químicos orgânicos	25
Bovinos vivos, carne vacum, ovina, miúdos	25
Leite e derivados	16
Matérias plásticas, éteres, resinas artificiais e manufaturas dessas matérias	16
Papel, cartão e manufaturas	14
Gorduras e óleos	14
Arroz	10

NOTA — Fonte diplomática. Como todo país em desenvolvimento, a importação peruana é extremamente diversificada, enquanto a exportação repousa em reduzido número de produtos.

PRINCIPAIS EXPORTAÇÕES PERUANAS (1965/1968)
(em milhares de dólares)

Produto	1965	1966	1967	1968
Farinha de peixe	155.498	181.596	173.688	204.400
Cobre sob diversas formas	123.397	189.444	204.927	244.448
Algodão	87.437	85.428	55.494	55.772
Chumbo	48.862	48.145	43.982	51.658
Hematita	46.967	53.367	62.099	63.308
Zinco	38.018	35.715	34.991	33.263
Açúcar	36.865	45.333	52.849	62.318
Café em grão	29.020	28.531	29.353	35.706
Prata	23.833	23.099	27.070	36.040

Fonte diplomática.

DÍVIDA PÚBLICA EXTERNA (1963 / 1968)
(em milhões de dólares)

	1963	1964	1965	1966	1967	1968
Saldo pendente da dívida pública externa	188,1	242,2	412,9	571,1	685,9	742,2
Desembolsos de empréstimos externos oficiais	71,5	88,2	151,2	253,3	176,5	130,0
Serviço da dívida pública externa	41,2	47,6	49,0	93,4	99,0	141,2
Valor das exportações FOB	541,2	667,0	684,6	788,5	749,2	790,0
Incidência do serviço	7,5%	7,0%	7,1%	11,8%	13,3%	17,9%

CRESCIMENTO DO PRODUTO NACIONAL BRUTO
(Em milhões de soles, ao valor de 1963: US$ 1,00 = S/0,28)

Produtos	1965	%	1966	%	1967	%	1968	%	1969	%
Agricultura Silvicult	14.875	16,8	15.809	16,9	15.195	15,5	14.815	15,0	15.185	15,1
Pesca	1.513	1,7	1.783	1,9	2.048	2,1	2.128	2,1	1.788	1,7
Mineração	5.325	6,0	5.293	5,6	5.653	5,7	6.032	6,1	6.201	6,1
Manufatura	16.330	18,5	17.935	19,2	18.957	19,4	19.904	20,1	20.322	20,2
Construção	3.864	4,3	4.207	4,5	4.422	4,5	3.684	3,7	3.559	3,5
Eletric. — Gás — Água	838	0,9	895	0,9	987	1,0	1.032	1,0	1.073	1,0
Habitação	5.054	5,7	5.210	5,5	5.372	5,5	5.544	5,6	5.721	5,6
Govêrno	7.223	8,1	7.769	8,3	8.243	8,4	8.490	8,6	8.745	8,7
Outros	33.024	37,4	35.005	37,5	36.590	37,5	37.066	37,5	37.807	36,6
PNB	88.146	—	93.186	—	97.467	—	98.715	—	100.401	—
Crescimento em US$ milhões	3.289		3.477		3.637		3.683		3.746	
% de aumento	4,8%		5,4		4,6%		1,3%		1,7%	

Fonte diplomática.

Do atraso à precipitação

Uma das justificativas para a multiplicidade das medidas que ora estão sendo postas em prática, simultâneamente, pelo govêrno militar, é que durante um tempo enorme nada se fêz, mesmo em face das necessidades mais prementes e que demandavam providências elementares. Efetivamente, muitas das reformas que estão sendo decretadas no Peru como atos revolucionários, correspondem a providências de simples ordenamento da vida econômico-financeira do país, que no Brasil, por exemplo, já foram adotadas há muitos e muitos anos. Nesse sentido, há diversas coisas que correspondem a simples *modernização* da estrutura nacional — embora a análise da situação se complique pelo fato de que isso se faz em um ambiente de acentuada tendência estatizadora, e de uma ainda não bem definida tentação socializadora.

Um dos mais reputados economistas peruanos, que já foi assessor de um dos ministérios econômicos, dêle se havendo demitido por entender impossível trabalhar com o general que agora se encontra à testa do mesmo, traçou-nos um breve apanhado da conjuntura peruana que precedeu o golpe de Estado, e dêsse quadro se verá como surge a explicação para várias coisas que podiam parecer-nos pouco inteligíveis.

A inflação

Para êsse observador, o último presidente constitucional, Belaunde Terry, foi um homem de visão excepcional em relação aos problemas de seu país, e também com uma excepcional capacidade para formulá-los verbalmente, mas que mostrou total incapacidade para levar à prática as respectivas soluções.

Assim foi que êle resistiu, irracionalmente, a efetuar a desvalorização da moeda, que se impunha, e que já se vinha produzindo na prática — pensando ser possível deixar a seu sucessor a responsabilidade por essa medida. Quando afinal teve que curvar-se à evidência, foi necessário fazer uma desvalorização de 50% de uma só vez, coisa que ninguém pôde compreender.

189

Sistema bancário

Mas para bem entender a situação a que hoje chegou o país, é preciso recuar até cêrca de dez anos atrás, quando a arrecadação de tôdas as rendas do Estado, representadas por impostos e taxas, não era feita pelo govêrno, mas achava-se confiada aos banqueiros particulares, que eram quem dirigia a *Caja de Depósitos y Consignaciones*. Isso criava um extraordinário meio de pressão dos banqueiros particulares sôbre o govêrno; ora aquêles informavam não haver fundos, porque as arrecadações haviam sido muito reduzidas — e o govêrno não tinha meios de controlar o movimento efetivo — ora, ao contrário, adiantavam a determinado govêrno somas enormes, de modo que o govêrno que devia seguir-se — e que não era do agrado dêles — ficava inteiramente sem recursos durante um longo período.

Em contrapartida, os banqueiros utilizavam tranqüilamente o dinheiro do govêrno para financiar seus próprios negócios. Quando o govêrno necessitava de dinheiro devia pedi-lo a êles, que emprestavam ao govêrno o dinheiro do próprio govêrno, e ainda cobravam juros. Foi sòmente no govêrno Belaunde Terry que se nacionalizou êsse setor bancário, a partir daí entregue ao Banco da Nação.

Além do abuso apontado, também ocorria que os bancos estatais — como o Banco Industrial e o Banco de Fomento Agropecuário — tivessem em sua direção uma representação governamental minoritária: a maioria dos diretores eram representantes ou amigos políticos de grupos econômicos, que também utilizavam em proveito próprio os recursos dos bancos oficiais.

Disse-nos o nosso informante que durante o segundo govêrno Prado êle próprio apresentou ao ministro, junto ao qual então trabalhava, relatório denunciando essa situação e indicando as medidas que deviam ser tomadas para corrigi-la; a informação foi rasgada pelo minsitro que lhe disse que antes de ministro era, êle próprio, banqueiro.

Os exportadores

Como êsse havia outros abusos.

Os exportadores de café, algodão e lã, na verdade simples intermediários entre os produtores e o mercado externo, entretanto pagavam aos fazendeiros uma porcentagem mínima do preço pelo qual efetivamente vendiam os produtos — de tal modo que o fazendeiro freqüentemente trabalhava de graça nas lavouras fundamentais, e necessitava manter na fazenda pequenas hortas de subsistência, que garantissem a alimentação de suas famílias.

Outro hábito freqüente era o de reter mercadorias exportáveis, como meio de pressão sôbre o govêrno. Os estoques se acumulavam nos armazéns, e como o país não recebia divisas era possível pleitear e obter favores excepcionais.

A oligarquia

A distorção da economia nacional em favor dos grupos de interêsses concentrados em Lima era agravada pela sitemática drenagem, para a capital, da poupança arrecadada pelas sucursais dos bancos instaladas no interior do país.

A raiz da imagem negativa da oligarquia deve ser buscada em fatos como êsses, que permitiam que um grupo econômico realmente reduzido utilizasse à vontade os recursos nacionais. Isso durou tanto tempo e gerou tantos abusos, que tudo o que os militares façam hoje contra os remanescentes dos grupos de poder econômico, encontra boa repercussão popular.

Êsse conjunto de fatos explica como se formou e consolidou entre o povo uma imagem degradada da classe rica, e como a partir daí a idéia da oligarquia se agigantou até proporções fantasmagóricas.

Os militares

De uma forma geral, à classe dirigente peruana faltou informação e diálogo. Manteve-se isolada, desligada dos sentimentos populares, e por isso desconheceu a evolução que se processava, e que acabou por encontrar a sua válvula de escape: esta veio a ser representada pelos mesmos militares que até então haviam sustentado aquêle conjunto de privilégios e regalias. A classe dirigente estava acostumada a comprar generais, e não sòmente o fazia, como proclamava abertamente essa sua capacidade. Repentinamente defrontou-se com os militares constituídos em uma nova oligarquia, igualmente fechada e auto-suficiente; com a peculiaridade de que todos os generais que constituem o atual Ministério — conforme a declaração de bens que fizeram por ocasião de sua posse — são milionários, pelo que gozam de uma independência pessoal de que os anteriores não desfrutavam. Aquêle que menos declarou possuir, declarou 2 milhões de soles (cêrca de US$ 50.000).

Entretanto, ainda não se pode dizer que o govêrno tenha uma política econômica, pois é contraditório o comportamento dos diversos ministérios. O Banco da Indústria foi mantido durante muito tempo sem diretoria e sem gerente. As indústrias ignoram o futuro que as espera, e é geral o alarma em face da anunciada reforma da emprêsa. [1] Exemplo de irresponsabilidade é a ameaça feita por um dos generais-ministros: "Se os industriais teimarem em não investir, expropriaremos o dinheiro que têm nos bancos e o empregaremos diretamente" — esquecendo-se de que os industriais não atuam com capitais, mas com créditos.

Os militares sentiram os problemas apontados, mas reagindo contra a situação querem fazer tudo ao mesmo tempo, sem esperar o resultado de uma medida para adotar a seguinte.

(1) A 27/7/70 foi promulgada em Lima a nova Lei de Indústrias, que estabelece a nacionalização progressiva das indústrias estrangeiras e a transferência paulatina de 50% do capital de tôdas as indústrias para os operários. A principal objeção contra ela, levantada pela Sociedade Nacional de Indústrias (patronal), foi no sentido de que "elimina o direito de propriedade privada, já que concede aos trabalhadores a propriedade coletiva, e não individual". A lei foi apoiada pelo cardeal primaz do Peru, Juan Landarori, que viu nela "um passo a mais no processo de transformação do país, e aproxima os peruanos de uma sociedade mais justa".

O espírito que informa essa legislação é o que tende a uma concepção comunitária da propriedade, na linha das ideologias democrata-cristã e social-progressista, tal como ambas se apresentaram no Peru. Seus críticos dizem que ela "submete o país a uma experiência sócio-econômica que compromete perigosamente o desenvolvimento do Peru. As bases ideológicas que o govêrno deseja implantar no país não devem ser impostas, de forma vaga e incompleta, e muito menos sem os necessários estudos que devem sustentá-las". Os porta-vozes da SNI previam que uma das primeiras conseqüências da nova lei seria retrair ainda mais os investimentos. A resposta do porta-voz presidencial, Augusto Zimmermann, foi a seguinte: "A revolução não se discute. Impõe-se. Os investidores estrangeiros terão tôdas as garantias no Peru".

Os Estados Unidos

Concluiu êste informante dizendo que em face do movimento revolucionário peruano, os Estados Unidos adotaram a atitude menos recomendável possível: cortaram as linhas de crédito das emprêsas privadas peruanas, com o que impossibilitaram que estas mantivessem uma atitude independente, deixando-as na dependência do crédito governamental.

Também é preciso não esquecer, na generalização do sentimento antinorte-americano, os abusos cometidos anteriormente. Na emprêsa Cerro de Pasco, por exemplo, havia um clube reservado aos técnicos norte-americanos, e à entrada do mesmo os nacionais podiam ler a tabuleta: *Proibida a entrada de peruanos.*

Em complemento a essa lei, foi promulgada, em 3/9/70, a Lei da Comunidade Industrial, prevista pela anterior. Esta define a *comunidade industrial* como "pessoa jurídica de direito privado integrada pelo conjunto de pessoas que trabalham em período integral numa emprêsa industrial, incluindo desde o gerente até o mais modesto trabalhador". São seus objetivos declarados: unir os trabalhadores na administração, processo produtivo, propriedade da emprêsa e reinvestimento dos lucros; unificar a ação dos trabalhadores na administração da emprêsa; administrar os bens da emprêsa em benefício dos trabalhadores; promover o desenvolvimento social, cultural, profissional e técnico dos trabalhadores. Haverá "comunidade industrial" em tôda emprêsa com mais de seis trabalhadores e renda bruta anual superior a 1 milhão de soles (Cr$ 116.250.00). As emprêsas deverão destinar 15% de sua renda líquida à comunidade industrial, até que esta haja adquirido 50% do capital social. Com êsses recursos será criado um fundo geral, de que participarão todos os trabalhadores. O órgão máximo da comunidade industrial é a assembléia-geral, que se reunirá duas vêzes por ano ou mediante convocação extraordinária, e elegará o presidente do Conselho e demais membros; o número de membros do Conselho é fixado pelos estatutos de cada comunidade industrial, e como órgão executivo as decisões do Conselho são tomadas por maioria simples. As comunidades industriais deveriam estar constituídas num prazo de 60 dias, a contar da data da promulgação desta última lei.

Uma Lei Geral do Comércio, similar à Lei de Indústrias, acha-se no momento em elaboração.

Os Estados Unidos

Conclui êste informante dizendo que em face do movimento revolucionário peruano, os Estados Unidos adotaram a atitude menos recomendável possível: cortaram as linhas de crédito das emprêsas privadas peruanas, com o que impossibilitaram que estas mantivessem uma atitude independente, deixando-as na dependência do crédito governamental.

Também é preciso não esquecer, na generalização do sentimento antinorte-americano, os abusos cometidos anteriormente. Na emprêsa Cerro de Pasco, por exemplo, havia um clube reservado aos técnicos norte-americanos, e à entrada do mesmo os nacionais podiam ler a tabuleta: Proibida a entrada de peruanos.

O ex-senador Julio de la Piedra, de tradicional família peruana, uma das mais simbólicas da antiga oligarquia econômica. Era também um expoente político da UNO (União Nacional Odriista), partido de direita formado em tôrno do ex-ditador.

de François Bourricaud, Jorge Bravo Bresani, Henri Favre e Jean Piel podem ser conhecidas no livro *La Oligarquia en el Peru* (Monclao-Campodonico Editores, Lima, 1969), que além da análise do problema procedida por cada um dos autores, contém uma polêmica em que uns discutem as posições dos outros.

Divergência

Deixando de lado aspectos acessórios, a divergência fundamental pode ser representada pelas teses de Jorge Bravo Bresani e Henri Favre. A tese do primeiro, num resumo muito rápido, consiste em que a posse da terra constitui um elemento secundário na legitimação do poder oligárquico: elementos fundamentais seriam 1) as estruturas burocráticas instaladas na capital, especialmente as representadas pelos intermediários de negócios de exportação, e 2) os grandes centros consumidores. O problema é aqui visto como uma emanação do colonialismo, o peso decisivo sendo constituído pelas sedes estrangeiras que negociam com o país e que neste favorecem e consolidam o grupo de poder que corresponde aos seus interêsses. As culturas autóctones foram, em conseqüência, transformadas irreversivelmente e integradas na civilização estrangeira, resultando uma dependência global do Peru em relação ao exterior.

Bresani indica as diversas fases através das quais

3 — A FORMAÇÃO DO CLÃ OLIGÁRQUICO

Etimològicamente, oligarquia é o govêrno de poucas pessoas, realizado mediante o predomínio de um grupo na direção dos negócios públicos. No Peru, é impossível discutir a evolução da situação política, econômica ou social, sem a todo momento esbarrar com o conceito de oligarquia. A que corresponde, entretanto, a oligarquia peruana, que o presente govêrno revolucionário estaria precisamente se propondo desbaratar? A discussão é antiga, são muitos os pontos de vista, e há bastante divergência entre os sociólogos que se propuseram examinar as raízes e o processo de formação do grupo oligárquico que se destacou do corpo da nação para explorá-la em proveito próprio. As opiniões de François Bourricaud, Jorge Bravo Bresani, Henri Favre e Jean Piel podem ser conhecidas no livro *La Oligarquia en el Peru* (Moncloa-Campodonico Editôres, Lima, 1969), que além da análise do problema procedida por cada um dos autores, contém uma polêmica em que uns discutem as posições dos outros.

Divergência

Deixando de lado aspectos acessórios, a divergência fundamental pode ser representada pelas teses de Jorge Bravo Bresani e Henri Favre. A tese do primeiro, num resumo muito rápido, consiste em que a posse da terra constitui um elemento secundário na legitimação do poder oligárquico: elementos fundamentais seriam 1) as estruturas burocráticas instaladas na capital, especialmente as representadas pelos intermediários de negócios de exportação, e 2) os grandes centros consumidores. O problema é aqui visto como uma emanação do colonialismo, o pêso decisivo sendo constituído pelas sedes estrangeiras que negociam com o país e que neste favorecem e consolidam o grupo de poder que corresponde aos seus interêsses. As culturas autóctones foram, em conseqüência, transformadas irreversìvelmente e integradas na civilização estrangeira, resultando uma dependência global do Peru em relação ao exterior.

Bresani indica as diversas fases através das quais entende que se processou a instalação dêsse tipo de relações interior-exterior, para acentuar que a exploração mineira foi a principal via de acesso ao poder. O poder político apoiava-se sôbre o poder militar, que sustentava o poder econômico, exercido principalmente pelos comerciantes privilegiados, que trabalhavam com os produtos minerais: inicialmente o ouro e a prata, depois o cobre, e em menor escala o chumbo e o zinco.

A terra torna-se uma prêsa para o capitalista ou a emprêsa estrangeira, que através daquele comércio se introduzem no país — British Sugar, Gildemeister, Grace — e é essa penetração do poder externo na organização agrária da costa que vai alimentar o mito das 40 famílias, enquanto que os bancos são os verdadeiros centros de comunicação e de contrôle do sistema de poder misto, internacional-nacional. As atividades econômicas acabam, por êsse mecanismo, organizando-se ao redor de meia dúzia de grandes emprêsas que, estando consagradas a uma atividade principal — que freqüentemente é de exportação — rodeiam-se de um conjunto de satélites de variada natureza, com os quais mantém estreitas relações. O pêso principal, então, é sempre representado pelos grupos intermediários: assim, em primeiro lugar encontram-se os grupos nacionais em relação com o exterior, incluindo os grandes homens políticos, os grandes financistas, os grandes comerciantes e industriais; num segundo plano localizam-se os comerciantes, os proprietários de terras e as autoridades locais escalonados entre a capital, as capitais regionais, os centros industriais e as povoações.

Essa é, em síntese, a visão de Jorge Bravo Bresani.

A aristocracia rural

Na análise da gênese e da estrutura da oligarquia peruana, os estudos de Henri Favre têm uma atração tôda especial em vista do método de exposição que êle adota, da clareza de sua linguagem e da maneira extremamente convincente como a sua argumentação se escalona.

Sua visão apóia-se em uma análise histórica, que é preciso resumir.

O acesso do Peru à independência, em 1824, ocorreu como a culminação de um longo ciclo de lutas, que em boa parte aniquilaram o potencial produtivo do país. A saída da administração espanhola deixa o Peru sem uma elite, pois durante o regime colonial a administração estêve sempre fechada a criolos e mestiços, e assim não há ninguém para receber o poder. Isso faz com que quatro estrangeiros — San Martin, La Mar Santa Cruz e Bolivar, procedentes respectivamente da Argentina, do Equador, da Bolívia e da Venezuela, se instalem sucessivamente na casa de Pizarro; e o destroçamento da estrutura político-administrativa ilustra-se pelo fato de que em 1838 sete diferentes presidentes, cada um dêles dizendo-se constitucional, reivindicavam simultâneamente a herança dos vice-reis.

O poder efetivo é, nessa emergência, exercido pelas aristocracias de proprietários de terras, que dominam as sociedades regionais e tratam de açambarcar cada vez mais terras, inclusive apoderando-se das propriedades das comunidades indígenas.

Os indígenas são reduzidos à condição de servos: devem participar das atividades agrícolas e não-agrícolas, são alugados a parentes e amigos do fazendeiro, trabalham na casa do patrão, tudo isso em troca de um pequeno terreno para cultivo de gêneros de subsistência, um punhado de coca, alguma gratificação eventual. Não têm remuneração fixa, não podem comprar ou vender nada sem autorização do patrão, a cuja justiça estão submetidos; não freqüentam escola e só podem deixar a propriedade pela fuga.

A Costa

Vê-se com que irrecusável clareza aparece, nesse modêlo, a instalação do núcleo original do grupo oligárquico nacional sôbre a massa indígena; e é em nome do "indigenismo" que muitos dêsses costumes vão-se prolongar através do tempo, tornando os fazendeiros mediadores necessários entre os índios, que êles tratam de manter como tal, e a sociedade global.

A partir de 1850 inicia-se um processo ao longo do qual a aristocracia da Costa vai estender o seu poder sôbre o resto do país, empreendendo o reordenamento dêste em regiões autônomas, dentro de um Estado unitário fundado em órgãos centralizados. Acentua-se a fissura entre a faixa litorânea moderna, espelhada na capital, e a imensa serra arcaica.

As fazendas da costa usaram durante bom tempo a mão-de-obra escrava trazida da África, a qual, com a abolição da escravidão, foi substituída em parte pelo recrutamento de trabalhadores estrangeiros vindos da ilha de Páscoa ou por chineses chegados de Macau, e dos quais entraram no país, até 1870, cem mil.

O escravo negro comprava-se por 300 pesos. O trabalhador chinês percebia mais de um pêso por dia, e êsse encarecimento da mão-de-obra aconselhou a introdução de máquinas. Mas as máquinas custavam caro, pelo que deviam ser empregadas na produção de bens que alcançassem preços compensadores — e é assim que se introduzem, nas fazendas costeiras, as culturas de cana e de algodão, a primeira delas favorecida por uma inesperada alta de preços do produto no mercado externo. Constroem-se ferrovias no interior das plantações, já há engenhos a vapor e a abertura do Canal do Panamá traz o incremento do comércio de navegação.

De 55.370 t de açúcar que o país exportou em 1876, passou, em 1929, a exportar 363.380 t e em 1960 a produção é de 827.036 toneladas. A concentração da propriedade caminha simultâneamente: os engenhos, que eram 62 em 1900, passam a 33 em 1929 e a 14 em 1960, e a produção continua crescendo. Entram a ser elaborados os subprodutos: rum, álcool, melado, papel, papelão, produtos químicos derivados.

A produção algodoeira cresce mais lentamente: em 1929 há 126.883 ha plantados, a produção é de 65.591 t, das quais 45.872 são exportadas. Em 1960 a superfície plantada é de 253.355 ha, a produção de 130.499 t e a exportação de 100.863 t.

As plantações de algodão, por não-mecanizáveis, continuam muito descentralizadas, sendo exploradas por arrendatários, que de seu lado contratam trabalhadores temporários — enquanto que as usinas de açúcar têm empregados permanentes, organizados em sindicatos.

Algodão e açúcar, ocupando 15,5% das terras cultivadas, representam 32% do valor da produção agrícola e de 30 a 35% do valor total das exportações.

Fração do capitalismo internacional

Como conclusão do perfil histórico que traçou e sôbre o qual se apóia, Henri Favre mostra que a oligarquia peruana é açucareira e algodoeira.

Segundo levantamento a que procedeu, havia na Costa 181 famílias, cada uma proprietária de mais de 500 ha de terra numa extensão total de 357.000 ha, que representavam 53,6% da superfície cultivável dessa região.

Entre essas 181, podia-se destacar um grupo de 44 famílias, cada uma delas proprietária de mais de 2.500 ha, possuindo em conjunto 154.186 ha, ou 23,1% da superfície cultivada da Costa.

A produção de algodão é em sua quase totalidade comercializada por 27 famílias ou sociedades familiares, e a do açúcar por 8 delas. Essas famílias, tendo em vista que as possibilidades de extensão da agricultura na Costa são limitadas, investiram os lucros de suas plantações em outros setores econômicos. Desde antes da guerra do Paraguai elas constituíram uma densa rêde bancária. A partir do fim do último século, aplicaram capitais na atividade mineira. São elas que fundam as companhias de seguros, organizam os circuitos de distribuição interna e o comércio de exportação e importação, loteiam terras e constroem as aglomerações costeiras para as quais, a partir de 1930, afluem as migrações vindas da Serra. E por último, e desde há pouco tempo, são elas que asseguram o surgimento das indústrias de transformação e de algumas indústrias pesadas.

Começando algodoeira e açucareira, a oligarquia das grandes famílias erigiu verdadeiros impérios econômicos, que se ramificam em tôdas as direções e que em conjunto representam o essencial do potencial produtivo do Peru.

Três famílias

Para ilustrar sua análise e sua tese, Henri Favre esmiúça a situação de três dessas famílias oligárquicas.

A primeira é a dos Aspillaga, velha família espanhola que se lançou desde cedo no cultivo da cana, em fazendas adquiridas ainda na época colonial. Possuía seis fazendas no vale do Saña, totalizando 7.585 has quase totalmente plantados de cana. Fora do setor agrícola, seus membros são proprietários ou sócios das seguintes emprêsas: jornal *La Prensa,* de Lima; Cia. de Seguros Fênix Peruana; Banco Continental; Agência Marítima e Comercial Sul-Americana; Cia. Internacional de Seguros do Peru; Banco Popular do Peru; Cia. Financiadora; Cia. Manufatureira de Vidros do Peru; Vidros Planos do Peru; Indústrias Reunidas; Energia Hidrelétrica Andina; Companhia de Aviação Faucett; Cimentos Chiclayo; Emprêsa Imobiliária Nacional; Companhia Imobiliária e Comercial Atlântica; Cia. de Seguros El Sol; Sindicato Industrial do Rimac; Banco Comercial do Peru; Companhia Imobiliária Chiclayo; Backus y Jonhston Brewery do Peru; Lima Light & Power Co.; Cia. Italo-Peruana de Seguros Gerais;

POPULAÇÃO TOTAL
(em milhares de pessoas)

	1961	1968	1969	1970
População total	10.320	12.772	13.172	13.586
Taxa de aumento anual	3,02%	3,13%	3,15%	2,15%
População urbana				
% sôbre a população total	47,2%	51,4%	51,9%	52,5%
Taxa de aumento anual	4,27%	4,29%	4,28%	4,27%
População rural				
% sôbre a população total	52,8%	48,6%	48,1%	47,5%
Taxa de aumento anual	1,78%	1,92%	1,92%	1,94%

Fonte: Serviço do Emprêgo e Recursos Humanos.

POPULAÇÃO ECONOMICAMENTE ATIVA
(em milhares de pessoas)

	1961	1968	1969	1970
Total	3.250	4.009	4.136	4.269
Taxa de aumento anual	2,82%	3,16%	3,18%	3,20%
Homens				
% sôbre o total	79,0%	77,6%	77,4%	77,3%
Taxa de aumento anual	2,58%	2,91%	2,93%	2,97%
Mulheres				
% sôbre o total	21,0%	22,4%	22,6%	22,7%
Taxa de aumento anual	3,71%	4,04%	4,06%	4,00%

Fonte: Serviço do Emprêgo e Recursos Humanos.

PRODUÇÃO DE ENERGIA ELÉTRICA
Potência instalada em Lima e nas províncias
1966

ZONA	POPULAÇÃO Milhares de habitantes	CAPACIDADE INSTALADA Milhares de kw	PRODUÇÃO ANUAL W. por habitante	WK-H Milhares de kw	por habitante
Lima	2.437.10	469.10	192.50	1.216.50	499.20
Províncias	9.574.40	1.000.00	104.50	2.963.90	309.60
TOTAL	12.011.50	1.469.10	269.90	4.180,40	808.80

Fonte: Ministério do Fomento y Obras Públicas — Direccíon de Industrias y Eletricidad.

Colville and Company; Asdel. Favre assinala que o capitalismo peruano não é de tipo popular; o número de acionistas é sempre reduzido, as ações se distribuem entre parentes, aliados, compadres ou amigos do círculo de relações familiares, pelo que tem importância secundária apurar exatamente o grau de participação ou contrôle em cada emprêsa.

A segunda é a dos Pardo. Aparece depois da Independência, sob a República, à qual dá dois presidentes. Sua fortuna erige-se a partir da Fazenda Tumán, que o Estado presenteou a Manuel Pardo por volta de 1870, como recompensa por seus serviços. Seus componentes tornaram-se proprietários de três plantações na região de Chiclayo, numa extensão de 5.384 ha cultivados. Fora do setor agrícola são proprietários ou acionistas das seguintes emprêsas: Cia. de Inversões Mobiliárias e Imobiliárias; Cia. de Construções Civis; Imobiliária Santa Clara; Imobiliária S. Pedro; Imobiliária Urbana El Carmen; Imobiliária La Quina; Sociedade Imobiliária Huérfanos; Banco Comercial do Peru; Banco Continental; Cia. de Seguros El Sol; Cia. de Seguros El Pacífico; Cia. de Seguros La Fênix Peruana; Cosmos; Terra; Somerin; Consórcio Comercial Lanero; Sociedade Industrial de Colorantes; Yutera Peruana; Indústrias Cerâmicas; Fertilizantes Sintéticos; Sindicato Mineiro Rio Pallanga; Fábrica de Tecidos Los Andes; Deep Sea Fishing Co.; Petrolera El Pacifico; Backus and Johnston Brewery do Peru.

A terceira é a dos de la Piedra. Sòmente aparece entre os anos 1920 e 1930, durante o govêrno de Leguia, quando um de seus membros foi ministro da Fazenda. Possuem, nas províncias de Chiclayo e Lambayaque, 10.700 ha cultivados e explorados por duas sociedades: a Sociedade Agrícola Pomalca Ltda. e a Viuva de la Piedra e Filhos S.A. São os terceiros produtores de açúcar e os segundos produtores de arroz do Peru. Possuem 4.000 casas de aluguel na aglomeração metropolitana Lima-Callao, e são proprietários ou acionistas das seguintes emprêsas: Sociedade de Investimentos Santa Elena; Imobiliária Mochica; Imobiliária Lambayeque; Agência Lambayeque; Cia. 1954 Wilson; Comercial Importadora S. Antonio; Comercial Importadora Sta. Clara; Enrique de la Piedra (imprensa); Piedra y Caballero; Cia. Peruana de Cimento Portland. Ricardo

de la Piedra é vice-presidente da Cia. Internacional de
Seguros do Peru, e Julio de la Piedra, ex-presidente do
Senado, é membro do Conselho de Administração do
Banco Popular do Peru.

A concentração do poder

Essas três famílias, aparecidas em três distintas e
bem espaçadas épocas históricas, mostram, entretanto,
uma coincidência na forma de surgimento, expansão e
diversificação de seu poder econômico. São perfeitamente representativas do que sucedia com os 44 principais latifundiários da Costa peruana, os quais, segundo
levantamento procedido por Favre, estão inseridos nas
seguintes categorias de emprêsas:

Sociedades imobiliárias . . . . 27 proprietários
Indústrias de transformação . . . . 26 "
Bancos e sociedades de financiamento . 25 "
Companhias de seguros e resseguros . 21 "
Sociedades comerciais . . . . 17 "
Minas . . . . 7 "
Energia . . . . 7 "
Transportes . . . . 5 "
Indústrias pesadas . . . . 5 "
Meios de comunicação . . . . 5 "

Dos 44 grandes plantadores de cana e algodão
examinados, sòmente seis restringiam suas atividades à
agricultura. 5 dêles tinham interêsse em uma outra dessas categorias de emprêsas; 6, em duas categorias; 6
outros, em três delas; 7, em quatro; 9, em cinco; 3, em
seis; 1, em oito e 1 em nove. A oligarquia permanece
homogênea, ao mesmo tempo que encaminha suas atividades para todos os setores da economia, e assim é que,
enquanto ela controla o conjunto da economia, não
há um oligarca que sòzinho controle um setor particular; essa homogeneidade também é favorecida pelo
fato de que o poder continuou fundado nas plantações,
que representam a dupla função de trampolim e refúgio,
essencial numa economia especulativa como é a peruana. Trampolim: sua hipoteca permite dispor imediatamente e nas melhores condições do numerário necessá-

rio ao lançamento de um "bom negócio", sem a perda do anterior. Refúgio: os ingressos que propicia regularmente evitam a ocorrência de uma catástrofe, no caso de que o negócio não se revele tão bom quanto era esperado.

Coesão na variedade

Esse emaranhamento de interêsses põe a oligarquia a coberto de contradições, evitando tensões que poderiam opor um grupo de proprietários territoriais, voltados para o comércio externo e interessados na liberdade de comércio, a um grupo industrial voltado para o mercado interno e favorável à elevação das tarifas alfandegárias. É que o desenvolvimento industrial continuou a depender dos plantadores da região costeira, que economizam, investem e empreendem.

A indústria da farinha de peixe, que ganhou importância a partir de 1955, mostra como o complexo oligárquico procura evitar o surgimento de um setor industrial autônomo. Essa indústria requer pequenos capitais e propõe problemas tecnológicos de fácil solução; os interessados, algumas vêzes de condição modesta, tomam dinheiro emprestado a juros de até 20% ao ano para armar pequenas frotas de barcos e construir fábricas elementares que transformarão as anchovas em farinha. Em 1962 a produção de farinha de peixe ultrapassou um milhão de toneladas, mas no ano seguinte estalou a crise: imprevidentes, os empresários se endividaram demais, e dos 190 milhões de dólares investidos nas fábricas, sòmente 40 milhões puderam ser reembolsados: o restante estava garantido pela produção, que iria atingir seu ponto máximo. É a essa altura que a oligarquia intervém, lançando uma "operação de salvamento" da referida indústria, ao cabo da qual ela se tornou dona exclusiva da mesma.

A Cerro de Pasco

O capital estrangeiro, que participa de diversos setores da economia peruana, sòmente é majoritário, entretanto, no setor das minas, onde vamos encontrar a Cerro de Pasco Copper Corporation, que extrai a metade do cobre e 3/4 do chumbo e do zinco produzidos, além de possuir a única refinaria de metais instalada no país. As sociedades peruanas entrosadas com a Cerro obtêm a preço conveniente os materiais de que necessitam e em seguida podem vender a maior parte da produção aos Estados Unidos. Um exemplo dêsse interajustamento: em 1964, 33% das ações da Cia. Mineira Boaventura foram cedidos à Cerro de Pasco, ao mesmo tempo que o presidente e principal acionista da CMB, que ademais era presidente do Banco de Lima e co-proprietário de uma fazenda em Ica, foi elevado à presidência da Cerro.

A identificação de interesses da oligarquia com o capital estrangeiro mostra que, ao invés de ser uma minoria nacional oprimida, ela, tendo diversificado suas atividades, que foram estendidas além do quadro estritamente peruano, fundiu-se a uma classe capitalista internacional que dirige uma economia sem fronteiras.

Gildemeister

Veja-se o caso dessa sociedade familiar: os Gildemeister, cuja fortuna está ligada à exploração do salitre de Tarapacá — no Chile — possuem 32.213 ha de terras cultivadas, sendo os primeiros produtores de açúcar do Peru. Os navios pertencentes aos Gildemeister asseguram a comunicação com o Chile, onde o salitre extraído é tratado na refinaria Gildemeister e comercializado por uma sociedade Gildmeister. Outra parte é enviada à Alemanha — onde os Gildemeister possuem diversas participações na indústria química — nos porões de navios que ostentam pavilhão alemão mas que também pertencem aos Gildemeister; êsses mesmos navios transportam até Hamburgo o açúcar das plantações de cana que os Gildemeister possuem no Brasil.

Assim, a oligarquia foi tornando-se cada vez mais desligada de uma sociedade na qual não se acha senão artificialmente enquistada, e sôbre a qual exerceu um poder grande, distante e difuso, o que fêz com que ela nunca sentisse a necessidade de justificar sua autoridade perante a população.

No seio dos partidos

Por não ter uma ideologia, a oligarquia não se preocupou em criar um partido próprio, que a defendesse globalmente dos outros setores da sociedade, preferindo os oligarcas exercer influência no seio dos partidos em geral. A partir de 1962 a União Nacional Odriista foi por ela bastante subvencionada, mas outros representantes da oligarquia ocuparam importantes posições na Democracia Cristã, na Ação Popular e na Apra.

Até o golpe militar de 1968, era impensável que um agrupamento político pudesse governar contra a oligarquia, e o govêrno reformista que pretendesse enfrentar seus interêsses ver-se-ia diante de uma ampla fuga de capitais e do rápido esgotamento das reservas nacionais, afetando o nível de emprêgo e a indispensável importação de gêneros de primeira necessidade. Esta é, ainda no presente regime, a principal dificuldade que os generais devem enfrentar, sem embargo de que não estejam tolhidos pràticamente por nenhuma limitação legal, e disponham da fôrça para fazer cumprir as medidas mais radicais.

Um precedente da natureza indicada ocorreu em 1945, quando Bustamante y Rivero foi levado à Presidência graças ao apoio de partidos que incluíam a Apra, então ainda considerada uma organização revolucionária. Imediatamente os capitais começaram a expatriar-se, as importações subiram e as divisas acumuladas se esgotaram; Bustamante instituiu o contrôle cambial, o que acirrou a oposição dos grupos conservadores, enquanto a agitação social colocava também a esquerda contra o presidente. A situação se degradou tanto que em 1948 a oligarquia pràticamente empurrou o general Odria ao poder. Parece que em 1968 houve uma tentativa de repetição dêsse jôgo, pois ao reformismo moderado de Belaunde Terry havia a perspectiva de que se seguisse um govêrno da Apra; esta, que já não se caracterizava pelo antigo revolucionarismo, continuava, entretanto, a ser a *bête noire* dos militares que por isso se dispuseram ao golpe. Apenas a direita, que quis e aplaudiu êsse golpe, não esperava pela radical mudança que nesse intervalo ocorrera na mentalidade dos chefes do exército, e que os levou a nitidas posições de esquerda no terreno económico.

Já bem antes do golpe de 3 de outubro de 1968 Henri Favre entendia que a especialização da função militar facilitaria o progressivo desaparecimento do general por vocação política, e sua substituição pelo técnico em defesa nacional. Em consequência, as antigas relações de subordinação do exército à oligarquia tendiam a tornar-se iguais, quiçá mesmo competitivas, podendo ocorrer que o exército fosse retirado a integrar o corpo solidário, apoderando-se do governo e ... mecanismos do Estado. E formulava a hipótese, que veio a verificar-se, segundo a qual essas classes médias emergentes, representadas pela oficialidade, estando excluídas do poder oligárquico, seriam levadas a constituir-se em autêntica força revolucionária, empenhando-se na tarefa de destruição da oligarquia ... pela liquidação de suas bases n... campo, mediante a realização de uma efetiva reforma agrária.

E é exatamente o que explica que o início d...
apli...ção d... reforma pelo presente governo ...
las...c... tenha tratado como efetivo ...
zo... ... agrá...ão, onde o campones es...
mais desassistido, as formas ... ligár...as foram mais espoliadas — a estra... cos... a ...osta, onde se ass...am as gr... ag... strais ... de ... sc..., a pl... ... se ex.... u ag... a...gal até agora el... l... ada.

SERVIÇO FERROVIÁRIO

Longitude linear em Km	
Linhas principais	2.111
Total	2.664
TRANSPORTE CARGA	
Em milhares de toneladas	4.345
Em milhares de t-Km	630.2
TRANSPORTE PASSAGEIROS	
Em milhares de passageiros	2.976
Em milhões de passag-Km	224.8

Fonte: Instituto Nacional de Planificação.

VEÍCULOS RODOVIÁRIOS
(em unidades)

ANO	AUTOMÓVEIS		Caminhões	Caminhonetas	Ônibus	TOTAL
	Particulares	Públicos				
1960	59.734	17.541	30.073	23.254	5.410	136.012
1961	67.863	19.140	31.842	25.461	5.671	149.977
1962	76.455	20.692	33.755	27.616	5.912	164.430
1963	85.944	22.751	35.146	29.469	6.154	179.284
1964	96.151	24.339	36.539	31.468	6.299	194.796
1965	105.285	26.043	38.156	33.828	6.645	209.957

Fonte: Instituto Nacional de Planificação

mentalidade dos chefes do exército, e que os levou a nítidas posições de esquerda no terreno econômico.

Os militares

Já bem antes do golpe de 3 de outubro de 1968 Henri Favre entendia que a especialização da função militar facilitava o progressivo desaparecimento do general-caudilho por vocação política, e sua substituição pelo técnico em defesa nacional. Em conseqüência, as antigas relações de subordinação do exército à oligarquia tendiam a tornar-se igualitárias e mesmo competitivas, podendo ocorrer que o exército fôsse tentado a intervir, como corpo solidário, apoderando-se do govêrno e de todos os mecanismos do Estado. E formulava a hipótese, que veio a verificar-se, segundo a qual essas classes médias emergentes, representadas pela oficialidade, estando excluídas do poder oligárquico, seriam levadas a constituir-se em autêntica fôrça revolucionária, empenhando-se na tarefa de destruição da oligarquia, a começar pela liquidação de suas bases no campo, mediante a realização de uma efetiva reforma agrária.

E é exatamente isso que explica que o início da aplicação dessa reforma, pelo presente govêrno de Velasco Alvarado, tenha tomado como objetivo, não as zonas agrícolas mais atrasadas, onde o camponês está mais desassistido, e as comunidades indígenas foram mais espoliadas — a Serra — mas, ao contrário, a Costa, onde se situam os complexos agro-industriais onde a oligarquia nasceu, a partir dos quais se expandiu e sôbre os quais até agora ela continuava enraizada.

4 — UMA REFORMA AGRÁRIA ACELERADA

O govêrno revolucionário está pondo em prática, no campo, medidas que de há muito vinham sendo propugnadas pelos partidos políticos, e que não conseguiam ser efetivadas exatamente porque a Fôrça Armada se mantinha como guardiã de uma ordem anacrônica. A questão está em saber se a destruição da antiga estrutura agrária não vai dar lugar ao estabelecimento de outra, também coercitiva e injusta em relação aos trabalhadores agrícolas.

Os antigos latifúndios eram verdadeiros Estados dentro do Estado, regulando-se por leis próprias. As grandes fazendas canavieiras cresceram mediante a ab-

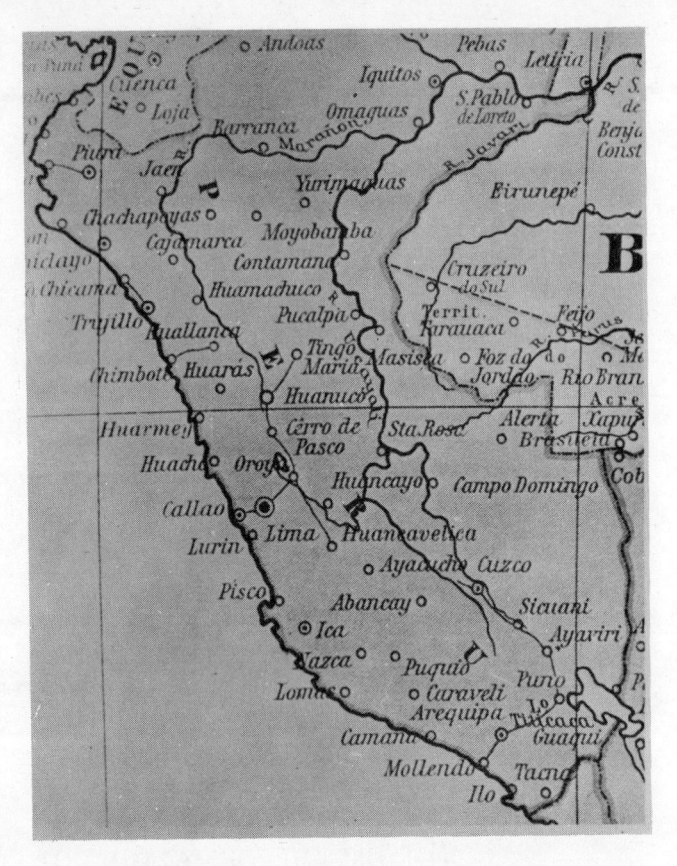

Mapa do Peru. (Copyright Agência "Estado".)

sorção das que lhes eram vizinhas, e muitas vêzes engoliram povoados que assim perdiam sua vida autônoma. Dominando as vertentes de água que descem da Serra, e que, ao longo da Costa em que não chove, constituem as únicas fontes de irrigação, formando cêrca de 50 vales produtivos — os grandes fazendeiros levavam os pequenos proprietários a vender-lhes suas terras privadas de água, a preços irrisórios.

Água

Pois mais grave que o problema da terra, no Peru, é o problema da água. Muito embora a massa anual de água despejada seja de 40.000 milhões de m³, sòmente a quinta parte, 8.000 milhões, é aproveitada, ao passo que as terras em cultivo exigiriam um volume mínimo de 18.000 milhões: o período de abundância de águas é curto — três meses — e seu volume então ultrapassa a capacidade de retenção, perdendo-se a maior parte no mar. 54% das terras irrigadas — pouco mais de 1.016.000 ha — concentra-se nos Departamentos de La Libertad, Lima, Ancash, Piura e Ica, nos quais predominam as culturas de cana, algodão, arroz, trigo, milho, batata e cevada.

Depressa demais

As estatísticas adiante referidas mostram a rapidez com que se desenvolve a aplicação da reforma agrária. Um agrônomo nela empregado, e que tem experiência de trabalho em fazendas brasileiras e na aplicação da reforma agrária colombiana, disse que a seu ver os militares estavam, no caso do Peru, pretendendo andar depressa demais, realizando expropriações sôbre expropriações, sem dispor do elemento humano imprescindível à consolidação da situação em cada caso. É notável, entretanto, que apesar do andamento fulminante e sem contemplações da reforma, dela não decorreu até agora nenhum conflito — não houve movimentos de insubordinação de camponeses, nem nenhum proprietário opôs a menor resistência [1].

O processo de expropriação é drástico. A fazenda é preliminarmente declarada expropriável, e a partir dêsse momento o fazendeiro nada mais pode dela retirar; isso impede volte a ocorrer o que sucedia antes, quando o fazendeiro que se sabia visado tratava de "limpar" a propriedade de tôdas as benfeitorias possíveis, antes que a expropriação se efetivasse.

No regime atual, à declaração inicial segue-se a avaliação do imóvel, e nesta toma-se como dado decisivo a declaração anteriormente feita ao impôsto sôbre a renda. Como esta dificilmente correspondia à verdade,

---

(1) Em setembro de 1970, membros da comunidade camponesa de Molinos entraram em Lacho-Pallana para semear milho e batata. Os camponeses de Quero, que se julgam proprietários dessas terras, atacaram os invasores com paus e pedras, resultando do confronto onze feridos. Mas é um caso de conflito entre grupos de camponeses pobres, não de resistência de grandes fazendeiros expropriados.

a falsa declaração volta-se contra êle; e, embora possa recorrer da avaliação, a declaração anterior sempre pesa contra.

Tôdas as ações relativas a terras, que se encontravam em andamento por ocasião da decretação da reforma, paralisaram-se no ponto em que se encontravam, sendo remetidas à Justiça Agrária, desde então a única autorizada a decidir sôbre o assunto. Essa justiça especializada compõe-se de juízes sediados nas zonas de reforma agrária e de Tribunais Agrários — dos quais foi instalado o primeiro — composto de 3 membros, e cujas decisões são irrecorríveis.

As fazendas expropriadas tiveram desde logo bloqueadas as respectivas contas bancárias, cujos saldos passaram a ser movimentados pelos interventores designados pelo govêrno.

Desapropriações

As estatísticas mostram nìtidamente a situação da terra no Peru, ao iniciar-se a aplicação da reforma agrária: de um lado, a extensão do latifúndio; de outro, a pulverização em minifúndios. Assim, apenas 3.638 unidades agropecuárias, representando pouco mais de 4% do número total de propriedades existentes, cobriam 13.193.963 ha de tôda a superfície cultivável do país, ou seja, mais de 70% desta.

Aplicação da reforma

Até abril de 1970, 11 dos 23 Departamentos (Estados) em que se divide o Peru, haviam sido declarados, em sua totalidade, zonas de reforma agrária. Eram êles: Cuzco, Puno, Pasco, Junin, Ancash, La Libertad, Lambayeque, Ayacucho, Huancavelica, Piura e Lima. Os complexos agroindustriais açucareiros — que são as propriedades agrícolas maiores e econômicamente mais importantes do país — foram expropriados 48 horas depois da promulgação da atual lei de reforma agrária, encontrando-se presentemente sob administração do Estado. Cada um dêles é dirigido por um oficial militar, assessorado por Comitê Especial integrado por 4 delegados do Estado e 2 trabalhadores; nêles se realizam cursos de capacitação cooperativista, que se destinariam a habilitar os trabalhadores a assumirem a direção dessas emprêsas. Três das fazendas em questão — Cayalti, Tumán e Laredo — foram formalmente entregues à direção dos trabalhadores no dia 24 de junho de 1970, primeiro aniversário da promulgação da lei 17.716 [1].

Os oito principais complexos agroindustriais açucareiros expropriados foram os de Casa Grande, Laredo e Cartavio no Departamento de La Libertad; Cayalti, Tumán, Pátapo e Pucalá, em Lambayeque; e Paramonga, em Lima. Foram já expropriadas diversas outras fazendas situadas na Costa e na Serra, seja porque, de acôrdo com a lei, nelas vigoravam "condições anti-sociais nas relações de trabalho", seja porque o proprietário possuía mais de uma propriedade, o que o transformava num "parasita do campo".

Extensão desapropriada

De acôrdo com um relatório do Ministério da Agricultura, de maio de 1964 a setembro de 1968, na vigência da antiga lei (5.037) haviam sido expropriadas 385 propriedades agrícolas, na extensão total de 698.000 ha.

De outubro de 1968 a outubro de 1969, na vigência da nova lei, foi expropriada uma extensão de outros 676.982 ha, o que perfaz o total geral, até a data indicada, de 1.375.533 ha.

De outro lado, de maio de 1964 a setembro de 1968, 313.972 ha das terras expropriados foram adjudicados a 9.224 beneficiários, e de outubro de 1968 a outubro de 1969, 360.381 outros ha, a 11.221 beneficiários, num total geral de 674.353 ha de terras entregues a 20.445 lavradores.

Segundo previsões, e sempre de acôrdo com o Ministério da Agricultura, até dezembro de 1969 devem ter sido expropriadas outras 42 fazendas, com uma área de 460.246 ha, dos quais 112.080 ha devem ter sido adjudicados a 1.410 beneficiários.

(1) A transferência formal dos demais complexos agroindustriais expropriados às Cooperativas de trabalhadores realizou-se a 3 de outubro de 1970, no segundo aniversário do golpe militar.

No presente ano, a reforma agrária deverá passar a ser aplicada principalmente na zona da Serra, onde é pior a situação social dos trabalhadores, e onde no passado ocorreram reiterados surtos de insurreição camponesa.

O valor e a indenização

Durante o ano de 1969 a administração da reforma agrária despendeu, com as expropriações de terras e instalações — em dinheiro e em bônus — em números redondos, 200 milhões e 500 mil soles; na compra de gado, 185.600.000 e, em programas de ajuda técnica, 46.300.000 soles.

Na expropriação de cada fazenda, o pagamento em dinheiro nunca pode ultrapassar o limite de 100.000 soles — pouco mais de 10.000 cruzeiros — sendo todo o restante representado por bônus. Êstes são de três tipos: os da classe A rendem um juro anual de 6% e devem ser resgatados mediante amortizações anuais iguais, em dinheiro ou em ações industriais, no prazo de 20 anos; os da classe B rendem juros anuais de 5% e devem ser resgatados em 25 anos; e os da classe C rendem 4% anuais e são resgatáveis no prazo de 30 anos.

As amortizações e os juros, pagos em dinheiro e por ano aos portadores de bônus da dívida agrária, não poderão, em nenhum caso, exceder o valor de 150 salários-mínimos básicos da província de Lima. A diferença que houver será paga em ações, pela sua cotação no mercado, de emprêsas selecionadas pelo Banco de Fomento Industrial.

Para incentivar o processo de industrialização do país, os bônus da dívida agrária podem ser admitidos no financiamento de emprêsas industriais devidamente qualificadas, sempre que êles representem um máximo de 50% do respectivo capital, sendo os outros 50% constituídos por investimentos em dinheiro dos mesmos portadores dos bônus. Com esta operação, o govêrno espera gerar um potencial de investimento industrial da ordem de 30.000 milhões de soles, até 1975.

Os bônus têm o valor nominal de 1, 5, 10, 50, 100, 500 mil e 1 milhão de soles. A lei respectiva autorizou uma emissão no valor total de 15.000 milhões de soles, a ser completada até 1973. A primeira emissão, no valor de 3.500 milhões de soles, foi feita em novembro de 1969.

A população camponesa

De acôrdo com as projeções feitas pelo Instituto de Planificação do Peru, a população ativa do país era, em 1969, de 4.136.200 pessoas e em 1970 deveria ascender a 4.268.700. Quanto à população ativa agrícola, era, em 1969, de 1.860.900 pessoas, e chegaria, em 1970, a 1.869.500. A serem exatos êsses cálculos, a situação anterior ter-se-ia modificado na última década, pois o recenseamento da população realizado em 1961 indicava que a agricultura ocupava cêrca de 50% da população econômicamente ativa, constituindo-se então de 1.521.442 pessoas.

De qualquer forma, a mesma fonte calcula que a maior parte da população do país — 62% — continua a depender do cultivo da terra, considerando-se os camponeses e seus dependentes. O grosso dessa população rural está localizado na região da Serra, a mais atrasada do país, onde vivem 72,4% dos analfabetos peruanos.

Exportação e consumo interno

Os grandes complexos agroindustriais da Costa, expropriados pela reforma agrária, compõem-se das plantações de cana-de-açúcar e das usinas de beneficiamento para a transformação do produto. O açúcar e o algodão constituem os dois principais produtos agrícolas de exportação. As fazendas da Costa desde algum tempo haviam evoluído no sentido de formas capitalistas de exploração, enquanto as da Serra em geral conservam aspecto rudimentar, orientando-se especialmente no sentido da produção de artigos de consumo interno.

De acôrdo com os estudos feitos, o setor agropecuário, antes da aplicação da reforma agrária, encontrava-se estancado, contribuindo para o estrangulamento da economia nacional, freando o avanço dos demais setores produtivos. O regime de propriedade, posse e exploração da terra foi considerado o responsável por essa situação negativa: a produção de alimentos não crescia em relação ao aumento da população, sendo necessário efetuar onerosas importações de gêneros, tais como trigo, arroz, gordura, carne, leite e manteiga.

As últimas chuvas, excepcionais, faziam prever para o ano de 1970 uma sensível melhoria em tôda a produção agrícola, mas o terrível terremoto de maio do mesmo ano prejudicou muito a economia do país, atrasando os planos de desenvolvimento agrícola.

Orientação da reforma

As autoridades incumbidas da aplicação da reforma agrária salientam que esta não pode ser introduzida instantânea e simultâneamente em todo o País, sendo necessário observar uma escala de prioridade e proceder a um ordenado cronológico e técnico. Até 1975, todo o país deverá ter sido atingido pela reforma agrária.

Um Estatuto das Comunidades Camponesas (indígenas), promulgado pelo atual govêrno, pretende revitalizá-las e modernizá-las, incentivando entre elas as cooperativas de produção e impedindo a fragmentação das terras que lhes foram atribuídas.

A Cerro de Pasco

Nos dias 26 e 27 de março de 1970 foram adjudicados 283.000 ha de terras, expropriadas à emprêsa norte-americana Cerro de Pasco Corporation, na região central do país. Na fazenda Pachacayo, perto de La Oroya, os títulos de propriedades relativos a 243.000 ha foram entregues à Sociedade Agrícola de Interêsse Social "Tupac Amaru" e às comunidades de Yauli, Huaycancha, Vilca e Pucará, enquanto que em Chacamarca, perto de Junin, 48.000 ha eram adjudicados a oito outras comunidades. Em conseqüência, 3.270 famílias camponesas adquiriram a propriedade da terra em que trabalhavam.

CONCENTRAÇÃO E DISPERSÃO DA PROPRIEDADE TERRITORIAL

(Recenseamento de 1961)

Superfície das unidades agropecuárias

Tamanho em hectares	Unidades	Superfície em hectares
De menos de 0,5	157.475	36.666
De 0,5 a menos de 5	135.445	92.425
De 5 a menos de 2	185.467	245.329
De 2 a menos de 3	197.794	245.796
De 3 a menos de 4	65.628	213.635
De 4 a menos de 5	47.318	202.335
De 5 a menos de 10	76.372	477.760
De 10 a menos de 20	31.481	409.814
De 20 a menos de 50	17.995	519.532
De 50 a menos de 100	6.643	433.776
De 100 a menos de 200	4.284	541.957
De 200 a menos de 500	3.400	1.009.081
De 500 a menos de 1.000	1.519	1.022.018
De 1.000 a menos de 2.500	1.093	1.619.186
De 2.500 e mais	1.026	10.651.830
Não declarado	42	
TOTAIS	843.282	17.722.044

As críticas do aprismo

E' sob o lema do grito do histórico líder camponês, Emiliano Zapata, — *Terra e Liberdade* — que o Partido Aprista Peruano analisa e critica a reforma agrária decretada pelo govêrno militar, em longo manifesto datado de julho de 1969. São as seguintes, resumidamente, as principais observações contidas nesse documento:

1. Não há revolução sem povo, nem povo sem representação. Não há revolução sem assembléia, nem pode haver reforma agrária sem os camponeses organizados e a população participando, através de um Congresso, da obra de renovação. Há uma contradição insolúvel no fato de se proclamar, de um lado, a urgência de anular o excesso de riqueza acumulada em poucas mãos, quando se cuida, ao mesmo tempo, de concentrar cada vez mais o poder em poucos chefes. Substituir uma oligarquia de tipo civil e econômico, por uma oligarquia castrense, não representaria nenhum progresso para o Peru, nem qualquer vantagem para o povo. Não se pode ser revolucionário em economia e reacionário em política. A exclusão do povo e a ausência de instituições de democracia representativa conspiram contra a solidez das conquistas sociais, econômicas e antiimperialistas.

2. A Junta Militar apresenta-se como pioneira da reforma agrária, que na verdade resultou de um processo longo. A idéia da reforma aparece pela primeira vez na Constituição de 1931, propõe-se com mais clareza no projeto da Comissão Beltran-Seoane, de 1960, é reapresentada pela Junta Militar de 1962, comparece nos programas políticos da AP-DC, da UNO e da Apra levados ao Congresso em 1963, e firma-se na lei 15.037, votada pelo Congresso em 1964. A atual lei 17.716 funda-se sôbre esta última, que já vinha tendo aplicação, e que a nova lei em alguns pontos piora.

A ascensão social dos trabalhadores

3. As lutas sindicais dos trabalhadores açúcareiros transformaram o sistema vigente nas velhas fazendas, modernizaram-nas e contribuíram para mudar a mentalidade de seus proprietários. Nelas, os trabalhadores

obtiveram conquista sôbre conquista. Êste processo de ascensão social dos trabalhadores devia culminar com a cooperativização das fazendas, realizada, porém, por livre deliberação de seus empregados, e não por imposição vinda de cima. A atual lei não converte os complexos agroindustriais em cooperativas, mas sim em fazendas do Estado, em cuja direção e participação os trabalhadores ficam em evidente situação de inferioridade. Os Comitês Especiais, que estão administrando as fazendas, são integrados por quatro representantes do Estado, tantos representantes de outras entidades quantos entenda o Ministério da Agricultura, e apenas 2 trabalhadores. Êsses Comitês gozam das mais amplas faculdades de administração, inclusive na contratação de empregados e operários. A estabilidade no emprêgo dos trabalhadores não é assegurada — tal regalia é reservada ao pessoal técnico e administrativo; também não ficam asseguradas as conquistas obtidas através de contratos coletivos.

Destruição dos sindicatos

4. Como as reservas relativas ao fundo de benefícios sociais, que constituem o capital com que os trabalhadores entram para a cooperativa, representam apenas 10% do montante dos respectivos ordenados e salários, a participação dos trabalhadores no capital da cooperativa estará limitada a essa porcentagem: as outras nove décimas partes do capital serão do Estado, que no presente caso é um Estado-quartel. Não se trata, pois, de um processo de cooperativização, mas sim de estatização, e talvez de militarização. Essa é uma orientação retrógrada, que ameaça o setor mais progressista da agricultura.

5. É evidente o intuito governamental de suprimir os sindicatos dos trabalhadores açucareiros, que segundo as autoridades se teriam tornado desnecessários. Na verdade, a função do sindicato é defender seus associados tanto nas relações com o patrão privado como em face do Estado-patrão. Nem sequer na Rússia os sindicatos foram suprimidos, e na Iugoslavia êles tiveram suas funções largamente ampliadas. A liquidação dos sindicatos representa uma violação da Constituição

que a Junta Militar diz continuar vigorando, e de compromissos internacionais do Peru.

6. A Serra, que é a região mais atrasada e mais pobre, não mereceu a prioridade que lhe era devida na aplicação da reforma. Lá, predominam o latifúndio e o minifúndio, e seus feudatários e comuneiros são os mais necessitados de uma mudança na estrutura agrária. Razões de pressão demográfica, de atraso social, de ineficiência produtiva estavam tôdas as reclamar que os Departamentos andinos fôssem o objetivo imediato da reforma.

7. A defesa da pequena e média propriedades devia ser objetivo primordial da reforma, que entretanto, ao estabelecer uma série de exceções aos limites mínimos a partir dos quais as propriedades agrícolas não serão expropriadas, pode conduzir à liquidação da pequena e média propriedades. Uma conseqüência da ameaça contida nesses dispositivos pode ser a redução dos investimentos no campo.

Não há terra para todos

8. A área cultivável existente no Peru é mínima. Dos 12 milhões de habitantes do país, 52,6%, ou 6.300.000 pessoas, ou 1.030.000 famílias, dependem da agricultura. Se, conforme os técnicos, a unidade mínima de exploração agrícola peruana deveria ser de 6,5 ha irrigados, para dotar de terras tôdas as famílias camponesas seriam necessários 5.831.164 ha de terras irrigadas: na verdade, o total existente é de apenas 429.993 ha, os quais só dariam para atender a 7,4% da população camponesa. Isso indica que uma reforma agrária efetiva não pode deixar de ter em conta a necessidade de aumentar as terras cultiváveis, mediante obras de irrigação na Costa e na Serra, e mediante a colonização da Selva. Entretanto, na lei baixada pelo govêrno militar não há nenhuma referência a êsse aspecto do problema, quando é nìtidamente uma tarefa do Estado promover as obras de infra-estrutura necessárias a tal objetivo. A justa distribuição de terras deve caminhar paralelamente à extensão das áreas cultiváveis, ainda mais tendo-se em conta que dentro de 20 anos o país contará 20 milhões de habitantes.

9. Os bônus agrários previstos já na antiga lei, foram pela nova desviados de sua verdadeira finalidade, que era a de acelerar a industrialização. Estava previsto que êles pudessem ser aplicados em emprêsas públicas administradas pelo Banco Industrial e por novas emprêsas privadas. Quando a lei limita a 50% a porcentagem em bônus que os proprietários rurais expropriados podem investir nas novas emprêsas, exigindo que os outros 50% sejam pagos em dinheiro, esquece-se de que sòmente as maiores propriedades podem atender a essa cláusula, pois a grande maioria delas será indenizada quase totalmente em bônus. Outro obstáculo que a lei criou ao aceleramento do processo de industrialização, foi tornar êsses bônus não-negociáveis, o que anula sua finalidade promocional.

Perigo: estatização

Críticas equivalentes foram feitas pela Federação de Trabalhadores Açucareiros do Peru, que viu na legislação de reforma agrária o grande perigo de conduzir à estatização das fazendas expropriadas aos particulares. É insistente, na publicação que essa organização dedicou ao assunto, a afirmativa de que não deseja "a estatização das emprêsas, na forma fixada pelo Decreto-lei nº 17.716, nem sob qualquer outra forma em que o Estado — com sua organização — acabe sendo o proprietário exclusivo dos estabelecimentos expropriados", reclamando a cooperativização dos mesmos "segundo os autênticos princípios do cooperativismo, dirigidos com ampla autonomia e exclusivamente pelos trabalhadores".

Em Laredo

Um dos principais complexos agroindustriais expropriados, e cuja entrega à respectiva cooperativa de trabalhadores foi anunciada em junho de 1970 é o de Laredo, que engloba um conjunto de sete fazendas — El Cortijo, El Granado, El Cacique, El Palomar, La Merced, Trapiche, Zacachique e Laredo Grande — numa superfície total de 6.764 ha, no valor aproximado de 800 milhões de soles. A avaliação minuciosa, por uma companhia especializada, está sendo procedida há seis meses, mas como suas conclusões até agora não foram comunicadas, os antigos proprietários ainda nada neceberam. De qualquer forma, de acôrdo com a lei, não poderão receber em dinheiro mais de 100.000 soles, sendo todo o restante pago em bônus governamentais.

Durante o período de janeiro a dezembro de 1969 o complexo de Laredo produziu 409.373.015 toneladas de cana, de que resultaram 884.579 t de açúcar, ... 18.916.901 t de melado líquido e 818.520 litros de álcool. O custeio de tôda essa produção exigiu mais de 29 milhões de soles. O complexo posui ainda 1.070 cabeças de gado de variado tipo.

Em Laredo trabalham, na usina, nas oficinas e no campo, 1.264 trabalhadores permanentes, 740 trabalhadores temporários e 256 funcionários. Seus salários variam dentro das seguintes escalas:

Operários estáveis:	de $ 48,51 a $	174,14 soles por dia
Operário eventuais	de $ 36,50	por dia
Empregados estáveis:	de $ 2.793,50 a $	20.575,00 soles por mês
Empregados contratados:	de $ 1.665,00 a $	35.000,00 soles por mês

Êsses salários são os mesmos que vigoravam antes da expropriação do complexo. Em comparação com os demais, os trabalhadores dos complexos acucareiros já gozavam de uma situação privilegiada. Em Laredo, afora os salários indicados, os trabalhadores têm habitação gratuita, campo de recreio, uma certa quantidade de mantimentos gratuitos (carne, macarrão, arroz, açúcar).

ÁREA CULTIVADA DO PERU
e sua distribuição regional (1970)

SUPERFÍCIE TERRITORIAL	1.285.000 km2, ou 17.222.044 ha
Área cultivável	17.222.044 ha
Área cultivada	2.152.000 ha
DIVISÃO SEGUNDO REGIÕES:	
Costa	673,000 ha
Serra	1.124.000 ha
Selva	365.000 ha

SUPERFÍCIE SEMEADA

Produção e valor das culturas

1967

Cultura	Hectares	Toneladas Métricas	Milhares de Soles
Florestais	18.715	—	—
Pastos	213.000	8.961.710	2.321.670
Permanentes (cacau, café, borracha, chá, uva e outras)	189.375	619.460	2.257.608
Transitórias (legumes, verduras, hortaliças, frutas, farináceos)	1.565.470	5.615.779	11.107.283
TOTAL	1.986.560	15.196.949	15.686.561

NOTA: Excluídos algodão e cana de açúcar.

Fontes: Ministério da Agricultura, Universidade Agrária.

No recinto da emprêsa há matadouro e estabelecimento comercial, escolas para os filhos (jardim da infância e curso primário) com refeitório, serviços hospitalares, dentário, maternidade, farmácia, vacinação, cursos de costura e de artes manuais.

A emprêsa foi encontrada com um passivo de 130 milhões de soles. Como a usina, na ocasião em que a visitamos, encontrava-se parada para revisão e reforma das máquinas, o Estado abriu-lhe um crédito que lhe permite atender aos salários e demais despesas correntes. A operação foi feita com o Banco da Nação, pois o Banco Agropecuário tem um teto de 18 milhões, que a emprêsa já esgotara.

Reunião

Tivemos a oportunidade de participar de uma reunião com o grupo de trabalhadores selecionados para oportunamente assumir a direção da cooperativa, e que estavam sendo treinados para a tarefa.

Fundamentalmente, o que todos êles asseveram é que, na prática, até o momento, nada mudou. Dizemlhes que a propriedade, agora lhes pertence, mas essa frase ainda não se traduziu em nenhuma alteração real de situação. As condições e o horário de trabalho, bem como a remuneração, continuam os mesmos. Têm a esperança de dias melhores, mas ao mesmo tempo sente-se que são céticos: no passado já ouviram tantas promessas e foram vítimas de tantos engodos que preferem esperar, sem se comprometer. Mas estavam curiosos de ver como a coisa funcionaria quando a administração "lhes fôsse transferida".

A cooperativa

No momento da constituição da cooperativa, todos os trabalhadores foram considerados sócios natos, sendo o respéctivo capital representado pelo fundo de benefícios sociais de cada um, cujo conjunto passou a integrar o capital coletivo; o mesmo rende um juro anual de 2%. Caso o trabalhador se retire da cooperativa, recebe de volta o capital com que entrou e os juros acumulados.

Perguntamos como seria feita a distribuição aos cooperados dos lucros apurados anualmente. A resposta foi que, do lucro líquido, seriam descontadas prèviamente as seguintes porcentagens mínimas: 10% para o fundo de reserva, 5% para o fundo de educação, 10% para o fundo de previdência, 15% para o fundo de investimentos, 5% para o fundo de desenvolvimento cooperativo, num total máximo de até 70%. Dos 30% restantes, 25% serão retidos a título de capitalização e 75% representam o saldo que o trabalhador efetivamente receberá.

E no caso de que o movimento apresente déficit? "Neste caso a cooperativa poderá emitir bônus a serem tomados pelos seus sócios ou por bancos", responderam-nos.

Há várias idéias em cogitação: pensa-se na criação de um Banco das Cooperativas e na integração das diversas cooperativas numa Central Nacional que possa socorrer as deficitárias. No momento os complexos açucareiros expropriados são dirigidos por um Comitê de Supervigilância da Reforma Agrária, que financia os projetos de desenvolvimento e se incumbe de vender a produção.

O patrão e o sindicato

Os complexos agroindustriais da Costa reuniam até aqui um dos grupos mais politizados de trabalhadores, organizados em fortes sindicatos, quase todos dominados pela Apra. Qual será o papel do sindicato dentro do nôvo mecanismo projetado? Como, no terreno político, o govêrno deseja exatamente destroçar a Apra, a oportunidade parece que se apresenta para destruir os seus redutos sindicais. De qualquer forma, não está prevista a participação dos sindicatos na nova estrutura administrativa.

"Não havendo patrão, o papel do sindicato só poderia ser de colaboração", disse-nos um dos presentes. Outro obtemperou que o sindicato talvez deva subsistir, mas que isso só poderá ser verificado depois que o nôvo mecanismo entre em funcionamento. Na verdade, a questão é perturbadora, êles não estão acostumados a "pensar" as relações de trabalho sem colocar do outro lado a figura do patrão, e também não conseguem ver-se como patrões de si mesmos, embora seja uma tentação difícil de resistir, a frase — "isto agora é nosso".

É evidente que não puderam cogitar das conseqüências que vão resultar do fato de que serão inseridos em uma máquina burocrática que tende a agigantar-se cada vez mais, que na prática dará feição muito diferente à cooperativa idealizada e que vai tornar inevitável o surgimento de atritos com o nôvo, difuso, distante patão efetivo, que será o Estado[1].

O gigante de Casa Grande

Nas vizinhanças de Trujillo encontra-se o maior complexo agroindustrial do Peru, que é também o terceiro do mundo: Casa Grande, ocupando 182.000 ha, quase o tamanho da Bélgica. Está entre as primeiras propriedades expropriadas.

Divide-se em duas zonas: a Andina, situada na Serra, com 75.000 ha de pastagens, em que são criados atualmente 10.000 cabeças de gado vacum e 8.000 de ovinos; e a Costa, com 107.000 ha, dos quais 20.000 de cana plantada, com uma produção de 162 a 176.000 toneladas.

A usina opera 270 dias por ano, parando nos domingos e feriados, e pelo espaço de 45 dias para reparação da maquinaria. Produz açúcar "de exportação", "intermediário marca T" e "refinado branco".

Tôda a colheita do campo é mecanizada, assim como a carga e transporte em *trailers* de 45 toneladas. Estradas asfaltadas cortam as terras em tôdas as direções. A irrigação das plantações é feita com água extraída de poços e trazida de rios pelo sistema de gravidade. Há dois edifícios exclusivamente destinados à lavagem da cana e esta é a única usina que possui *difusor* — equipamento moderno para extração da fibra da cana, e que dela retira maior quantidade de sacarose.

Casa Grande possui 18 *anexos* — designação dada a outras tantas fazendas que a integram. Sua produção

(1) A 8-1-71, o Sindicato dos Trabalhadores da Cooperativa Agrária de Pucala, um dos grandes complexos agroindustriais expropriados e entregues a cooperativas de trabalhadores, declarou greve, pedindo "a reorganização da cooperativa". Em conseqüência, acusados de "sabotar o programa de reforma agrária", os trabalhadores em questão estão sendo julgados por um tribunal militar.

anual representa um valor de 900 a 1.000 milhões de soles por ano. Também produz álcool, à razão de 45.000 litros por dia.

Nela trabalham 4.100 operários e 430 empregados. Os primeiros percebem o salário de $65,00 soles por dia para os que trabalham no campo, $75,00 soles os que trabalham nas oficinas, e $107,00 soles os operários da usina pròpriamente dita. Além disso, têm direito a mantimentos (carne, arroz), casa, luz e assistência médica e social.

Segundo os planos das autoridades, até o fim dêste ano tôda a emprêsa deve passar a ser administrada pela cooperativa dos trabalhadores.

Uma nota curiosa: anteriormente, a emprêsa era administrada por técnicos alemães, que viviam em ambientes segregados, aos quais os peruanos não tinham acesso. De outro lado, era obrigatório que tôdas as casas dos trabalhadores fôssem pintadas, uniformemente, da mesma côr amarelo-pálido: como primeiro grito de independência após a expropriação, cada familia pintou a própria casa de uma côr pessoal, e hoje o ambiente é uma festa de côres — verde, azul, marrom, rosa, amarelo-vivo.

Militarização do agro

Por decreto de abril dêste ano, o programa de realização da reforma agrária foi confiado a um Comando Executivo Central, chefiado pelo general Enrique Valdez Angulo e integrado pelo engenheiro Benjamin Samanez Concha, tenente-coronel Hernán Basulto Delgado, tenente-coronel Juan Saavedra Ramirez, Carlos León de la Fuente, cel. Humberto Passano Neto, David Castrat Montes, Augustin Velezmoro Alvares e Efraim Ruiz Caro.

Subordinados a êste foram criados dois Comados Executivos Departamentais: de La Libertad, chefiado pelo cel. Jorge Ruiz Lombardi e integrado por sete membros, entre os quais o chefe departamental da Guarda Civil, o chefe departamental da Polícia de Investigações e o chefe da Divisão Especial do Serviço de Inteligência do Exército; e o de Lambayeque, chefiado pelo cel. Pedro Yañez Gálves, e com uma composição semelhante à do precedente.

Na mesma ocasião foram nomeados os seguintes coordenadores para os diversos complexos agroindustriais expropriados:

Complexo agro-industrial de Laredo, tte.-cel. Romulo Vargas Rodrigues.

Complexo industrial de Cartavio, tte.-cel. Rodolfo Barreto Gutiérrez.

Complexo agro-industrial de Casagrande, tte.-av. Héctor Matos Zignano.

Complexo agro-industrial de Talambo, cte. José Mimbela Leyva (Marinha).

Complexo agro-industrial de Tumán, tte.-av. Constantino Arcaya Peláez.

Complexo agro-industrial de Cayalti, tte.-av. Alfredo Gavidia Marino.

Complexo agro-industrial de Pomalca, tte.-av. Jorge Demichelli Zevallos Ortiz.

Complexo agro-industrial de Pucalá, tte. (Marinha) Jorge Vila Saldívar.

Complexo agro-industrial de San Jacinto, tt.-cel. Isac Torres Espinoza.

Complexo agro-industrial de Paramonga, tte. (Marinha) Harold Salas Medina.

Complexo agro-industrial de Andahuasi Ingenio, cap. (Marinha) Enrique Villa Salcedo.

5 — COBRE: POLÍTICA COERENTE E IRREAL

No quadro das reformas de estrutura que o govêrno revolucionário peruano se propôs realizar, deve ser destacada a Lei de Minas, editada a 17 de abril de 1970. Ela importa muito, seja pelo realce da posição que o cobre ocupa na economia do país, seja pelo que revela da filosofia oficial no encaminhar um nôvo ordenamento das atividades industriais e comerciais.

Em resumo, pode-se dizer que o govêrno peruano pretende obter um grande afluxo de capitais estrangeiros, que lhe possibilitem incrementar ao máximo a extração de minerais — especialmente de cobre — de seu riquíssimo subsolo. As companhias estrangeiras que quiserem aceitar o convite que nesse sentido lhes é dirigido serão bem-vindas, e contarão com incentivos e vantagens.

Entretanto, o govêrno não esconde sua intenção, que é a de limitar a tarefa do capital estrangeiro a essa dura e dispendiosa fase da indústria mineira: uma vez que o mineral tenha sido extraído de debaixo da terra, deverá ser todo vendido ao próprio govêrno, que terá o monopólio de sua venda nos mercados interno e externo, fixando-lhe os respectivos preços. E também o processo de refino do metal, que é a etapa que o enobrece e valoriza, acrescentando-lhe um sobre-preço, passará a ser, no caso do cobre, monopólio do Estado.

Isso quanto às grandes linhas gerais: os demais detalhes da política oficial relativa aos minerais vão indicados na matéria, que resume a exposição de motivos que precedeu a Lei de Minas.

Malícia e Ingenuidade

Até que ponto os objetivos governamentais podem ser atingidos, a partir de que ponto as condições estabelecidas vão tornar-se um empecilho para a realização do programa traçado?

Um advogado limenho, com grande experiência no trato com as companhias estrangeiras que se têm interessado pelos minerais peruanos, manifestou-nos a sua convicção de que as condições estipuladas pela lei não são de natureza a atrair o capital estrangeiro. "O capital — disse-nos êle — não gosta de ser excessivamente regulamentado, êle gosta de conservar uma bôa margem de liberdade de ação; e conta, pelo mundo afora, com muitas outras alternativas mais atraentes, menos exigentes e menos rígidas".

Num assunto delicado como êsse, "seria necessário manter um grande eqüilíbrio entre o que pode constituir um entreguismo nocivo, e o que é um nacionalismo agressivo: a lei de minas pode, em têrmos abstratos, ser muito coerente — contudo ela não é realista". E no caso parece que os governantes, "movidos em parte pelo espírito de competição, em parte pela aspiração de "fazer história" perderam o senso do realidade".

Uma orientação assim, aplicada a êsse terreno e eventualmente estendida a outros, é capaz de conduzir a um agravamento da recessão que se observa no país. Aquêles que já aplicaram seu dinheiro, apenas podem acompanhar nervosamente o desenrolar da situação; mas aquêles que até aqui não o fizeram, "provàvlemente não vão querer fazê-lo, em face das condições propostas, que são pouco convenientes".

Lei de Minas

Pela leitura da exposição de motivos do ministro de Minas e Energia, general Jorge Fernandez Maldonado, feita ao ser decretada a Lei de Minas, pode-se perceber os principais lineamentos da política oficial em relação à exploração, refino e comercialização do cobre e demais minerais — excetuados apenas o petróleo e seus derivados, regulamentados, êstes, por legislação especial.

Preliminarmente, é criticada a posição anterior a respeito do assunto, que encarava os problemas da mineração isoladamente da problemática nacional, vendo-a apenas como fonte geradora de divisas e sustentáculo da balança de pagamentos. A mudança operada é radical: em primeiro lugar dá-se como assente a necessidade de que o Estado participe diretamente da indústria mineira, assumindo as suas fases essenciais, de modo a atender às necessidades do desenvolvimento, e assegurando que essa expansão sirva de base para a instalação de uma industria manufatureira capaz de competir nos mercados de consumo; em segundo lugar, trata-se de romper com a dependência externa, contrabalançando a ação dos grupos de poder nesse setor da economia — dependência essa que manteve o Peru como país subdesenvolvido, simples exportador de matérias-primas. A capacidade de decisão deve passar dos centros internacionais de poder para o Estado peruano, que assim assumirá sua plena soberania.

Monopólio comercial

O govêrno peruano não ignora as dificuldades que deverá enfrentar, em conseqüência dos temores pro-

MOVIMENTO DAS FIRMAS EXPORTADORAS DE COBRE
— 1969 —

	Janeiro	Março	Abril
Souther Peru Copper Corp.	11.193 t	15.172 t	11.684 t
Mauricio Hochschil & Co.	3.177 t	3.605 t	3.960 t
Cerro Sales Corp.	2.705 t	4.183 t	2.117 t
Northern Peru Mining Corp.	2.268 t	1.295 t	
Cia. Mineiro Mercantil del Peru	1.283 t		
Cia. Minera Condor S/A	868 t	1.393 t	
Cia. Minera Condestable S/A	702 t	1.005 t	1.716 t
Tennant Peru S/A			482 t

EXPORTAÇÃO DE COBRE PERUANO POR PAÍSES DE DESTINO
(Cobre em suas diferentes modalidades)
Em US$ mil

	1965	1966	1967	1968
Alemanha Ocidental	14.878,9	16.347,4	22.250,9	23.990,1
Austrália	983,4			7.467,6
Argentina	74,5		303,2	1.532,2
Bélgica-Luxemburgo	15.038,5	20.456,7	29.555,2	41.617,6
Brasil	129,5	32,9		—
Chile	62,9	299,8		—
Canadá	134,1	52,3		—
Espanha				3.339,6
Estados Unidos	80.603,2	140.676,6	123.804,8	133.851,6
França			441,3	254,0
Inglaterra	9.134,7	937,7	28,5	225,7
Itália				35.290,9
Japão	6.259,2	9.741,8	24.555,9	1.000,0
Polônia			1.276,0	3.783,8
Países Baixos	1.555,8		5.934,5	
Suécia	1.711,4	2.901,1	2.982,6	2.506,2

PRODUÇÃO DO COBRE PERUANO

ESPÉCIE	1964 Quant.	Valor Soles x 1.000	1965 Quant.	Valor Soles x 1.000	1966 Quant.	Valor Soles x 1.000
Refinado — TM	37.811	691.795	40.461	855.791	37.974	1.144.726
Em Bar. Blister	114.246	1.903.716	118.161	2.363.136	113.102	3.441.908
Em Bar. Zn e AL	10	189				
Em sulfato	668	20.737	533	17.501	653	24.708
Concent. e Min.	23.710	298.401	21.181	316.550	24.665	383.368
TOTAL — TM	176.445	2.915.018	180.336	3.552.856	176.394	4.994.710

Fonte: Instituto Peruano de Administração de Emprêsas IPAE-Guia Economica del Peru, 1968.

COMPANHIAS CONCESSIONÁRIAS DE MINAS DE COBRE NO PERU

Jazidas	Southern Peru Cooper Corp. Quellaveco	Andes del Peru S/A. (Anaconda) Cerro Verde	American Smelting & Refining Co. Michiquillay	Cerro de Pasco Corp. Antamina
Reserva em toneladas	200 milhões	205 milhões	500 milhões	100 milhões
Porcentagem (lei) de cobre	1,0%	1,0%	0,72%	1,5%
Investimentos Milhões de US$	80	80	280	25
Produção anual em toneladas	50.000	40.000	100.000	15.000
Valor anual em milhões de US$	50	40	100	15

EXPORTAÇÃO DE COBRE PERUANO

	Mineral de cobre em bruto	Concentrados de cobre	Cobre Blister	Cobre Refinado	Aleações de Cobre diferentes das cuproaleações
1965					
T métricas	16.324	71.651	118.165	37.970	—
US$ mil	1.835	13.218	82.001	26.343	—
1966					
T métricas	24.013	66.154	121.724	31.482	558
US$ mil	3.736	18.856	131.779	35.073	659
1967					
T métricas	26.996	107.197	131.551	36.007	—
US$ mil	3.611	26.040	138.146	37.130	—
1968					
T métricas	20.574	87.268	144.937	33.905	—
US$ mil	2.999	28.406	172.634	40.408	—

vocados pela mudança de atitude, e pela oposição dos interêsses que serão prejudicados; mas afirma a sua decisão de assumir sòzinho as responsabilidades pela comercialização dos produtos minerais. Isso é considerado necessário porque os países industrializados, através de diferentes mecanismos de pressão, procuram manter os preços das matérias-primas nos níveis mais baixos possíveis.

O monopólio da comercialização será alcançado mediante um processo gradual, à medida que se instituam os correspondentes mecanismos comerciais. No caso particular do cobre, é fixado o prazo de 18 meses para que o Estado assuma diretamente a respectiva comercialização; êsse prazo explica-se pelo fato de que as operações de compra e venda do cobre que se efetuem em 1971 ,seriam realizadas nos meses de agôsto e setembro de 1970, o que torna impraticável que em tão curto prazo a administração pública assuma plenamente a responsabilidade por essas transações. Entretanto, já neste período de transição caberá ao Estado decidir a respeito dos preços e das áreas de venda dos produtos minerais. O Estado reserva-se o direito de aprovar os contratos de venda, bem como de substituir-se nêles, quando isso convenha ao interêsse nacional.

Monopólio da refinação

Os países consumidores de metais preferem importar os produtos minerais no menor grau de transformação possível, de modo a formar seus estoques com produtos baratos, que garantam seu abastecimento normal, sendo oportunamente tratados em suas próprias refinarias. Isso quer dizer que o produto exportado como matéria-prima retorna ao país como matéria elaborada, pela qual deve ser pago um sobre-preço.

A lei peruana entende que o justo é que os países donos das matérias-primas procurem obter o maior grau de processamento das mesmas, tanto para atender sua própria indústria, quanto para ampliar o mercado externo. Por isso o Estado decidiu intervir, dispondo que o refino do cobre seja de sua competência exclusiva. Quanto aos demais metais, sua refinação fica dependendo de concessão facultativa, o que quer dizer que se o Estado não quiser instalar refinarias dêles, poderá outorgar essa faculdade a particulares. Na realização de uma tal política, o Estado peruano instalará desde logo uma refinaria de cobre com a capacidade de 100.000 TM anuais, e outra de zinco com a capacidade 40.000 TM anuais.

Emprêsas mineiras mistas

A participação do Estado na indústria mineira se fará através da Emprêsa Mineira do Peru, órgão público incumbido de exercer tôdas as atividades empresariais-estatais que se apresentarem: cata, prospecção, demarcação, exploração, metalurgia e refino, até a comercialização.

É autorizado o regime de Emprêsas Mineiras Mistas, que serão os veículos mediante os quais o Estado partilhará com o empresário privado as responsabilidades da atividade mineira, assegurando-se maior participação na direção e nas vantagens decorrentes da atividade da emprêsa.

A emprêsa privada

A emprêsa privada tem delimitado o âmbito dentro do qual poderá atuar. Ela deve subordinar-se às necessidades da transformação que está sendo operada no país, pelo que necessita mudar de mentalidade em relação ao passado: sua função consiste, obrigatòriamente, em coadjuvar o desenvolvimento nacional segundo os caminhos indicados pelo Estado, em troca do que o investidor privado tem assegurada a recuperação de seus investimentos, mais os lucros que legitimamente lhe correspondam.

Os concessionários do direito de exploração de minas terão, doravante, que efetivar essa tarefa, sob pena de perderam as respectivas concessões. [1] Foram derrogados os dispositivos que até agora configuravam

(1) Em 19/8/70 o presidente Alvarado assinou decreto dando às emprêsas concessionárias de jazidas de minério prazo certo para iniciarem a respectiva exploração, sendo que as programações deviam ser apresentadas ao govêrno até 30-9-70. Essa determinação atingiu a American Smelting, a Anaconda e a Cerro de Pasco: a primeira era concessionária das jazidas de Michiquillay e Quellaveco, a segunda das jazidas de Cerro Verde e a terceira possuía concessões em Morococha, Antamina, Tintaya, Chalcobamba e Forrobamba, tôdas inexploradas.

Em outubro de 1970, em conseqüência dêsse dispositivo legal, a American Smelting and Refining Company perdeu a concessão para explorar a denominada "reserva a título de esgotamento da mina" — pois entende-se que a mina pertence ao Estado, que a cede em concessão, e assim o concessionário não tem o direito de "reservar-se" uma parcela da mesma.

Tributação

O sistema fiscal mantém o princípio básico de limitar a tributação à renda gerada pelo negócio, mas incorporou a êste esquema um nôvo conceito, consistente em fazer que a taxa cobrada varie de tal maneira que quando — em virtude da riqueza dos minerais, ou da alta dos preços no mercado internacional — ocorram lucros maiores, o Estado participe dos mesmos em maior proporção; isso visa a impedir que, graças a circunstâncias alheias a seu esfôrço e trabalho, o empresário obtenha rendimentos desproporcionados. Ao contrário, nos casos de jazidas minerais de baixo teor, ou de queda do preço no mercado internacional, o impôsto será reduzido proporcionalmente.

Financiamento

Para favorecer o financiamento dos projetos mineiros foi estabelecido um princípio segundo o qual são dadas as garantias fundamentais pretendidas pelos agentes financeiros.

Assim, durante o período de recuperação do capital investido, assegura-se: estabilidade do regime tributário vigente na ocasião da assinatura do contrato; fa-

as jazidas de cobre de Michiquillay, situadas nas proximidades de Cajamarca, e cujas reservas são calculadas em 570 milhões de toneladas de cobre. A exploração das mesmas pelo govêrno vai requerer investimentos da ordem de 400 milhões de dólares; uma vez em pleno andamento espera-se que permitam a extração de 40 mil toneladas diárias de minério, empregando 10.000 trabalhadores. Em dezembro de 1970, em conseqüência do mesmo decreto, a emprêsa Andes del Perú, subsidiária da norte-americana Anaconda, perdeu a concessão, que lhe fôra dada há cinqüenta anos, e até agora não fôra utilizada, para a exploração das jazidas de minério de Santa Rosa, Cerro Verde, Sguardo e Reguardo Uno.

Em janeiro de 1971, pelo mesmo motivo, reverteram ao Estado as jazidas de cobre de Quellaveco, no Departamento de Moquegua, cujas reservas são avaliadas em 200 milhões de toneladas com o teor de 1% de cobre, possibilitando, em tese, uma produção diária de 25 mil t de minério bruto durante 30 anos; haviam sido concedidas à Southern Peru Copper Corporation.

De outro lado, a Marcona Mining Company assinou, em dezembro de 1970, contrato para investir um bilhão de soles (120 milhões de cruzeiros) no Departamento de Ica, visando aumentar a produção de ferro para 10.500.000 t anuais.

culdade de acelerar a reserva a título de depreciação; faculdade de reavaliação das máquinas e instalações, no caso da ocorrência de diferenças de câmbio; disponibilidade de divisas, dentro do regime vigente no momento da assinatura do contrato; não-aplicação de tratamento discriminatório em matéria cambiária; garantia de que a venda dos produtos se realizará dentro das condições gerais das transações internacionais, e de que as vendas para o mercado interno se farão com as deduções fixadas em lei.

Regalias extintas

Foi suprimida a faculdade de deduzir a taxa de impôsto sôbre a renda. Suprimida a faculdade de redução no montante tributável, derivada da aplicação da "reserva a título de esgotamento", na recuperação dos investimentos. Suprimida a garantia de livre disposição em relação aos produtos e derivados. Suprimido o direito de deduzir dos lucros as perdas sofridas nos cinco anos anteriores. Suprimida a faculdade de reinvestir, uma vez expirado o prazo do contrato, até 50% do lucro líquido, livre de qualquer impôsto. Suprimida a garantia de estabilidade tributária adicional por 6 anos, após a terminação do contrato.

De acôrdo com o que vige em outros setores da economia, é outorgada ao concessionário mineiro a faculdade de reinvestir, livre de impostos, até 30% de seu lucro, até o limite máximo anual de 200 milhões de soles. Êsse dispositivo, que representa um incentivo para a pequena e a média minerações, não tem significado para a grande mineração, e dependerá sempre de que o programa de reinvestimento seja aprovado pelo govêrno.

Nacionalismo

As jazidas minerais deverão ser explorades, e não permanecer improdutivas. Nessa exploração devem ser utilizados de maneira progressiva os insumos nacionais. Os técnicos nacionais participarão sempre do planejamento e da condução das explorações.

A exposição de motivos conclui: *"Tais são as regras do jôgo. Esperamos a participação com as garantias e incentivos oferecidos pela lei, das emprêsas privadas".* (...) *"Mas o país pode estar certo de que o Govêrno Revolucionário não se amedrontará se surgirem dificuldades, reais ou simuladas, para que as minas não sejam exploradas"* (...) Pois, com essa Lei de Minas ... *será rompido o anel mais importante da dependência econômica, e com a destruição dêle será desencadeado um fator acelerante do desenvolvimento interno, multiplicador de empregos bem remunerados, estimulador da industrialização, gerador de divisas, criador, em suma, de riqueza".*

Investimentos

Minas de Chapi — Iniciou-se em maio de 1969 a exportação de cobre em pó procedente dessas minas, que têm a produção diária de 800 toneladas e mensal de 20.000 t. São concessionárias das mesmas as firmas japonêsas Nippon Mines e Co. e Mitsuy Mines Smelting Co., Tojo Zinc Co. e Overseas Mineral Resources Development Co., que já investiram mais de 200 milhões de soles em obras de infra-estrutura. 60 milhões de soles foram aplicados em edificações. Os trabalhos nessas minas interessam especialmente os Departamento de Arequipa e Moquegua e dão serviço a cêrca de 2.000 mineiros.

Companhia Mineira El Madrigal — Subsidiária da emprêsa norte-americana Homestake Mining Co., assinou contrato com o govêrno em agôsto de 1969. É uma entidade jurídica de direito privado, constituída no Estado da Califórnia, EUA. O Peru outorgou-lhe as garantias necessárias a que obtivesse os financiamentos exigidos para o custeio dos trabalhos. Pelo contrato, além da usina concentradora de minerais, El Madrigal obriga-se à construção de uma usina de energia elétrica, construção e instalação de rêde para fornecimento de água para uso industrial e construção de estradas e outras vias de comunicações e de instalações para armazenagem. A mina situa-se na província de Caylloma, ao norte do Departamento de Arequipa, 3.500 m acima do nível do mar, e possui reservas de mais de um milhão de toneladas de cobre, chumbo, zinco e prata. Sua produção deverá ser de 500 t diárias ou 180.000 t anuais, dando trabalho a cêrca de 500 mineiros. O capital a ser investido é de 10 milhões e 100.000 dólares.

Companhia Mineira Aliança — É a primeira usina para o processamento do cobre, instalada em dezembro de 1969. Está sendo construída em Huari, ao preço de 15 milhões de soles, com uma capacidade de produção diária de 500 t.

Southern Peru Copper Co. — Contrato assinado em dezembro de 1969, para exploração das minas de Cuajone, situadas em Moquegua, 3.700 m acima do nível do mar. A SPCC é subsidiária da American Smelting Co., e o investimento previsto, no montante de 355 milhões de dólares, a serem aplicados em quatro etapas, representa o projeto mineiro de maior transcedência. Foi comprovada a existência, no local, de 400 milhões de t de mineral de cobre. Com o desenvolvimento dêsse projeto, prevê-se, a partir de 1976, uma produção anual de cobre de 120.000 t, o que deve representar 108 milhões de dólares de divisas. Com isso, a produção peruana de cobre aumentará de 51%, passando de 200.000 para 320.000 t anuais. O contrato de Cuajone prevê: abertura de numerosos túneis; construção de 26 km de ferrovia, Illo-Toquepala; integração de estradas de rodagem; construção de centros urbanos; construção de uma usina de concentração; consumo de 10.000 kw da hidroelétrica de Arica; oportunidade de trabalho para 24.000 operários.

Vicissitudes de um investimento

1/4/70 — *Expreso* — Lima: "Dando ocupação a milhares de operários peruanos, iniciam-se hoje os trabalhos de exploração das gigantescas jazidas cupríferas de Cuajone. Com essa primeira fase, relacionada com a construção das obras de engenharia básica, a Southern Peru dará cumprimento ao que foi estipulado no contrato assinado com o govêrno a 19 de dezembro último. É previsto um investimento total de 355 milhões de dólares. Os primeiros 25 milhões deverão ser aplicados no transcurso dos primeiros 18 meses, a contar de hoje".

4/4/70 — *Expreso* — Lima: "O ministro de Energia e Minas anunciou que o Estado não assinará mais contratos de exploração mineira até a promulgação da nova Lei de Minas. Essa comunicação significa que os próximos contratos mineiros obedecerão estritamente aos cânones fixados pelo Govêrno Revolucionário: o refino e a comercialização dos minerais serão realizados pelo Estado, e essas condições já serão aplicadas ao contrato de Cuajone. Foi decidida a instalação de duas refinarias estatais na localidade de Illo, uma de cobre e outra de prata".

15/4/70 — *La Prensa* — *Nova Iorque, AP* — "Os diretores da Southern Peru Corp. se reunirão nesta cidade a 28 de abril para decidir se deve ser levado adiante o projeto de exploração dos depósitos de cobre de Cuajone. A companhia decidira anteriormente realizar o projeto, que compreendia uma refinaria e a ampliação da mina. Depois disso, o govêrno peruano mostrou interêsse em construir sua própria refinaria, com o que se tornou duvidoso se a Southern Peru manterá seus planos".

16/4/70 — *El Comercio* — *Lima* — "Um futuro sombrio para a indútria mineira da América Latina foi prognosticado ontem pelo presidente da Cerro de Pasco, Robert Koenig, que passou por esta capital, "dada a insegurança quanto à propriedade". Koenig disse que no caso da mineração "seria necessário enfrentar uma série de problemas, que vão desde a pesquisa da mina até o mercado, passando pela captação do capital, a exploração e mão-de-obra e problemas políticos que nunca faltam". O Peru necessita 2 bilhões de dólares para pôr em funcionamento as minas abandonadas e realizar projetos de grande alcance tipo Cuajone." "A Cerro tem 25 mil acionistas cujos investimentos e lucros devem ser assegurados", disse.

17/4/70 — *Expreso* — *Nova Iorque, AFP* — "Um porta-voz da American Smelting and Refining Co. recordou que sua sociedade havia afirmado na semana passada que "todo 'contrôle assumido pelo govêrno, do refino e da comercialização do cobre das jazidas da Southern Peru, teria como conseqüência complicar os problemas existentes no financiamento do projeto de Cuajone". O contrato assinado estipulava que a companhia "ficaria livre para exportar e vender a produção da mina de Cuajone nos mercados mundiais, depois de satisfeitas as necessidades do consumo interno". Já fôra pedida autorização ao govêrno para a construção, no pôrto de Illo, perto da jazida, de uma usina de refinação com capacidade anual de 50.000 t. A autorização para isso parece duvidosa depois da decisão do govêrno de reservar-se o refino do cobre e construir no mesmo local uma refinaria com a capacidade de 100.000 t.

17/4/70 — *Expreso* — *Lima* — Comentário de *Ismael Frias*: "É claro que, no caso das companhias estrangeiras se absterem de fazer seus investimentos, o Peru está hoje em condições de investir êle próprio, na base dos recursos provenientes do petróleo, do açúcar, da farinha de peixe etc., que agora a nação controla, mais os créditos do campo socialista".

19/4/70 — *El Comercio* — *Nova York, UPI* — "Em alguns círculos estima-se que o govêrno do general Juan Velasco Alvarado faz perigar a possibilidade de obter as grandes inversões estrangeiras de que seu país necessita. O acôrdo firmado há cinco meses com o Southern Peru Copper Corp. para o investimento de 355 milhões de dólares no desenvolvimento de uma rica jazida cuprífera e na construção de uma refinaria, constituíra o primeiro passo importante para atrair investimentos estrangeiros significativos, desde a nacionalização em 1968 das instalações da International Petroleum Co. A American Smelting and Refining. Co. possui 51,5% das ações da Southern Peru Copper; a Cerro Corporation tem 22,25% das ações; a Phelps Doddge Corp, 16%; e a Newmont Miing Corpo, 10,25%.

1-5-70 — *"La Prensa"* — *Lima* — "O ministro de Minas e Energia disse que o Estado garantirá à emprêsa a livre disposição na exploração e venda do cobre de Cuajone, exclusivamente durante o período de recuperação dos investimentos. Acentuou que serão respeitados os direitos adquiridos neste caso pela Cerro de Pasco. Disse que em 1973 a refinaria estatal projetada em Illo estará em pleno funcionamento. "Quando Cuajone entrar em produção (1975) e se a capacidade da refinaria estatal assim requerer, o contrato obriga Cuajone a satisfazer as necessidades dessa refinaria." Disse o general que outra cláusula do contrato estipula que a companhia gozará durante um período adicional de 6 anos de estabilidade tributária. E asseverou: "Não há garantia, durante êsses 6 anos, para a livre disponibilidade do produto". De outro lado, disse que a etapa de recuperação não poderá ser de mais de 10 anos, a partir do início das explorações minerais. A emprêsa de Cuajone tem a faculdade, segundo o contrato, de reinvestir, uma vez concluído o prazo estabelecido, a metade de seus lucros em uma usina de refino, o que poderia ocorrer em 1980. A produção de cobre em Cuajone colocaria o Peru em sexto lugar como produtor mundial: em 1978 sua produção poderia ser de 600.000 t. anuais".

Quem produz e quem consome

Segundo estimativas de revista *Metal Week* (22-12-69) a produção de cobre no ano passado alcançou os seguintes níveis, em milhares de toneladas métricas:

Estados Unidos — 1.775; Canadá — 685; Outros (América do Norte) — 95.

Zambia — 825; Congo — 385; África do Sul — 140; Outros (África) — 79.

Chile — 830; Peru — 240; Outros (América do Sul) — 11.

Austrália — 150.

Europa — 220.

Produção total: 5.800.

Alguns esclarecimentos são necessários à boa compreensão dêsses dados. O primeiro é que os Estados Unidos, que são o maior produtor mundial, devem entretanto importar quantidades suplementares do mineral, para satisfazer as necessidades da sua indústria. O segundo é que em 1967 realizau-se em Luzuka, capital de Zambia, uma conferência patrocinada pelo país hospedeiro e a que aderiram também o Congo, o Peru e o Chile — que em conjunto produzem mais de

2.200 TM de cobre, representando 40% da produção mundial — os quais assumiram entre si o compromisso de não mais aceitar os preços até então vigentes no mercado internacional para êsse produto. O preço pago pelos Estados Unidos era de 36 centavos de dólar por libra-pêso, e em conseqüência da decisão anunciada êsse preço passou ràpidamente a 66 centavos de dólar, quase o dôbro.

Deve-se considerar ademais que as pequenas nações, subdesenvolvidas, exportam quase 98% do cobre que produzem, o que faz com que na verdade elas representem cêrca de 80% da produção mundial disponível.

Também convém registrar que os Estados Unidos, sendo importadores de cobre, participam na extração dêsse mineral, através de companhias norte-americanas que investiram capitais em outros países. Assim, funcionam nos Estados Unidos a American Brass, de que é proprietária a Anaconda, que explora no Chile as minas de Chuquicamata, Andes e Exótica; a American Smelting and Refining Co., filial da Kennecott, principal acionista da Southern e da Northern Peru, ambas estabelecidas no Peru. Na África, uma emprêsa consumidora, a Roan Election Trust, compra de si mesma o cobre que, através da America Metal Climax, da Chester Beatty e da Rotschild, extraí em Zambia.

6 — PETRÓLEO: UMA TEMA PASSIONAL

Como ocorre em relação a uma larga variedade de assuntos e problemas, também a questão do petróleo os peruanos gostam de abordá-la por uma referência aos seus ancestrais incas. Os incas constituem o sinête de orgulho de um passado do qual na verdade muito pouco foi herdado, mas ao qual, sem embargo, os peruanos não podem impedir-se de volta e meia tornar a referir-se.

Nesses têrmos, a indústria petrolífera peruana seria precisamente a mais antiga da América Austral, eis que comprovadamente os incas utilizavam o *copé* — nafta ou betume natural existente em algumas regiões americanas, e que se costumava misturar com alcatrão — em seus cultos religiosos e como argamassa para a pavimentação de estradas; posteriormente, ao tempo da Colônia, o breu peruano foi usado para a calafetação de navios.

Início da exploração

Mas deixando de lado o aspecto folclórico, também no terreno da moderna exploração industrial petrolífera o Peru representou um papel pioneiro, pois a primeira perfuração de um poço no país realizou-se a 21 de novembro de 1863, ou seja, apenas quatro anos depois de Edwin Drake haver perfurado na Pensilvânia o primeiro poço petrolífero do mundo.

Aberto na área de Zorritos, ao sul da baía da Cruz, pelo método tubular, e provocando o jôrro de petróleo a uma profundidade de 24 metros, aquêle poço marcou o início de uma era de destaque para o Peru, durante a qual êle figurou, ao lado dos Estados Unidos e do Canadá, entre os únicos produtores de petróleo da América.

Em 1864 foi constituída no país a primeira emprêsa destinada à exploração comercial, à qual se seguiram outras, sempre com pequenos capitais. A partir do começo dêste século, cêrca de 103 companhias haviam sido formadas no Peru com essa finalidade. Em 1914, com a London Pacific — que já se encontrava ligada à Standard Oil, de New Jersey, e que mediante arrendamento traria a International Petroleum Company — chegou o grande capital. Talara era então um pequeno acampamento; ali foi criada a primeira refinaria, com a produção de 9.000 barris diários. Uma situação razoável manteve-se ainda durante as primeiras décadas do século, quando o Peru continuava figurando entre os dez primeiros países produtores de petróleo do mundo.

A partir daí, passaram-lhe à frente, sucessivamente, na América Latina, Venezuela, México, Argentina, Colômbia, Brasil e Trinidad, ao mesmo tempo que a exploração das reservas peruanas ia ficando abandonada ao critério exclusivo de uma poderosa emprêsa norte-americana, que assumiu seu virtual monopólio.

Petroperu

O govêrno militar instalado a 3 de outubro de 1968 procedeu, no dia 9 do mesmo mês, à expropriação da International Petroleum Company. A Petroperu pròpriamente dita foi constituída em 9 de julho de 1969, e a partir dessa data assumiu o patrimônio da entidade estatal que até então operava no terreno — a Empresa Petrolera Fiscal — assim como o antigo patrimônio da IPC, inclusive a refinaria de Talara, e mais os 50% da participação que a IPC possuía na Lobitos. Hoje, a Petroperu tem como programa alcançar o auto-abastecimento nacional em petróleo, que representa 80% de tôda energia consumida no país.

Atualmente a Petroperu já é a maior e mais importante de tôdas as emprêsas do ramo, estatais ou privadas, operando no país. Na área em que atua, produzem-se 47.000 barrís diários de petróleo cru, ou 65% da produção nacional, que é de 72.000 barrís. Suas refinarias têm capacidade para tratar 81.000 barrís diários de petrólio cru, representando 89% da capacidade refinadora nacional. Dos 90.000 barrís diários de produtos petrolíferos consumidos, Petroperu distribui e vende 63.000, ou seja, 75% do consumo total.

Expansão

Estão prontos os planos para aumentar a capacidade de produção das refinarias de Pampilla e Talara. Projeta-se intensificar as prospecções na zona Noroeste. Diversas firmas estrangeiras estão interessadas na construção de um gasoduto, que deve possibilitar a gasificação industrial da Costa, mediante o aproveitamento de uma fonte energética até agora desprezada. No terreno da petroquímica, está sendo aguardada a manifestação de emprêsas interessadas na construção de um complexo de fertilizantes na área de Talara, mediante transformação do gás que hoje se desperdiça, e que deve ser aproveitado no fornecimento de produtos que estão sendo requeridos com urgência pela agricultura. Acha-se em estudos um Estatuto da exploração dos hidrocarburetos, que deverá permitir atrair o interêsse de companhias estrangeiras capazes de aportar os grandes capitais que são necessários à intensificação das pesquisas na Selva, na fronteira Norte do país.

Cifras atuais

Como a produção dos velhos campos está declinando, começa-se agora a explorar o fundo do mar, na faixa costeira contígua aos antigos campos de exploração. Aí trabalha uma outra companhia norte-americana — a Belco Petroleo — que explora a plataforma continental, e que já está produzindo 30.000 barris diários.

Por ordem de importância, são as seguintes as companhias que hoje exploram o petrólio no país: Petroperu, Belco, Lobitos, e uma outra pequena companhia norte-americana que faz prospecções na selva do Norte do país, a Ganso Azul.

O consumo nacional é hoje de 90.000 barrís diários, sendo que o país produz 76.000 e importa 16.000. O aumento anual de consumo é da ordem de 10.000 barrís diários, e a importação e feita principalmente da Venezuela, consistindo em petróleos pesados, para fins industriais.

Quanto a refinarias, além da de Talara, nacionalizada, há a de Conchan, da Standard Oil da Califórnia, produzindo de 6 a 8.000 barris diários[1].

A história da Brea y Pariñas

A 26 de setembro de 1826, ao arrepio da legislação já então vigente, José Antonio de la Quintana obteve que lhe fôsse adjudicada a mina de breu existente na colina Prieto, no Departamento de Piura, no Norte do Peru, mediante pagamento ao Estado de 4.964 pesos.

Em 1827 José Antonio vendeu seus direitos sôbre a mina de breu a José de la Lama, o qual ao mesmo tempo adquiriu a vizinha fazenda Mancóra.

(1) Em janeiro de 1971, começaram a surgir os primeiros inevitáveis problemas entre os trabalhadores das indústrias nacionalizadas, que antes se defrontavam com os patrões estrangeiros, e o Estado que agora as dirige. Os trabalhadores da Petroperu, reunidos na cidade de Talara, recusaram a proposta de aumento salarial de 12% feita pelo govêrno, reivindicando 25% e ameaçando greve. Declaração do presidente da Federação dos Trabalhadores do Petróleo, Luis Nuñez: "Neste setor operário não são respeitados os princípios apregoados pela revolução peruana, pois continua a exploração do homem pelo homem".

Quando José de la Lama morreu, em 1850, a fazenda — ou seja, a superfície da terra — foi desmembrada em duas partes, uma herdada por sua filha Josefa de Lama, que ficou com a porção em que se encontrava a mina de breu, chamada Fazenda Mina La Brea; e outra herdada pela viúva, Luisa Godos de Lama, que ficou com a outra parte, denominada Fazenda Pariñas. Posteriormente, em 1857, Josefa herdou da mãe a fazenda Pariñas, passando ambas as propriedades a constituir a fazenda Brea y Pariñas.

Com a falecimento de Josefa, Juan Helguero e filhos herdaram a propriedade, depois novamente reunida em uma só mão, a de Genaro Helguero, que comprou ao pai e aos irmãos os respectivos direitos.

Surge a London

De posse dêsses títulos, Helguero apresentou-se perante o govêrno, pleiteando lhe fôsse reconhecida a propriedade e domínio absoluto do solo e do subsolo da fazenda; e contrariando parecer do procurador nacional, segundo o qual o govêrno não pode nem deve reconhecer direitos sôbre minas, distintos dos previstos em lei, foi autorizada a inscrição, no nome de Helguero, da mina com 10 pertenencias. (Pertenência é uma unidade de medida de superfície relativa a concessões mineiras; cada pertenência mede 40.000 m^2.)

Em 1888 Helguero vendeu, por 18.000 libras, todos os direitos sôbre a fazenda Brea y Pariñas ao cidadão britânico Herbert Tweddle, que se associou a seu compatriota William Keswick. Ambos, por sua vez, em 1890, celebraram um contrato de arrendamento da Brea y Pariñas com a emprêsa London Pacific Petroleum, pelo prazo de 99 anos, mediante o pagamento de 25% da produção bruta, ficando a cargo da companhia *tôdas as contribuições e impostos fiscais existentes ou que venham a ser cobrados, sôbre as minas que a Cia. explora ou possui na fazenda e sôbre o petróleo e óleo mineral que nela seja refinado e explorado.*

Aí situa-se o grande passe de mágica: a propriedade, ela mesma ilegal, até então reconhecida, era de uma mina de breu. Não se falara e nem se adjudicara petróleo, que era desconhecido em 1826. E a velha mina de breu constituía um resíduo minúsculo dentro dos limites avantajados da fazenda Brea y Pariñas.

O Laudo de Paris

Iniciada desde logo pela London, a extração do petróleo continuou a ser feita até 1911, quando um engenheiro, funcionário da Delegacia de Minas, denunciou ao presidente da República que a London vinha pagando a quantia de 30 libras peruanas (US$ 7, aproximadamente) anuais, pela exploração de 10 pertenências, quando na verdade era muito maior a superfície em que estava trabalhando.

Feita a devida verificação, constatou-se que em lugar de 10, a London estava explorando 41.614 pertenências — numa extensão total de 166.000 hectares: a diferença era astronômica. Depois de um processo administrativo que se arrastou até 1915, o govêrno determinou que a London pasasse a pagar 120.000 libras peruanas anuais, ao invés das 30 que vinha recolhendo.

Embora na oportunidade não se tivesse levantado a questão do domínio do subsolo, que é intransferível, a IPC, que já então substituíra a London no negócio, insurgiu-se contra a decisão, alegando que não era sòmente proprietária da superfície, como também do subsolo; e pediu uma arbitragem internacional. Para pressionar, na época, o govêrno peruano, pleiteou e obteve a interferência dos embaixadores inglês e norte-americano.

O laudo arbitral, cheio de irregularidades formais — e inclusive subscrito por um juiz suíço que já deixara o cargo — emitido sob o regime da ditadura de Leguia, estabeleceu que, pelo prazo fixo de 50 anos, a contar de 1922, a Cia. pagaria ao govêrno 3 libras peruanas anuais por pertenência de 40.000 m², que se encontrasse em trabalho de extração, e 1/10.º de libra por ano, por pertenência da mesma dimensão que não estivesse sendo explorada na data do pagamento. Na ocasião, pagou ela um milhão de dólares a título de compensação por todos os impostos atrasados. A partir daí, foi tudo o que a IPC ficou pagando ao govêrno peruano, até a data da expropriação do complexo de Talara: 0,80 centavos de dólar por pertenência em ex-

ploração, e 0,025 centavos de dólar por pertenência não
explorada. Isso, para uma companhia que açambarcava
90% da produção, refino e comercialização do petróleo
peruano. Os peruanos jamais puderam aceitar uma tal
situação, em face da qual sentiam-se não sòmente
roubados, como afrontados em sua soberania. Era unâ-
nime o sentimento de repúdio a essa situação, objeto
da condenação de todos os homens públicos e a que o
Parlamento recusava aprovação.

A Ata de Talara

Na parte final do govêrno Belaunde (1968),
quando o Congresso votou a recusa definitiva do Laudo
de Paris, inscreveu as terras de Brea y Pariñas no
patrimônio nacional e estimou em cêrca de 700 milhões de dólares a dívida da IPC, voltaram a exercer-se
as pressões diplomáticas norte-americanas em favor da
IPC. O Departamento de Estado fêz saber, extra-ofi-
cialmente, que a ajuda econômica concedida ao país
poderia ser reduzida, se os interêsses daquela companhia não fôssem respeitados. Em seguida o sr. Sol
Linowitz, embaixador dos Estados Unidos junto à
OEA, visitou Lima, e como àquela altura eram vulto-
sos os empréstimos norte-americanos ao Peru, não
faltaram teclas sensíveis a serem tocadas nas negociações. (Deve-se registrar que por volta de 1957 a IPC
realizara, com outra companhia estrangeira instalada
no país — a Lobitos, filial da Burna — um entendimento pelo qual ficou com 50% dos direitos de exploração desta última.)

Em conseqüência, a 13 de agôsto de 1968 foi
assinada a chamada Ata de Talara. Por esta, a IPC
comprometia-se a entregar ao govêrno, a título de
compensação de seus débitos, suas instalações para a
extração de petróleo cru e de gás natural; também cedia
a propriedade da superfícice da fazenda de Brea y
Pariñas, cujas jazidas estavam quase esgotadas, e continuava a explorar o petróleo na concessão que mantinha em condomínio com a Lobitos.

O govêrno, de seu lado, perdoava a dívida pendente, reconhecia à IPC o direito de conservar a
refinaria e seus anexos (equipamentos para o bombea-
mento do petróleo, tanques de armazenamento, oleodu-

tos) e fazia-lhe as seguintes concessões: concessão por 80 anos para refinar o petróleo de Talara; concessão por 80 anos para fabricar óleos combustíveis; concessão por 80 anos para manter o monopólio da comercialização; compromisso de outorgar-lhe uma área de um milhão de hectares quadrados, para exploração na selva amazônica.

A página 11

Foi geral a revolta causada pelas condições dêsse acôrdo, que sob a aparência de liquidar uma situação inadmissível, na verdade aliviava a emprêsa estrangeira de compromissos que não mais lhe interessavam, assegurando-lhe em troca, por longo tempo, novas vantagens. Essa repulsa foi agravada pela denúncia formulada pelo ex-presidente da Empresa Petrolera Fiscal, engenheiro Carlos Loret de Mola, segundo a qual, do contrato então firmado entre a entidade estatal e a companhia norte-americana, teria sido subtraída a última página, de número 11, que continha disposições consideradas inconvenientes pelos norte-americanos.

Não sabemos com que procedência, no fôro de Lima se relaciona o presumido desaparecimento dessa página da Ata de Talara com a circunstância de que, após a instalação do govêrno militar — que anulou aquêle acôrdo — tenham viajado para o exterior, alegando falta de garantias para defender-se no processo instaurado para apurar a referida ocorrência, os ex-ministros Manoel Ulloa, Guilherme Hoyos Osores, Pablo Carriquiry e Osvaldo Herceilles, os dois últimos posteriormente falecidos, enquanto que o primeiro encontra-se na Argentina e o segundo no Chile. [1]

A expropriação

A infeliz assinatura da Ata de Talara foi a gôta de água que estava faltando para justificar o golpe que os militares vinham articulando contra o govêrno de Belaunde Terry. De outro lado, a rapidez com que,

(1) Da Argentina o ex-ministro Manuel Ulhoa transferiu-se para a Espanha, de onde o govêrno peruano pediu a sua extradição. Recusada ésta pelo general Franco, o general Velasco declarou, em fins de novembro de 1970: "O govêrno peruano só pode considerar a recusa como um ato inamistoso da parte do govêrno espanhol. Se a extradição não fôr concedida, denunciaremos o tratado de extradição que mantemos com a Espanha e retiraremos nosso embaixador daquele país".

seis dias após a deposição daquele govêrno, os militares ocuparam o complexo de Brea y Pariñas, assumindo o contrôle da cidade que ali surgira e que hoje conta 40.000 habitantes, contribuiu enormemente para justificar a sua intervenção e assegurar estabilidade à Junta Militar.

Assinale-se que em uma primeira fase, enquanto se procedia à avaliação das instalações expropriadas e ao cálculo exato do débito da emprêsa para com o Estado, a exploração das jazidas e a operação de refino ficaram a cargo da Empresa Petrolera Fiscal (antecessora da Petroperu), enquanto que a IPC continuou operando a chamada Concessões Lima (Lobitos) — contígua à Brea y Pariñas — assim como a rêde de distribuição de gasolina e óleo no mercado nacional. Durante êsse período a IPC entregava tudo o que extraía das Concessões Lima à IPF, a qual, após refinar o produto em Talara, voltava a entregá-lo à IPC, para que esta o distribuísse e vendesse aos consumindores nacionais.

Embargo definitivo

Mas nem mesmo numa tal situação a IPC quis aceitar as novas regras do jôgo, saldando os pagamentos devidos ao Estado pelo refino da mercadoria que êste recebia, transformava e devolvia à IPC para que ela o comercializasse. Uma nova dívida foi assim sendo acumulada, que atingiu o montante de 16 milhões de dólares, a serem acrescentados aos ......
690.524.283 dólares do débito anteriormente apurado.

Ante a recusa da Standard Oil de New Jersey de reconhecer essas obrigações, a 6 de fevereiro de 1969 foi iniciada a cobrança judicial da dívida total, com o prévio embargo de todos os bens que permaneciam na posse da IPC, os quais afinal devem ser objeto de venda em hasta pública. A ação sòmente será interrompida se nesse intervalo fôr liquidado o total da dívida.

Definição da Política Estatal

O alto funcionalismo público peruano da atualidade, largamente militarizado, é de seu natural infenso à imprensa: esta é vista como uma intrusa, empenhada como sempre está em desvendar e divulgar questões e decisões que os militares, por deformação profissional, entendem, desde que elas lhes são afetas, que devem ser tratadas como assuntos de Estado-Maior, e portanto mantidas secretas até o momento em que se tornam públicas pelo fato inelutável de sua colocação em prática. O jornalismo local, submetido a uma intensa pressão governamental, deve curvar-se a essa lei da desconfiança, abrindo mão das reportagens e limitando-se à publicação dos comunicados e discursos oficiais. Mas a reportagem estrangeira, que ainda não está submetida à mesma intimidante limitação genérica, pode procurar teimosamente abrir-se caminho em múltiplos setores simultâneamente, até que um dêles se mostre menos hostil a uma simples e limpa informação.

Uma das exceções que tivemos o prazer de encontrar foi precisamente junto à Petroperu, presidida pelo general Marco Fernández Baca, ao qual pudemos ter acesso, e do qual obtivemos, não sòmente resposta para o questionário que prèviamente lhe havia sido submetido, como ainda alguns esclarecimentos complementares.

Monopólio

Eis as principais perguntas formuladas e as respectivas respostas:

1ª *Dentro da concepção que ditou a criação da Petroperu, deve-se esperar que esta venha, com o tempo, a encarregar-se com exclusividade dos trabalhos de prospecção, exploração, refinação e distribuição do petróleo? É essa uma política estabelecida, válida a curto ou a longo prazo?*

R — Não entendemos nem acreditamos que o mais conveniente para o país seja que a Petroperu possua a exclusividade no campo da prospecção e exploração do petróleo. Quanto ao refino e distribuição, efetivamente devemos assumir a exclusividade — respeitados os direitos adquiridos — e estamos em condições de fazê-lo da maneira que mais beneficie o próprio consumidor. (Foi acrescentado que o desenvolvimento desigual do país exige a intervenção do Estado, para distribuição da gasolina nas regiões que não interessam à iniciativa privada.)

2ª *A participação da Companhia Lobitos na exploração do petróleo peruano é considerada um "direito adquirido", ou pode-se prever o cancelamento da respectiva concessão, para que a mesma reverta à Petroperu?*

R — A Companhia Petrolífera Lobitos intervém na exploração e extração do petróleo nos campos do Noroeste (Concessões Lima) e nelas tem, de acôrdo com as leis peruanas, "direitos adquiridos" desde o momento em que essas concessões lhe foram outorgadas. (Não foi antecipada a posição governamental para a oportunidade em que termine o prazo dessas concessões.)

3ª *Será estimulada a vinda de outras companhias estrangeiras interessadas na exploração do petróleiro, com vistas a incentivar o desenvolvimento dessas atividades na Selva e na Plataforma submarina? Êsse estímulo compreenderia a autorização para a instalação de novas refinarias estrangeiras?*

R — Será estimulada a vinda de companhias estrangeiras para as tarefas de exploração e extração. Uma nova Lei do Petróleo está sendo preparada, que incluirá os incentivos necessários à vinda de capital estrangeiro. Além disso, Petroperu está empenhada numa campanha de prospecção com vistas a localizar novas áreas de produção, tanto na Selva como na Plataforma.

— Êsse estímulo ao capital privado, tanto nacional como estrangeiro, não inclui autorização para a instalação de novas refinarias.

— Petroperu trabalha com a filosofia de uma emprêsa privada, tendo em vista o que pode ser mais conveniente para os seus acionistas, que são os cidadãos peruanos.

(A resposta escrita deu como implícita no que fica dito a resposta a nosso quesito seguinte, a saber: *Sendo certo que o Peru importa atualmente cêrca de 20% do petróleo que consome e que o consumo nacional aumenta anualmente, tendendo a fazer crescer êsse deficit, que medidas são previstas para contrabalançar essa tendência?)*

Os demais minerais

4ª *A orientação política oficial estabelecida em relação ao petróleo é idêntica à que vigora em relação a todos os minerais — ou são diversas as políticas previstas quanto ao cobre, chumbo, zinco e prata?*

R — Nossas opiniões dizem respeito apenas ao problema petrolífero em geral e ao da Petroperu em particular. Também acreditamos que cada um dêsses campos é independente — talvez com algumas semelhanças — mas regendo-se cada qual pelo respectivo código ou lei.

5ª *Poder-se-ia dizer que em relação a todos êsses campos a tendência dominante deve conduzir à estatização dos trabalhos de exploração, refino e comercialização?*

R — Já dissemos que a tendência não consiste em chegar à estatização dos trabalhos de exploração e extração de nosso petróleo em novas áreas, porque não estamos totalmente preparados, nem técnica nem econômicamente, para fazê-lo. Quanto às operações de refino e comercialização, acreditamos haver atingido o momento e a capacidade para assumí-las, sempre respeitando os contratos existentes.

A colaboração estrangeira

6ª *A queda que se tem verificado nos dois últimos anos nas importações do Peru não estaria ocorrendo em detrimento da importação de bens de capital necessários ao desejado processo de industrialização do país?*

R — Acreditamos que a redução nas importações deve-se, em grande parte, a um melhor aproveitamento dos produtos nacionais e a um melhor contrôle das importações de artigos não-necessários ao desenvolvimento do país.

(Em aditamento foi-nos informado que o Peru está importando um milhão de soles por dia, em peças e implementos de reposição de refinaria, e que de outro lado foi adquirida, por 2,5 milhões de dólares pagos à vista, uma nova refinaria completa, a ser brevemente instalada.)

7ª *É estimulada a vinda para o país de técnicos estrangeiros especializados no desenvolvimento da produção e da industrialização dos minerais — ou prefere o govêrno que essas responsabilidades sejam assumidas pelos técnicos peruanos?*

R — Nossa emprêsa estimula a vinda de qualquer técnico petroleiro estrangeiro que possa ajudar a desenvolver nossos conhecimentos sôbre a matéria, e deixar ensinamentos proveitosos ao país. Isso não impede que dia a dia nossos técnicos estejam assumindo essa responsabilidade, graças à experiência adquirida durante anos de trabalho na indústria. (Também foi acrescentado que enviam seus próprios técnicos para aperfeiçoar-se no exterior, inclusive no Brasil.)

8ª *Em que medida o Pacto Andino pode influenciar — favorável ou desfavoràvelmente — a política oficial relativa ao petróleo e aos minérios em geral?*

R — Acreditamos que o Pacto Andino pode diminuir o custo de operação de nossa indústria petrolífera, ao mesmo tempo que abrir maiores mercados para a colocação de nossos produtos refinados e de petroquímica.

9ª *As perspectivas de ampliação e desenvolvimento da produção de energia elétrica nacional asseguram uma margem tranqüila para as necessidades futuras das indústrias químicas, de derivados de petróleo e minerais em geral — ou há problemas nesse campo que ainda não foram devidamente equacionados?*

R — Em virtude de condições geográficas especiais, a ampliação e o desenvolvimento da produção da energia elétrica nacional é realizada com base na energia hidrelétrica, que assegura os requisitos futuros das indústrias químicas. Sendo estas indústrias conexas à indústria do petróleo (utilização petroquímica) não haverá nenhuma dificuldade para que a energia elétrica se auto-abasteça mediante utilização do gás natural proveniente de nossas próprias jazidas.

PRODUÇÃO DE PETRÓLEO

— Janeiro de 1970 —

Companhia operadora	Produção em barris/dia	Porcentagem
Petroperú	43.929	57,2%
Belco	30.400	39,6%
Outras	2.415	3,2%
TOTAIS	76.744	100,0%

Fonte: Petroperú

PRODUÇÃO DE ENERGIA ELÉTRICA

(Categoria de produtor e tipo de geração)

— Em milhões de KW-H —

1952	461.1	590.4	875.4	176.1	1.051.5
1954	565.5	797.2	1.032.6	330.1	1.362.7
1956	685.7	938.7	1.184.9	439.5	1.624.4
1958	892.8	1.118.4	1.398.6	612.6	2.011.2
1960	1.173.1	1.474.8	1.794.2	853.8	2.647.9
1962	1.408.3	1.658.6	1.945.8	1.121.1	3.066.9
1964	1.624.6	2.077.7	2.280.1	1.422.2	3.702.3
1965	1.828.2	2.178.1	2.668.0	1.338.3	4.006.3
1966	1.963.8	2.402.2	2.827.0	1.539.0	4.366.0
1967	2.256.0	2.513.6	3.167.9	1.601.7	4.769.6
1968	——	——	3.315.8	1.692.6	5.008.4

Fonte: Ministério de Fomento y Obras Publicas — Dirección de Industrias y Eletricidad

CONCLUSÃO

OS MILITARES COMO REFORMADORES SOCIAIS

O estatuto que o govêrno revolucionário resultante do golpe de 3 de outubro de 1968 a si mesmo se deu, manteve no Peru "a Constituição do Estado, as leis e demais disposições, enquanto compatíveis com os objetivos" do nôvo govêrno. E como êsses objetivos são, *et pour cause,* revolucionários, há na verdade uma incompatibilidade total entre a Constituição (que em seu artigo 19 declara serem "nulos os atos dos que usurparem funções públicas") — e os usurpadores em questão, que efetivamente não aceitam nenhuma restrição ao arbítrio que se atribuíram, de legislar fazendo tábula rasa de todo o antigo corpo de leis.

A Constituição vai, pois, sendo esrtopiada à medida que avança a obra revolucionária, e dela, em pouco, bem pouco restará . Ainda assim a sua leitura apresenta certo interêsse, por algumas curiosidades que contém. Por exemplo, cremos que o Peru é um dos raros países latino-americanos em que expressamente "o Estado protege a religião católica, apostólica e romana", enquanto as demais religiões gozam de liberdade para o exercício de seus cultos. Era mesmo da competência do Congresso — ora dissolvido — "criar novos arcebispados ou bispados, ou suprimir os já existentes", como é atribuição do presidente da República nomear os bispos e arcebispos; os membros do clero não votam nem podem ser votados, o que já agora tem pouca importância: e entre as rendas dos Conselhos Departamentais — ora extintos — incluíam-se os "preços de patentes, industrial e eclesiástica".

Pois, com tudo isso, o Peru é um país que admite o divórcio.

Terremoto político

Na verdade, a Constituição e as leis anteriores a outubro de 1968 perduram sòmente como curiosidades, pois o govêrno revolucionário peruano está passando, sôbre a legislação do país, como um autêntico terremoto, ao fim do qual pouca coisa restará do que era essencial e mais característico nas antigas instituições. Pode-se discutir por aonde vai o Peru — e esta reportagem na verdade não fêz outra coisa senão mostrar o mosaico das opiniões que se entrechocam a êsse propósito — mas não se pode discutir o fato de que êle não retornará ao que era antes. A obra de demolição das antigas estruturas está sendo realizada implacàvelmente, e é impensável, mesmo na eventualidade de que os militares venham, um dia, a passar voluntàriamente o poder a mandatários do povo escolhidos em eleições livres, que o principal do que está sendo feito venha a ser desfeito.

Três revoluções

Efetivamente, por suas características, a presente revolução peruana já adquiriu o direito de inscrever-se, ao lado da mexicana e da cubana, como um movimento que, não se restringindo ao corriqueiro golpe de Estado, de que na América Latina temos sempre farta messe, enveredou pela estrada de uma ampla reformulação econômico-social. A mexicana, com o passar do tempo, tornou-se insolúvel: institucionalizou-se, o que quer dizer que encalhou, sem conseguir tirar do atoleiro sequer o que parecia ser o seu objetivo máximo — a reforma agrária: os camponeses do país continuam tão miseráveis e efetivamente tão sem terra quanto antes. A cubana, em virtude da violenta torsão sofrida no itinerário que inicialmente anunciara, acabou tornando a antiga ilha turística num rígido quartel, em que uma parte da população deve estar permanentemente de vigília contra o risco de uma invasão, enquanto todo o restante se esfalfa em cortar cana indefinidamente, para fazer algum dinheiro com que pagar os armamentos e os soldos.

São dois resultados melancólicos, que entretanto não mudam o fato essencial de que foram acontecimentos espetaculares: revoluções que conseguiram criar suas místicas próprias, com fundas repercussões no restante do Continente e com inegáveis influências sôbre a evolução de outros países do hemisfério.

Os novos militares

A peruana, independente dos resultados a que efetivamente possa chegar, assumiu desde logo uma posição de destaque, porque veio constituir o primeiro modêlo perfeito e acabado de aplicação do nôvo tipo de militarismo que se está gerando entre estas terras banhadas pelo Atlântico e o Pacífico. Embora desde há algum tempo o caudilhismo militar de tipo individual, que era uma de nossas características comuns, viesse evoluindo no sentido de intervenções militares no terreno político, feitas coletivamente pela instituição armada — o caso do Peru é realmente o primeiro em que tôda a Fôrça Armada, como instituição, primeiramente se informou sôbre a realidade econômico-social e político-cultural do país que a mantinha, chegou em seguida a formar um ponto de vista sôbre a mesma — o qual foi largamente partilhado pela oficialidade superior — traçou, em conseqüência, um programa de realizações, e só depois dis-

so depôs o govêrno regularmente instituído, propondo-se
à efetivação de uma ampla tarefa revolucionária. Não
houve precipitação nem improvisação — a não ser, talvez, no sentido tático, quanto à escolha do momento do
golpe inicial: tudo o mais vem sendo planejado conscientemente, com vistas à obtenção de resultados bem definidos.

De notar que o estabelecimento militar, não estando
comprometido, como tal, com o processo econômico, é
passível de partir, indiferentemente, para empreitadas de
direita ou de esquerda, ou que tomem de início uma
direção, voltando-se a certa altura para outra.

O planejamento

E talvez uma das principais debilidades da revolução peruana esteja exatamente aí: na excessiva confiança em que mediante planejamento seja possível dominar êsse indócil animal que é o fato social.

Tudo está programado. Os militares e seus assessôres civis, tendo estudado em profundidade a realidade
peruana, chegaram à conclusão de que ela necessitava
de uma radical reformulação, que foi delineada nos vários setores em que devia ser feita, e estão convencidos
de que à cirurgia aplicada necessàriamente corresponderá um saudável resultado: pois, extirpado o que no
corpo estava estragado, não é de esperar que o organismo
curado mostre tôda sua capacidade de expansão?

Aí é que a porca torce o rabo, e os revolucionários,
como sempre, se estrepam — no preciso sentido de que
acabam por espinhar-se todos nos múltiplos estrepes
em que mexem. A saber, que quando a realidade social é violentada em seu transcorrer, por medidas de
fôrça e coerção que a aceleram ou coíbem, sabemos,
sem dúvida, aquilo que realmente queremos eliminar e
eliminamos, aquilo que queremos coagir e coagimos —
mas não sabemos, nem podemos prever, o que é que
em seu lugar vai surgir.

Isso é uma lição de tôdas as revoluções, em todos
os tempos, mas que jamais foi aprendida pelos revolucionários; pois do contrário não haveria revolucionários, e ganharíamos em tranqüilidade o que perderíamos em espetáculo.

Escreveu e não leu...

Graças ao quê, os militares peruanos, devidamente assessorados por competentes e brilhantes economistas, sociólogos, estatísticos, educadores, historiadores e pensadores, de quase sempre indiscutível honestidade intelectual, continuam a decretar em catadupas novas modificações no corpo social do país.

Os decretos vêm bem fundamentados e obedecem a uma lógica que, dadas as premissas estabelecidas, é perfeita. O diabo, porém, está em que a realidade à qual êles se destinam não só não é lógica, como prima pela contradição. Tentar moldá-la a golpes de decreto é uma tentação a que os regimes de fôrça não só não podem escapar, como, se dela pudessem livrar-se, não teriam mais nenhuma necessidade de perdurar.

Tivemos a oportunidade de acompanhar uma pequena, mas instrutiva demonstração dêsse princípio geral.

O nível de vida da população peruana é bastante baixo, o desemprêgo é grande e o subemprêgo extensíssimo. Como uma das conseqüências disso, é considerável, em Lima, o número de mendigos e vendedores ambulantes de quinquilharias, bilheteiros e engraxates. A certa altura, entendendo que a mendicância profusa dava do país uma imagem desagradável, e que muitos pedintes eram na verdade espertalhões que à custa da caridade pública faziam boas coletas — o govêrno revolucionário resolveu liquidar o problema. Como? Foi decidida a realização de "comandos" policiais nas zonas de concentração de mendigos e vagabundos: detidos, êstes passariam por uma triagem: os doentes e aleijados seriam recolhidos a asilos, os menores de idade entregues a orfanatos, e os malandros iriam para o xadrez. Efetivamente, ao fim de quatro dias de "batidas" policiais, a mendicância desaparecera das ruas: a revolução fizera o milagre.

Isso foi na segunda quinzena de abril de 1970.

Viajamos para Bogotá, onde permanecemos uma semana: ao voltarmos a Lima, já os mendigos haviam ressurgido todos, inclusive uma senhora, perita em trejeitos de pescoço, figura obrigatória na porta do hotel em que nos encontrávamos.

Escalada da coerção

O episódio pode parecer uma anedota insignificante, mas é ilustrativo, e contém em germe implicações que podem avolumar-se exatamente naquele perigoso rumo dos meios ruins que se justificam pelos fins bons a que se filiam, e que com o tempo acabam por transformar-se êles próprios em finalidades insuperáveis, e péssimas.

Elimina-se a mendicância prendendo os mendigos — e pode-se prendê-los tantas vêzes quantas êles, soltos, voltem a mendigar. Mas com isso não se eliminam as causas de que a mendicância nasce e de que continuará a nascer.

Extingue-se o latifúndio dividindo a terra entre os camponeses, acaba-se com a exploração do homem pelo homem organizando os trabalhadores em cooperativas, põe-se fim ao arbítrio do capital estrangeiro nacionalizando a refinação do cobre e sua comercialização. A soberania nacional é afirmada pela estatização do serviço telefônico, a poupança pública passa a cumprir uma função social mediante sua aplicação no financiamento de projetos oficiais preferenciais, as injustiças nas relações de trabalho são liquidadas mediante a decretação de uma reforma da emprêsa. Os lucros privados exagerados acabam graças ao monopólio estatal da comercialização da farinha de peixe, a industrialização do país é assegurada em conseqüência do estabelecimento de uma escala completa das indústrias, sendo as básicas assumidas plenamente pelo Estado, que também entrará como sócio das de apoio, enquanto as secundárias são deixadas à iniciativa privada. E assim por diante — e bastante por diante, pois não é brincadeira o rol de coisas consideradas desarrumadas, ou mal arrumadas, que o govêrno militar peruano se propõe arrumar em breve prazo, e sem discussão.

Não há contestação

O diabo é isso: sem discussão. Os dois únicos jornais do país que, seja lá por que motivo fôsse, e não importa se com razão ou não, faziam oposição aberta ao govêrno, foram expropriados e entregues a propagandistas do govêrno. Em conseqüência do quê, os demais jornais, já sob a mira de um "estatuto" impiedoso, e que são reiterada e frontalmente atacados em ásperos têrmos pelo chefe ostensivo da revolução, amoitaram: sòmente por linhas indiretíssimas e por alusões sutilíssimas se pode ler nêles alguma rara e velada frase que não seja de inteira concordância com o que o govêrno diz e faz. Os processos contra jornalistas sucedem-se em ritmo constante e as reformas decretadas em cachoeira não são discutidas antes (pois permanecem em segrêdo enquanto estão sendo elaboradas), nem depois, eis que uma vez decretadas inscrevem-se entre os objetivos da revolução, a qual não pode ser contestada.

Por sua filosofia e estrutura, o Exército organiza-se segundo um comando unificado e um ordenamento disciplinado da escala hierárquica. É inevitável que a sociedade que êle está moldando diretamente deva enveredar pela reprodução dessas características, e nesse sentido é muito grave, evidentemente, o risco que ali corre a democracia, que se qualifica precisamente como regime de livre contradita e do direito de crítica à autoridade.

O problema tem outro aspecto: além dos mendigos, que enfeavam a cidade, Lima apresenta mais uma facêta desagradável aos olhos: as favelas de seus subúrbios, às vêzes feitas inclusive de esteiras, e nas quais a ausência de chuvas permite economizar até mesmo o teto. A mendicância foi liquidada com a prisão dos mendigos. Nas favelas foi aplicado um outro golpe de mágica: já não são chamadas de *barriadas*, designação que assumira uma conotação pejorativa — chamam-se agora *pueblos jóvens*. Graças ao mesmo processo de escamoteação de uma realidade desgostante porém teimosa, desde a decretação da reforma agrária não há mais índios no país: as antigas Comunidades Indígenas passaram a denominar-se Comunidades Camponesas.

Fôrça, perigosa tentação

O uso reiterado da fôrça leva, quase inelutàvelmente, ao abuso dela. O reformador social instalado no interior de um govêrno forte, que se vê desobedecido por circunstâncias rebeldes a seus desígnios, é levado, freqüentemente, a aumentar as medidas compulsivas:

pois é um crente, que não duvida das próprias convicções.

O govêrno militar peruano teve até agora a sorte enorme de não esbarrar ante nenhuma resistência efetiva na aplicação das medidas que tem decretado. Inclusive, e incrìvelmente, no caso da reforma agrária, que tomou a muitas centenas de proprietários as terras que possuíam, pagando-lhes em dinheiro uma quantia apenas simbólica, e ficando a dever-lhes tudo o que passa de 100.000 soles (pouco mais de dez mil cruzeiros) por prazos que vão até 30 anos — inclusive aí, não houve um só caso de resistência armada à ação governamental.

De outro lado, a população mantém-se embalada pelas medidas revolucionárias que se sucedem ràpidamente, com notável audácia, algumas das quais correspondem a antigas aspirações populares, defendidas pràticamente pela unanimidade dos partidos — como a expropriação da IPC e a reforma agrária. Quanto às demais reformas, conservam acesa a expectativa pública em tôrno da prometida transformação geral das estruturas: todo o mundo está esperando o momento em que, completado o quadro das reformas, tudo melhorará repentinamente.

A esperança

Os camponeses estão aguardando as conseqüências práticas do fato de que a terra, já agora, conforme diz a lei, lhes pertence: por enquanto não viram nada diferente, trabalham do mesmo jeito que antes, ganham a mesma coisa e em lugar do antigo patrão têm pela frente um homem fardado que maneja o dinheiro e lhes diz que já não precisam de sindicato pois não teria cabimento que fizessem reivindicações contra si mesmos.

Os comerciários estão esperando a melhoria de sua situação, que deve resultar do fato de que o Estado assuma o monopólio da comercialização dos dois principais produtos industriais do país, o cobre e a farinha de peixe.

Os operários estão na expectativa da grande transformação social que deve resultar da reforma da emprêsa, que entre outras coisas torna efetiva uma promessa que já se achava inscrita na antiga Constituição: sua participação na direção e no lucro das emprêsas.

Nacionalismo

De uma forma geral os cidadãos estão todos muito contentes com uma série de medidas tomadas pelo govêrno, e que afagam seu patriotismo sempre à flor da pele: a extensão das águas territoriais até 200 milhas da costa, a expropriação da IPC, a imposição de uma série de exigências, regulamentos e restrições à aplicação do capital estrangeiro no país, a adoção de uma linguagem diplomática altaneira, especialmente nas relações com os Estados Unidos. A tremenda catástrofe que foi o terremoto de 31 de maio de 1970 ainda teve a conseqüência de aumentar mais o sentimento de solidariedade nacional, contribuindo, paradoxalmente, para favorecer a obra do govêrno.

E o dinheiro?

Mas, para financiar o ambicioso programa traçado e que está sendo pôsto em execução, necessitam-se enormes recursos financeiros. Sòmente um dos empreendimentos — a exploração da mina de cobre de Cuajone — requer 355 milhões de dólares, e depois da promulgação da Lei de Minas êsse investimento, contratado, entrou a perigar.

De onde sairá o dinheiro para financiar tudo o que se quer fazer? Ou o dinheiro vem de fora, ou é arrecadado no próprio país. Para que êle venha do exterior é preciso atraí-lo, e o govêrno militar, ao mesmo tempo que afirma desejá-lo, adota medidas que só podem contribuir para assustá-lo. Para que êle brote do próprio país, em um regime em que a iniciativa privada está sendo eliminada de vários setores da economia, restringida em outros, confinada a alguns, e na área que lhe resta vê cada vez mais cerceada sua liberdade de ação — num tal regime os recursos só podem provir da classe média e da população trabalhadora. Em têrmos efetivos isso significa perda da liberdade sindical e do direito de greve, trabalhos pràticamente forçados, congelamento nominal dos ordenados e salários, com sua efetiva redução direta ou indireta, pela escassez e o encarecimento de uma produção de que o Estado tende a tornar-se, em larga medida, um quase monopolizador.

Há mais uma contradição a ser resolvida: a tentativa de domesticação do capital privado estrangeiro e de estrita regulamentação das aplicações do capital privado nacional, enquanto se prossegue num programa de reformas que exige altos investimentos — anda, até agora, a par com uma política financeira monetarista, de retenção dos investimentos estatais e de contrôle da inflação. Como conciliar tudo isso?

A lógica do processo

A revolução peruana é jovem, mal completou dois anos. Está procurando plantar os seus alicerces, e seria temerário querer profetizar o seu futuro, dentro do amplo leque de perspectivas que se lhe apresentam.

Pela originalidade e seriedade de que se reveste, pela bastante generalizada honestidade de propósitos de seus principais responsáveis, pelo bem do país e do povo a que está afetando — se de algo adiantasse fazerem-se votos num tal terreno — seria de desejar que os militares que assumiram a sua responsabilidade tenham êxito, e possam dizer, ao fim de um prazo mais ou menos breve, que sua missão está cumprida, que o Peru foi reformado de alto a baixo, e vai, novamente, ser entregue a mandatários legais do povo, em regime constitucional e democrático — enquanto êles próprios voltam para seus quartéis.

Infelizmente, essa belíssima perspectiva tem escassíssimas possibilidades de efetivar-se. Não haverá nunca um momento em que tôdas as reformas estejam perfeitas e acabadas, precisamente porque cada reforma feita, liquidando uma situação antiga, institui uma situação nova, que propõe novos problemas. Em face da tendência dos governos fortes, de responder às dificuldades com a intensificação da coerção, e em face da inevitabilidade de que os conflitos sociais voltem a manifestar-se à medida que as ilusões forem murchando, até que já não haja mais furos a apertar na cinta — a probabilidade é de que à ditadura se conceda novos

prazos e se prolongue no tempo, ao mesmo tempo que
se torna mais repressiva.

Até onde se chegará?

Isso implicará, simultâneamente, numa aceleração
da tendência estatizadora, até o extremo de tornar-se o
Estado único capitalista e patrão? Poderá isso acarretar uma substituição do papel até agora representado
pelo capital privado ocidental na economia peruana, por
uma participação predominante do capital estatal da
União Soviética e dos países que ela controla? Êste
segundo evento determinaria o alinhamento do Peru
em uma posição assemelhável à de Cuba, seja no que se
refere a conpromissos internacionais, seja no que diz
respeito a compromissos ideológicos?

A colocação dessas perguntas corresponde a possibilidades que realmente existem — mas a que certamente não cabe, hoje, dar resposta. O nacionalismo
peruano não é obsessivamente antiimperialista, no sentido de corresponder a uma necessidade de enfrentamento econômico com os Estados Unidos — êle é estrutural, emocional, cultural, manifesta-se no terreno
econômico como em quaisquer outros; isso, se num certo
sentido o torna mais agressivo e profundo, de outro
não o compromete imediatamente numa linha políticopartidária militante. Também as dificuldades que inevitàvelmente vão decorrer das múltiplas providências estatizadoras podem, seja conduzir ao exacerbamento dessa tendência, seja provocar uma revisão de posições e
opções; já vimos que pelo menos em dois assuntos
importantes, reforma agrária e educação — houve retificação de rumos em face de decisões posteriormente
consideradas errôneas; também não podemos esquecer
o papel representado pelos assessôres civis, que são
economistas e cientistas sociais de variada procedência,
não presos a uma plataforma ideológica única. E o
mesmo entranhado nacionalismo, a mesma orgulhosa
pretensão de estar fazendo uma revolução autênticamente peruana, são dois sérios obstáculos a que a União
Soviética possa ter, ali, o monopólio de mando que por
alto preço comprou em Cuba, e que incluiu a descubanização do país. As reformas estão atacando as estruturas peruanas de todo os lados, e simultâneamente. Elas

estão em curso, em começo de aplicação, ou ainda em estudos. Nossa impressão é que antes de que se complete o quadro das medidas inicialmente programadas, será impossível saber, dentre as tendências contraditórias que estão em competição, quais as que começarão a ganhar preponderância, determinando o rumo imediato do regime. As novas leis da emprêsa, do comércio, da organização bancária, e o regime a ser estabelecido para a propriededa imobiliária citadina, são fundamentais na complementação dêsse quadro.

O mais grave veneno instalado no corpo do Estado é a eliminação da liberdade de discussão, já efetivada na imprensa, e que corre o risco de contagiar a vida dos partidos, dos sindicatos e das associações civis, fechando o país numa redoma totalitária. Isso seria o pior.

Quando tôdas as principais autoridades públicas são militares, que entendem tôda crítica a seus atos como manifestação subversiva e ameaça à segurança nacional — institui-se, no processo de desmantelamento da antiga oligarquia econômica, uma nova e não menos nefasta oligarquia militar, monopolizadora de todo o poder. Mas essa má perspectiva ainda não pode ser dada como inevitável, segundo nos pareceu ao longo desta reportagem que, em seu esfôrço de compreensão para a divulgação do que ali está ocorrendo, representa uma homenagem ao Peru, um dos países de mais trágica e mais fascinante História da América Latina.

A multidão reunida na Plaza de Armas, em Lima, para ouvir o chefe do govêrno a comunicação da expropriação da IPC (1968).

BIBLIOGRAFIA

CIRO ALEGRIA, *Los perros hambrientos,* Populibros peruanos, Lima.

AUGUSTO SALAZAR BONDY, *Historia de las ideas en el Perú contemporáneo,* 2 vols., Francisco Moncloa Editores S/A, Lima, 1967.

EMILIO ROMERO, *Geografia Economica del Peru,* Editorial Grafica Pacif Press S/A, Lima, 1968.

JUAN JOSE VEGA, *Tupac Amaru* (Jose Gabriel Tupac Amaru y las clases sociales de su tiempo), Distribuidora Inca S/A, Lima, 1969.

HARRY KANTOR, *Ideología y programa del Movimento Aprista,* Ediciones Humanismo, Mexico, D.F. 1955.

JOSE MATOS MAR, *Estudio de las barriadas limenas,* Universidad Nacional Mayor de San Marcos, Lima, 1967.

MAJOR VICTOR VILLANUEVA, *O golpe de 68 no Peru*, Civilização Brasileira, Rio de Janeiro, 1969.

ENRIQUE CHIRINOS SOTO, *Cien dias en campaña*, Talleres Graficos P.L. Vilanueva S/A, Lima, 1968.

ENRIQUE CHIRINOS SOTO, *Cuenta y balance de las elecciones de 1962*, Ediciones Peru, Lima, 1962.

ENRIQUE CHIRINOS SOTO, *Actores en el drama del Peru y del mundo*, Ediciones de divulgacion popular, Lima, 1961.

ENRIQUE CHIRINOS SOTO, *El Peru frente a junio de 1962*, Ediciones del Sol, Lima, 1962.

ENRIQUE CHIRINOS SOTO, *Discursos politicos y parlamentarios*, Editorial Imprenta Amauta S/A, Lima, 1969

ENRIQUE CHIRINOS SOTO, *Actores en el drama del Peru y del mundo*, 2ª série Talleres Graficos P. L. Villaneuva S/A, Lima, 1967.

HECTOR BEJAR, *Peru 1965: una experiencia guerrillera*, Campodonico Ediciones, Lima, 1969.

EMILIO ROMERO, *Biografia de los Andes*, Editorial Sudamericana, Buenos Aires, 1965.

ROGER MERCADO, *Las guerrilas del Peru — El Mir: de la prédica ideológica a la acción armada*, Fondo de Cultura Popular, Lima, 1967.

HUGO NEIRA, *Cuzco: tierra y muerte*, Populibros peruanos, Lima, 1964.

FRANÇOIS BOURRICAUD, JORGE BRAVO BRESANI, HENRI FAVRE, JEAN PIEL, *La oligarquia en el Peru*, Instituto de Estudios Peruanos, Moncloa-Campodonico Editores Associados, Lima, 1969.

HAYA DE LA TORRE, *El processo*, Editorial Imprenta Amauta S/A, Lima, 1969.

HAYA DE LA TORRE, *La defensa continental*, Editorial Imprenta Amauta S/A, Lima, 1967.

HAYA DE LA TORRE, *Politica aprista*, Editorial Imprenta Amauta S/A, Lima, 1967.

JOSÈ CARLOS MARIÁTEGUI, *7 ensayos de interpretacion de la realidad peruana*, Biblioteca Amauita, Lima, 1967.

JOSÉ MATOS MAR, FERNANDO FUENZALIDA, JORGE BRAVO BRESANI, JULIO COTLER, LUÍS SOBERÓN e JOSÉ PORTUGAL MENDOZA, *Hacia la modernización de la estructura agraria en el Perú*, Instituto de Estudios Peruanos, Lima, 1969.

FERNANDO FUENZALIDA VOLLMAR, *La matriz colonial de la comunidad de indigenas peruana: una hipótesis de trabajo*, Instituto de Estudios peruanos, Lima, 1969.

RAFAEL CUBAS VINATEA, ERNESTO CHAVEZ CROVO, SANTIAGO A. LAVADO PALACIOS P., JOSÉ ANDRES BOGGIO GHO. e VICTOR GOICOCHEA LUNA, *La empresa comunitaria* (Proyecto de ley), Imprenta Record, Lima, 1968.

ROGER MERCADO, *Defensa politica de la reforma agraria* (Cartilla ilustrativa para el campesino), Fondo de Cultura Popular, Lima, 1969.

ALFONSO BAELLA TUESTA, *Servicios publicos y moralidad administrativa*, Editora Atlantida S/A, Lima, 1969.

JAVIER ORTIZ DE ZEVALLOS, *Trujillo y Torre Tagle*, (1820/1970), Grafica Weilg, Lima, 1970.

FERNANDO FUENZALIDA V. e TERESA VALIENTE C., *Modernidad y tradición local en una comunidad de indigenas del Valle de Chancay*, Instituto de Estudios Peruanos, Lima, 1967.

JULIO COTLER, *Crisis politica y populismo militar en el Perú*, Instituto de Estudios peruanos, Lima, 1969.

JULIO COTLER, *El populismo militar como modelo de desarrollo nacional en el caso peruano*, Lima, 1969.

DIRECCIÓN DE PROMOCIÓN Y DIFUSIÓN DE REFORMA AGRARIA, *Perú, tierra sin patrones*, (A lei de reforma agrária, informações, estatísticas), Lima, 1970.

DIRECCIÓN DE PROMOCIÓN Y DIFUSIÓN DE REFORMA AGRARIA, *Estatuto especial de Comunidades campesinas* (Texto e comentários), Lima, 1970.

S. MARTINEZ, (Anotada por), *Constitución politica del Perú*, "*Carta de los derechos humanos, Ley de imprenta*, Ediciones Martinez — Lima.

DEPARTAMENTO JURIDICO DE, *Ley de reforma agraria* (Decreto-lei 17716), Ediciones Carpesa, Lima, 1969.

XXX — *Nueva ley de reforma agraria* (Decreto-lei 17716), Libreria y Distribuidora Bendezu, Lima, 1969.

DEPARTAMENTO DE RELACIONES PUBLICAS, *El petroleo en el Peru — Historia de un caso singular para que el mundo lo juzgue*, Petroleos del Perú, Lima, 1969.

OFICINA NACIONAL DE INFORMACIÓN, *El petroleo en Peru — Historia de un caso singular para que el mundo lo juzgue*, 2ª edición, 1969.

OFICINA NACIONAL DE INFORMACIÓN, *El Perú en el mundo*, Ns. 4 e 7, Lima, 1969.

OFICINA NACIONAL DE INFORMACIÓN, *La semana en el Perú*, Ns. 12, 16, 23, 24, 28 e 32, Lima, 1969.

PARTIDO DEMOCRATA CRISTIANO, *I Congresso Ideológico — Memorandum sobre la realidad del Perú*, Lima, 1969.

PARTIDO DEMOCRATA CRISTIANO, *I Congresso Ideologico — Memorandum sobre la doctrina del Partido*, Lima, 1969.

PARTIDO DEMOCRATA CRISTIANO, *I Congreso Ideologico — Ponencia ideologica sobre la sociedad comunitaria*, por Héctor Cornejo Chávez, Lima, 1969.

XXX, *Ley general de aguas* (Decreto-lei 17.752), Ediciones Martinez, Lima, 1969.

DIRECCIÓN DE PROMOCIÓN Y DIFUSIÓN DE REFORMA AGRARIA, *Justiça en el agro* (O processo judiciário da reforma agrária), Lima, 1970.

DIRECCIÓN DE PROMOCIÓN DE LA REFORMA AGRARIA, *ABC de la reforma agraria peruana*, S/d.

DIRECCIÓN DE PROMOCIÓN DE LA REFORMA AGRARIA, *A los yanaconas, aparceros, arrendires, allegados, colonos, mejoreros, precarios, huacchilleros*, S/d.

DIRECIÓN DE PROMOCIÓN Y DIFUSIÓN DE REFORMA AGRARIA, *A los campesinos de las zonas a las cueles todavia no ha llegado la reforma agraria*, s/d.

XXX — *Tupac Amaru* (revista), Ano I, nº 1, Lima, 1969.

XXX — *Tupac Amaru* (revista, Ano I, nº 2, Lima, 1969.

XXX — *Lei general de aguas* (Decreto-ley 17.752), Empresa Editora del diario oficial El Peruano, Lima, 1969.

XXX — *Estudios de actualidad — nº 2: Perú*, Instituto de Estudios Politicos para América Latina, Montevideo, 1964.

OFICINA NACIONAL DE INFORMACIÓN, *Lineamientos de la politica económico-social del gobierno revolucionario* (Manifiesto, Estatuto, Exposición del ministro de Hacienda, Exposición del premier y ministro de Guerra), Lima, 1969.

GENERAL DE DIVISIÓN JUAN VELASCO ALVARO, *Mensaje a la nación dirigido desde Talara, en el primer aniversario del dia de la dignidad nacional, Y discursos pronunciados en las ciudades de Piura, Chipalayo e Trujillo*, Empresa Editora del Diario Oficial El Peruano, Lima, 1969.

GENERAL DE DIVISIÓN JUAN VELASCO ALVARO, *Mensaje a la nación*, Empresa Editoral El Peruano, Lima, 1969.

JUAN VELASCO ALVARO, general de división, *Historico mensaje a la nación, a los pueblos de America y al mundo entero*, Diario Oficial El Peruano, Lima, 1969.

EDGARDO MERCADO JARRIN, ministro de Relaciones Exteriores, general de brigada, *Discurso pronunciado en la*

XXIV asamblea general de las Naciones Unidas, em Nueva York, el 19/9/69, El Cid Editorial S/A, Lima, 1969.

DO AUTOR:

Album: *20 desenhos* — *Esqueletos de animais* — Texto de Lourival Gomes Machado — Indústria Gráfica Brasileira S/A, S. Paulo, 1954

México: *uma revolução insolúvel* — Editôra Saga, Rio, 1965.

Dois repórteres no Paraná (em colaboração com Rubem Braga) — Edição da Câmara de Expansão Econômica do Paraná, Curitiba, 1953

COLEÇÃO DEBATES

1. *A Personagem de Ficção*, A. Rosenfeld, A. Cândido, Décio de A. Prado, Paulo Emílio S. Gomes.
2. *Informação. Linguagem. Comunicação*, Décio Pignatari.
3. *O Balanço da Bossa*, Augusto de Campos.
4. *Obra Aberta*, Umberto Eco.
5. *Sexo e Temperamento*, Margaret Mead.
6. *Fim do Povo Judeu?*, George Friedmann
7. *Texto/Contexto*, Anatol Rosenfeld.
8. *O Sentido e a Máscara*, Gerd A. Bornheim.
9. *Problemas de Física Moderna*, W. Heisenberg, E. Schroedinger, Max Born, Pierre Auger.

10. *Distúrbios Emocionais e Anti-Semitismo*, N. W. Ackerman e M. Jahoda.

11. *Barroco Mineiro*, Lourival Gomes Machado.

12. *Kafka: pró e contra*, Günther Anders.

13. *Nova História e Nôvo Mundo*, Frédéric Mauro.

14. *As Estruturas Narrativas*, Tzvetan Todorov.

15. *Sociologia do Esporte*, Georges Magnane.

16. *A Arte no Horizonte do Provável*, Haroldo de Campos.

17. *O Dorso do Tigre*, Benedito Nunes.

18. *Quadro da Arquitetura no Brasil*, Nestor Goulart Reis Filho.

19. *Apocalípticos e Integrados*, Umberto Eco.

20. *Babel & Antibabel*, Paulo Rónai.

21. *Planejamento no Brasil*, Betty Mindlin Lafer.

22. *Lingüística. Poética. Cinema*, Roman Jakobson.

23. *LSD*, John Cashman.

24. *Crítica e Verdade*, Roland Barthes.

25. *Raça e Ciência I*, Juan Comas e outros.

26. *Shazam!*, Álvaro de Moya.

27. *As Artes Plásticas na Semana de 22*, Aracy Amaral.

28. *História e Ideologia*, Francisco Iglésias.

29. *Peru: Da Oligarquia Econômica à Militar*, Arnaldo Pedroso D'Horta.

30. *Pequena Estética*, Max Bense.

31. *O Socialismo Utópico*, Martin Buber.

32. *A Tragédia Grega*, Albin Lesky.

33. *Filosofia em Nova Chave*, Susanne K. Langer.

34. *Tradição, Ciência do Povo*, Luís da Câmara Cascudo.

35. *O Lúdico e as Projeções do Mundo Barroco*, Affonso Ávila.

36. *Sartre*, Gerd A. Bornheim.

37. *Urbanismo e Planejamento*, Le Corbusier.

38. *A Religião e o Surgimento do Capitalismo*, R. H. Tawney.
39. *A Poética de Maiakóvski*, Bóris Schnaiderman.
40. *O Visível e o Invisível*, Merleau-Ponty.
41. *A Multidão Solitária*, David Riesman.

SÍMBOLO S.A. INDÚSTRIAS GRÁFICAS
Rua General Flores 518 522 525
Telefones 51 6173 52 1209
São Paulo Capital Brasil